जाति जनगणना

युवान बुक्स

अनबाउंड स्क्रिप्ट का उपक्रम

जाति जनगणना

प्रथम संस्करण : 7 जनवरी, 2026
द्वितीय संस्करण : 11 जनवरी, 2026
तृतीय संस्करण : 19 जनवरी, 2026
चतुर्थ संस्करण : 9 फरवरी, 2026

ISBN : 978-93-47125-28-7

प्रकाशक : अनबाउंड स्क्रिप्ट
2/41, अंसारी रोड,
दरियागंज, दिल्ली - 110002
वेबसाइट : www.unboundscript.com
ई-मेल : books@unboundscript.com
फोन नं. : 011-35807601

JAATI JANGANANA
Written by Dr. Laxman Yadav

मुद्रक : यश प्रिंटोग्राफ़िक्स, नोएडा, उ.प्र.

मूल्य : ₹ 249 /-

जाति जनगणना

डॉ. लक्ष्मण यादव

युवान बुक्स

कबीरा कुंआ एक है, पानी भरैं अनेक।
बर्तन में ही भेद है, पानी सबमें एक।।

जाति-जाति में जाति है, जो केतन के पात।
रैदास मनुष ना जुड़ सके, जब तक जाति ना जात।।

चल बुल्लेया चल ओथे चलिए, जिथे सारे अन्ने।
ना कोई साडी जात पछाने, ना कोई सानु मन्ने।

अनुक्रम

भूमिका

जाति जनगणना पर जब बहुत कम लोग बात किया करते थे, बात उन दिनों की है। गिनती के जागरूक लोग इस सवाल पर कहीं-कहीं आयोजन किया करते, ताकि इसका नैरेटिव बन सके। ऐसे लोगों ने लंबे समय तक मेहनत की, नतीजतन यह मुद्दा राष्ट्रीय बहस का सबसे बड़ा मुद्दा बन गया। उस दरम्यान मैंने लिखने, पढ़ने और बोलने के लिए इस मुद्दे पर ख़ूब खोजबीन की। मगर बहुत कम बातें मिलती थीं। कुछ सवाल तो ऐसे थे, जिनके साफ़ जवाब तक नहीं मिलते थे। अकादमिक जवाब आमजन से दूर थे तो वहीं बौद्धिक घपलों का जवाब देने वाले बहुजन बुद्धिजीवियों के काम अपर्याप्त थे। विरोधी हमले करते थे कि ये सब तो अंग्रेज़ों की चाल है, अब जाति पर क्या बात करना, ये तो जातिवादी लोग हैं, इत्यादि। समर्थन में अमूमन लोग नारे तो देते थे, मगर सबकी समझ बहुत साफ़ नहीं थी। समझ थी भी, तो अपने समर्थन में उनके पास तर्क और तथ्य कम थे। तभी ये सोच लिया था कि इस विषय पर कुछ काम ज़रूर करूँगा। यह किताब उस सफ़र का एक पड़ाव है।

मगर जिस शक्ल में आज आप इस किताब को देख रहे हैं, इसकी शुरुआत ऐसी नहीं हुई थी। इसका मूल स्वरूप तो उन सवालों के जवाब

की शैली में था, जो सामान्यतः जातिवार जनगणना पर पूछे जाते हैं। जिनका जवाब मेरे पास भी तैयार नहीं था, मुझे भी उनपर सोचना था, तो यह उस सोचने की प्रक्रिया में बनी किताब है। मैंनें सोचना शुरू किया तो इस विषय पर मेरी अपनी जिज्ञासाएँ बढ़ती चली गयीं। मेरे अपने सवाल भी पैदा होने लगे तो मैंने उनके जवाब भी खोजने शुरू किए। इस प्रक्रिया में यह किताब नितांत सामयिक विषय से टकराती हुई इंसानी सभ्यता की शुरुआत तक चली गयी। बल्कि जातिवार जनगणना का सवाल, जनगणना और गणना की उत्पत्ति तक चला गया। बात आगे बढ़ते हुए गणना से पहचान और नामकरण के पीछे के समाज और राजनीति को समझने तक चली गई।

जैसे मेरे मन में यह सवाल आया कि गिनने की शुरुआत कैसे हुई होगी। मुझे पता है इसपर इतिहासकारों ने बहुत कुछ लिखा होगा, लेकिन मुझे अपने लिए इसकी एक समझ चाहिए थी कि इंसानी सभ्यता में गणना की ज़रूरत क्यों पड़ी। मैंने इस पर सोचते हुए कई बातों को इस तरह महसूस किया, जैसा उन्हें पहले कभी देखा ही नहीं था। मसलन मैं हज़रत मूसा की अपने लोगों को लेकर मिस्र से कनान तक की यात्रा से बहुत प्रभावित हुआ। एक स्वप्न के लिए कितना लंबा संघर्ष, कितनी बाहरी-भीतरी दुश्वारियाँ, कितनी और कैसी-कैसी तैयारियाँ। मुझे यह किसी भी समुदाय की यात्रा लगी- जो जाने-अनजाने हर समय चलती रहती है।

क़िस्सा कुछ यूँ है कि हज़रत मूसा को ईश्वर ने निर्देश दिया कि 'मेरे लिए एक पवित्र निवास बनाएँ, ताकि मैं उनके बीच वास कर सकूँ'। हज़रत मूसा ने इस निर्देश के अनुसार एक पवित्र तंबू की व्यवस्था की और उसका प्रमुख पुजारी अपने भाई को बना दिया। यह पवित्र तंबू 40 साल लंबी यात्रा में उनके साथ चलता रहा। इसकी देखभाल के लिए एक अलग समुदाय था। और यह तय किया गया कि कौन समुदाय मंदिर

के किस तरफ़ रहेगा। मुझे लगा कि इस तंबू में कोई ईश्वर हो या न हो, लेकिन यह इस पूरे बिखरे हुए और आपस में लड़ते हुए लोगों के सामूहिक विश्वास और नैतिकता का एक केंद्र है। इसके पहले हर समुदाय का अपना विश्वास रहा होगा। अपना आचार, अपनी नैतिकता रही होगी, लेकिन इस तंबू ने उन्हें जोड़ा। इस जुड़ाव ने उन्हें अपने स्वप्न के देश कनान तक जाने में मदद की।

मैं इस दृश्य को सोचकर प्रभावित था, मगर अंततः मैं यह नहीं भूल पाया कि हज़रत मूसा ने अपने भाई के बाद अपने भतीजे को उसका मुख्य पुजारी बनाया। मुझे लगा कि धर्म या राष्ट्र जैसी संस्थाएँ ऐसा ही पवित्र तंबू हैं। यह बिखरे हुए समुदायों को जोड़ने की एक जुगत है। यह भविष्य की तरफ़ आगे बढ़ने की अनिवार्य प्रक्रिया है। मगर हमेशा ही ऐसे किसी तंबू को खड़ा करने में किन्हीं वर्चस्वशाली समूहों का हित होता है। और इस तंबू को उसी रूप में बनाए रखने के पीछे का उद्देश्य उस समूह के हित को उसी तरह बनाए रखना होता है। जब उस वृहत्तर समूह का कोई हिस्सा वर्चस्वशाली तबके का विरोध करता है तो उसे तंबू का विरोध करार देकर अनैतिक या ग़ैर क़ानूनी करार दिया जाता है। आप जानते हैं कि हर समाज और देश में ऐसे तमाम तंबू होते हैं और ऐसे वर्चस्वशाली हित समूह भी। हर दौर में सचेत समूहों द्वारा अपने हक़ और सम्मान की माँग होती रहती है और उसे ग़ैर वाजिब साबित करने के लिए तंबू विरोधी साबित करने की लगातार कोशिश भी। ये तंबू कोई एक बनता हुआ राष्ट्र भी हो सकता है।

जब आज़ादी के बाद बने काका कालेलकर आयोग ने यह कहा कि अगर देश के पिछड़ों और वंचित लोगों को हर क्षेत्र में प्रतिनिधित्व देना है और हर तरह से उनका उत्थान सुनिश्चित करना है तो इनकी जातिवार जनगणना करवानी चाहिए। बिना आँकड़ों के न उनकी आवश्यकताओं की गंभीरता का पता चलेगा न विकास उपाय के परिणाम और बदलाव

का। यह तर्क इतना जायज़ था कि इसका कोई ठोस वस्तुसंगत जवाब नहीं हो सकता था। इसलिए बताना शुरू हुआ कि इससे तो देश टूट जाएगा, देश का तंबू उखड़ जाएगा।

मगर डर की यह सियासत बहुत देर तक टिक नहीं सकती थी, इसलिए इस संभावना को ऐतिहासिक तत्त्व में बदलने की कोशिश हुई कि अंग्रेज़ों ने जाति जनगणना तो इस तंबू को उखाड़ने के लिए ही किया था। इसके बाद भारत का बहुत बड़ा हित धारक समूह इस बात में लग गया कि कैसे सारी बुराइयों की जड़ जाति जनगणना को ही साबित कर दिया जाए। इसके लिए उन्होंने ऐसे-ऐसे तर्क और तथ्य पेश किए कि सामान्य व्यक्ति वर्चस्वशाली तबके के बौद्धिक चक्रव्यूह में उलझ कर रह जाए। साज़िश ये कि अपने समय में जाति जनगणना की माँग को ही ग़लत साबित कर दिया जाए।

अमूमन वर्तमान की गहरी लड़ाइयाँ इतिहास में जाकर लड़ी जाती हैं। मगर इन लड़ाइयों में हथियार तलवार भाला नहीं, बल्कि क़लम होती है। ये लड़ाइयाँ बौद्धिक हलके में लड़ी जाती हैं, जिनसे सामान्य जन का कोई सीधा वास्ता नहीं होता। मगर उन अकादमिक बौद्धिक बहसों से जो मुहावरे बनते हैं, वे ही लोकप्रिय विमर्श बनते हैं। ये नैरेटिव बनाते हैं। इन्हीं से आमजन का भविष्य तय होता है।

जाति जनगणना की इस बौद्धिक लड़ाई में इसका विरोधी तबका अपने लंबे समय से वर्चस्व में काबिज़ नेक्सस के चलते हर जगह भारी दिखता रहा, क्योंकि इस हल्के में दलित बहुजनों की उपस्थिति अभी बहुत कम है। अभी तो क़ायदे से पिछड़े दलित आदिवासियों ने इन बौद्धिक हलकों में घुसकर दस्तक देना शुरू किया है। वर्चस्वशाली बौद्धिक वर्ग न मौजूदा प्रश्नों का जवाब देता है- जैसे यह कि जब धर्मों को लेकर देश का विभाजन तक हो गया तो धर्म की गणना क्यों होती है! और न ही वे अंग्रेज़ों से पहले के जाति जनगणना के इतिहास को तवज्जो देते हैं।

बहरहाल, अब तो इस माँग को सरकार ने मान लिया है, तो ऐसा माहौल बनाया गया गोया अब इस पर बहस करने की कोई ख़ास ज़रूरत ही नहीं बची है।

वर्चस्ववादी तबके के बुद्धिजीवी अमूमन एक बौद्धिक बेईमानी करते हैं। वे अपने नैरेटिव के मुताबिक़ ही अतीत से सुविधाजनक चीज़ों को उठाते हैं और भारी भरकम अकादमिक नक़्क़ाशी से उसे ही एकमात्र सच साबित करते हैं। ये पानी का बुलबुला तभी तक काम करता है, जब तक कोई समावेशी दृष्टि लेकर इतिहास की सैर न कर ले। मिसाल के तौर पर देखिए कि वर्चस्ववादियों ने जाने कितना कुछ लिख बोलकर साबित किया कि अंग्रेज़ों के पहले तो कुछ था ही नहीं। जाति जनगणना राष्ट्र के तंबू के ख़िलाफ़ अंग्रेज़ों की 'फूट डालो राज करो' की साज़िश का नतीजा है। मगर झूठ के ऐसे कई नैरेटिव को इस किताब में आप ध्वस्त होता पाएँगे।

अगर आप अंग्रेज़ों के समय में हुई जाति जनगणना के प्रभावों और आज़ाद भारत में उसकी माँग के लंबे संघर्ष को भूल जाएँगे, तो बहुत कुछ सीखने से चूक जाएँगे। असल में अगर जातिवार जनगणना फिर से शुरू हुई और उसके व्यवस्थित आँकड़े आए तो उसके आधार पर नयी एका बनाने की ज़रूरत पड़ेगी। बिना नयी एका बनाए बड़े सामूहिक प्रश्नों पर निर्णायक लड़ाई असंभव होगी। यह कैसे होगा और इसे किया जाना चाहिए, इसके लिए आपको त्रिवेणी संघ, अर्जक संघ, पिछड़ा वर्ग संघ से लेकर मंडल आंदोलन के लंबे संघर्ष से वाक़िफ़ होना ही पड़ेगा।

इस किताब में आपको त्रिवेणी संघ पर एक विस्तृत अध्याय मिलेगा। आप देखेंगे कि इसके अगुआ लोगों ने किस तरह अपनी-अपनी जाति के सीमित दायरे को तोड़कर अपनी जैसी स्थितियों में रह रही अनगिनत किसान कामगार जातियों की एक बड़ी एका क़ायम की। क़ायदे से देखने पर यह किसी अदृश्य दुश्मन के ख़िलाफ़ अस्थाई एका नहीं है, बल्कि इसका वैचारिक आधार बहुत ठोस है। इसका स्वप्न बहुत साफ़ और

मज़बूत है। इसकी वैकल्पिक सांस्कृतिक व राजनीतिक रणनीति बहुत कारगर है। ऐसी कई कोशिशों ने ही नब्बे के दशक के 'बहुजन' और 'मंडल' को खड़ा करके आज़ाद भारत की सबसे निर्णायक लड़ाइयाँ लड़ीं। इस किताब के ऐसे अध्याय इतिहास जानने भर के लिए नहीं, बल्कि भविष्य गढ़ने के असल मकसद से लिखे गए हैं।

किताब के एक अध्याय में मैंने पिछली सदी के इतिहास में पहचानों के गढ़े जाने की प्रक्रिया को समझने की कोशिश की है। मुझे इस विषय पर सोचते हुए हमेशा लगा कि नाम देना, गिनना और उनका अलग-अलग तरह से समूहन करना एक ही प्रक्रिया के ज़रूरी हिस्से हैं। इन्हें आप अलग नहीं कर सकते। इस विषय पर सोचते हुए मैंने पाया कि पिछली सदी के इतिहास में नामकरण, पहचान देने और समूहन की एक गहरी प्रक्रिया चल रही है। जिससे न सिर्फ़ जातियों के बारे में आम जन की समझ बदल रही है बल्कि वो जाति समूह लगातार ख़ुद को भी बदल रहे हैं। जो धीरे-धीरे विकसित हो रही लोकतांत्रिक संस्थाओं में राजनीतिक भाषा में सोचना और बोलना सीख रही हैं। ये अपने समूह बना रही हैं और हक़ हिस्सेदारी का दावा कर रही हैं। यहाँ आप शायद यह जान पाएँ कि कैसे नामकरण और वर्गीकरण सत्ता का बड़ा हथियार हो सकता है। और क्यों इसके प्रति हर समाज को सजग होने की ज़रूरत होती है।

किताब के अगले हिस्सों में आप यह देखेंगे कि जाति जनगणना से आरक्षण और नीति निर्धारण से समाज-सुधारों का कितना गहरा रिश्ता है। जब शाहू जी महाराज अपने राज्य में जाति जनगणना करवाते हैं, तो उन्हें पता चलता है कि प्रशासन के ज़्यादातर पदों पर ब्राह्मण लोग काबिज हैं। वे आँकड़े उनके लिए अपने राज्य के हालात को तथ्यात्मक स्तर पर समझने और उसे बदलने के उपाय खोजने में मददगार होता है। नतीजतन वे 50 फ़ीसदी पद ग़ैर-ब्राह्मणों के लिए आरक्षित कर देते हैं।

बड़ौदा नरेश सयाजी गायकवाड़ इस अंतराल को भरने के लिए दूसरा रास्ता खोजते हैं- शिक्षा व संस्थानों के ज़रिए उहें योग्य बनाने का रास्ता। मगर इस मामले में सबसे आगे मैसूर राज्य है। मैसूर ने बाक़ायदा आयोग नियुक्त किया। आरक्षण दिया और वर्षों तक आने वाले बदलावों पर नज़र रखी। इन राज्यों की कोशिश का असर आगे बनने वाली संविधान सभा और आरक्षण के मसले पर हुई बहसों पर पड़ा।

इसके बाद आप देखेंगे 1948 में तत्कालीन गृहमंत्री सरदार पटेल जनगणना संबंधी एक विधेयक का प्रस्ताव देते हैं और वह क़ानून बन जाता है। यहीं से अनुसूचित जाति और अनुसूचित जन जाति को छोड़कर बाक़ी की गणना बंद हो जाती है। इस क़ानून पर बोलते हुए पंजाबराव देशमुख जाति जनगणना के पक्ष में ज़ोरदार तर्क देते हैं, मगर उन्हें ख़ारिज कर दिया जाता है। इसका नतीजा आज समझ आ रहा है। ये कितना रोचक तथ्य है, जिस पर कम बात हुई है। उसी दौर में डॉ. बाबा साहब आंबेडकर पहले मंत्रिमंडल से इस्तीफ़ा देते हुए जो कारण बताते हैं, उसमें पिछड़ा वर्ग आयोग की माँग प्रमुख थी। हालांकि उनके इस्तीफ़े के दो वर्ष बाद पहला पिछड़ा वर्ग आयोग काका कालेलकर की अध्यक्षता में बन गया। मगर जाति जनगणना करवाने की इस आयोग की सिफ़ारिश को भी नज़रअंदाज़ कर दिया गया।

फिर एक लंबे समय तक समाजवादी ख़ेमे और संविधानवादी वैचारिकी का संघर्ष चलता है। ये संघर्ष सामाजिक न्याय की वैचारिकी में जमात बनते जाने के कई अहम अध्यायों से भरा हुआ है। जन-दबाव के बाद एक दूसरा पिछड़ा वर्ग आयोग बीपी मंडल की अध्यक्षता में बना। इसने फिर जातिवार जनगणना की सिफ़ारिश की। उसे भी इतने लंबे समय तक नहीं माना गया। मंडल आंदोलन ने आज़ाद भारत की सबसे अहम करवट को जन्म दिया। कमंडल और भूमंडल के गठजोड़ से चुनौती पाई। फिर समाजवादियों-आंबेडकरवादियों ने जाति जनगणना

को जनआंदोलन बना दिया। समूचे विपक्ष के बन चुके इस मुद्दे को एकाएक सरकार ने सबको चौंकाते हुए स्वीकार कर लिया। धार्मिक चक्रव्यूह रचने वाले हाथों ने जाति को नकारते हुए अचानक थाम क्यों लिया? इसके पीछे के खेल समेत इस दौर की साजिश-गुंजाइश भरी कहानी आप आख़िर के कुछ अध्यायों में देखेंगे।

जैसा कि मैंने कहा इस किताब का मक़सद सिर्फ़ इतिहास बताना नहीं है। इसका मक़सद यह पता लगाना भी है कि जाति, जनगणना और सामाजिक न्याय के लिहाज़ से इतने बड़े खेल कैसे शुरू हुए। साथ ही ये भी कि वक़्त के साथ आगे और क्या-क्या हो सकता है? पिछली पीढ़ी ने बहुत कुछ किया और देखा, मगर संघर्षों की उन कहानियों को क़ायदे से अगली पीढ़ी को सौंप नहीं सके। नई पीढ़ी को इस बात का अंदाज़ा कम हुआ कि पुरखों ने किन वैचारिक रणनीतियों के तहत कितने संघर्षों से वे मुक़ाम हासिल किए, जिसे आज ये घलुआ मान बैठे हैं। ये किताब नई पीढ़ी के लिए नवजागरण की भूमिका निभाए, ऐसी मेरी सदिच्छा है।

इतिहास हमेशा नये रूपों में सामने आता है, इसलिए उससे लड़ने और निबटने के तरीक़े भी नये ही होते हैं। आप अतीत से विचार, दृष्टि और सजगता सीखते हैं। अंत के अध्याय में संभावित साज़िशों का अनुमान लगाने की कोशिश भी है। ये किताब सामाजिक न्याय के संघर्ष भरे अतीत की एक मुकम्मल कहानी भी कहती है और भविष्य की लड़ाई के लिए एक दृष्टि भी देती है। जात से जमात बनने की अतीत की कहानियों से भविष्य की बड़ी लड़ाइयों के लिए एक बड़ी वैचारिक जमात का ख़्वाब इस किताब के मूल में है। जमात विचारों से बने और कामयाब हो। समता व न्याय पर आधारित एक समाजवादी, पंथनिरपेक्ष, लोकतांत्रिक राष्ट्र के निर्माण के लिए आपेक्षित बड़ी लड़ाई का आग़ाज़ कर सकी, तो मैं इस किताब को कामयाब मानूँगा।

वर्षों के मेरे वैचारिक सफ़र का एक पड़ाव बनकर अब ये किताब आपके हाथ में है। सामाजिक न्याय के दशक पुराने सफ़र के अपने उन तमाम दोस्तों, आंदोलनकारी साथियों, वैचारिक सामाजिक कार्यकर्ताओं को मैं याद करता हूँ, जिनके साथ पढ़ाई, लिखाई, लड़ाई का वैचारिक रिश्ता समझ और साहस की वजह बनता गया। सभी का आभार कहना निरी औपचारिकता लगेगी। कॉमरेड पिताजी और संत मतावलंबी बड़े पिताजी के वैचारिक छोर जीवन में ताज़ा हैं, जो किताब में भी दिखेंगे ही। अम्मा इस भरोसे के साथ हिम्मत बनकर खड़ी हैं कि मैं जो कुछ करूँगा अच्छा ही करूँगा।

साथी, दोस्त और हमसफ़र प्रिया- आपके लिए कितना कुछ लिखना चाहता हूँ, मगर लिख नहीं पा रहा। बस इतना कि जब मुझे सबसे ज़्यादा वक़्त आपके साथ होना था, उस समय मैं इस किताब के साथ था। फिर भी आपने अपने हिस्से का प्रेम भी इस किताब को देकर इसे मेरे लिए नायाब बना दिया। नवीर को ढेर सारा प्यार, जिसकी ज़िंदगी के शुरुआती दिनों का भी बड़ा वक़्त इस किताब ने लिया।

मेरे प्रिय, सद्गुरु कबीर के इस दोहे के साथ यह किताब आपके हाथ-

कबिरा खड़ा बजार में लिए लुकाठी हाथ,
जो घर फूँके आपना सो चलै हमारे साथ।

3 जनवरी, 2026
क्रांतिजोति सावित्रीबाई फुले जयंती

1

गिनती का जादू

आपने चीज़ों को गिन सकने की अपनी क्षमता के बारे में कभी सोचा है? नहीं न? असल में हम अक्सर ऐसी बेसिक बातों और अपनी क्षमताओं को नज़रअंदाज़ कर देते हैं। हम किसी चीज़ को गिनकर दूर बैठे व्यक्ति को एक सेकेंड में बता देते हैं और हमारा ध्यान नहीं जाता कि यह कितनी बड़ी क्षमता है। इसके बिना इंसानी सभ्यता की कल्पना भी नहीं की जा सकती। यहाँ तक कि इंसान जब गुफ़ाओं में रहता था और औजार के रूप में सिर्फ़ पत्थरों का ही उपयोग जानता था, तब भी उसे चीज़ों को गिनने की ज़रूरत पड़ती होगी। उसे अपने समूह के लोगों, भोजन और पशुओं आदि की गणना की ज़रूरत पड़ती होगी। ज़ाहिर है, उसने सबसे पहले ख़ुद को ही गिना होगा। फिर भोजन और पशुओं को। लेकिन तब वो कैसे गिनते रहे होंगे? क्योंकि संख्याओं के बारे में तो उन्होंने उसके हज़ारों साल बाद सीखा।

हम तब की बात कर रहे हैं, जब गिनती ने बोलना शुरू नहीं किया था। जब संख्याएँ चुप थीं, और भाषा ठीक से जागी भी नहीं थी। उस समय एक चरवाहा था। उस चरवाहे के पास भेड़ें थीं। बहुत सारी तो नहीं- बस इतनी कि याद रखना मुश्किल हो जाए। वह रोज सुबह भेड़ें चराने ले जाता और शाम को लौटता। समस्या यह थी कि भेड़ें तो ख़ुद को गिन नहीं

सकती थीं, और चरवाहा भी गिनती के शब्द नहीं जानता था। लेकिन उसे इतना ज़रूर पता था कि अगर एक भी भेड़ कम हुई, तो कबीले में किसी एक को भूखा रहना होगा। तो उसने एक उपाय निकाला। हर भेड़ के लिए उसने एक कंकड़ बटुए में डाल लिया।

भेड़ बाहर– कंकड़ बाहर
भेड़ अंदर– कंकड़ अंदर

इसमें संख्याएँ तो नहीं थीं, लेकिन एक भरोसा था। उस चरवाहे ने जिस चीज़ पर सबसे पहले निर्भर किया, वह संख्या नहीं, बल्कि एक संबंध था–भेड़ और कंकड़ के बीच का संबंध। यह भरोसा किसी शब्द, प्रतीक या गिनती पर नहीं, बल्कि एक-से-एक मेल पर टिका था। अगर वह सिर्फ़ याद रखता, तो भूल सकता था। लेकिन कंकड़ों की व्यवस्था ने याददाश्त की जगह ले ली। यही गणना की सबसे पहली बुनियाद है। और इस कहानी का चरवाहा, संबंधों में हमारा कोई पुरखा होगा।

धीरे-धीरे समाज बढ़ा। भेड़ें बढ़ीं, लोग बढ़े, लेकिन कंकड़ कम पड़ने लगे। अब किसी ने कहा- इतने कंकड़ रखना तो झंझट है। तो किसी समझदार ने सुझाव दिया- कंकड़ छोड़ो, अपनी उँगलियाँ गिनो। उँगलियाँ बड़े काम की चीज़ निकलीं। दस उँगलियाँ- दस तक गिनती। फिर उँगली की गाँठें गिनी जाने लगीं, जैसा हम आज भी करते हैं।

अब इस कहानी में एक राजा आता है, जैसा कि सारी पुरानी कहानियों में आ ही जाता है। पर इस राजा की कहानी चरवाहे और भेड़ों वाली कहानी की तरह काल्पनिक नहीं है। इस राजा की कहानी इतिहास के जनक हेरोडोटस ने लिखी है। ईसा मसीह से भी सात सौ साल पहले इस सीथियन राजा एटियन को जानना था कि उसकी प्रजा कितनी है।

आपको सीथियन शब्द अपरिचित लग सकता है, लेकिन शक शब्द शायद परिचित लगे। शक वही थे जिन्होंने गुजरात से लेकर पंजाब तक अपना साम्राज्य कायम किया। गुजरात में उनके लिखवाए हुए अभिलेख आज भी मिलते हैं। तो उस सीथियन राजा ने अपनी प्रजा की गिनती

करने के लिए अपनी प्रजा से कहा- हर आदमी एक तीर लाओ और जो ऐसा नहीं करेगा उसे मृत्युदंड दे दिया जाएगा। जो गिनती से बाहर, वह जीने के हक़ हासिल समूह से बाहर। लोग तीर लाते गए। तीरों का ढेर लग गया। वह सीथियन राजा मुस्कुराया– इतनी है मेरी प्रजा!

यह पहली जनगणना थी- बिना अंक, बिना भाषा, बिना गणित। फिर उस सीथियन राजा ने इन तीरों को एक जगह जमा कर दिया ताकि उसके उत्तराधिकारी भी अपनी प्रजा की संख्या जान सकें।

आदिमानवों ने शिकार आदि के लिए अपने समूह की गणना की होगी। राजाओं ने युद्ध में सैनिकों और टैक्स के लिए प्रजा की गणना कारवाई होगी। लेकिन इस पूरी प्रक्रिया में सांकेतिक रूप से किन्हीं और चीज़ों का इस्तेमाल होता था। हमारे आदिम चरवाहे ने कंकड़ का इस्तेमाल किया। तो राजा एटियस ने तीर का इस्तेमाल किया। इसी तरह अफ्रीक़ा के दाहोमी राज्य में टैक्स की गिनती के लिए कौड़ियों और रंगीन पत्थरों का इस्तेमाल होता था। नाइजीरिया के इग्बो समाज के लोग इसके लिए रतालुओं का उपयोग करते थे। मैं सोच रहा हूँ कि कई दफ़े तो ये कंकड़ और कौड़ियाँ आपस में मिल जाती होंगी तथा रतालू सड़ जाते होंगे!

ऐसे में अगर किसी को बताना होता होगा कि हमारे पास इतनी भेड़ें हैं तो हमारे आदिम चरवाहे को सारे कंकड़ एक झोली में भरकर ले जाना पड़ता होगा। टैक्स विभाग को हिसाब दिखाने के लिए कौड़ियाँ और रंगीन पत्थर ढोकर ले जाना होता होगा। लेकिन अभी हम क्या करते हैं? अपने दिमाग़ में चीज़ों के प्रतीक के रूप में सिर्फ़ संख्याओं का चिह्न रखते हैं।

यह प्रक्रिया शुरू हुई चीज़ों के लिए रेखाओं के इस्तेमाल से- फिर उन रेखाओं के लिए ध्वनियाँ बनीं और फिर संख्याएँ बोलने लगीं। इस तरह "एक, दो, तीन" पैदा हुए। फिर अंक बने। फिर गणित आया। फिर हिसाब-किताब। फिर टैक्स विभाग। फिर जनगणना के विशाल आँकड़े, जिन्हें हम यों ही एक-दूसरे से साझा कर सकते थे।

2

जब पैदा हुए ईसा

ईसा मसीह के जन्म की कहानी आपको ज़रूर पता होगी। आज से लगभग 2000 साल पहले, यूसुफ़ अपनी गर्भवती मंगेतर मरियम को गधे पर बिठाकर निकलते हैं। दोनों बेथलहम शहर जा रहे हैं- जनगणना में अपना नाम दर्ज करवाने। कर-व्यवस्था के लिए, राजा ऑगस्टस का आदेश है कि हर व्यक्ति को जनगणना में भाग लेना है और अपने गृह नगर में नाम दर्ज कराना अनिवार्य है।

यूसुफ़ और मरियम अपने गधे के साथ लगभग 150 किलोमीटर की यात्रा पर निकल पड़ते हैं। रास्ता आसान नहीं था। इसमें हफ़्तों का समय लगता था। जब दोनों थके-माँदे बेथलहम पहुँचे, तो पूरा शहर लोगों से भरा हुआ था। राज्य के सारे लोग जनगणना में दर्ज होने के लिए शहर में जमा हो चुके थे। यूसुफ़ दंपति को किसी तरह एक पशु-बाड़े में जगह मिली, जहाँ ईसा मसीह का जन्म हुआ। क्रिसमस की पूरी कहानी की पृष्ठभूमि में यही जनगणना है। जब आप इस जनगणना के बारे में थोड़ा और सोचते हैं तो यह एक प्रशासनिक घटना भर नहीं रह जाती बल्कि इतिहास को मोड़ देने वाला क्षण बन जाती है।

अभी आपने जो कहानी पढ़ी, वह ईसाइयों के धर्मग्रंथ बाइबिल से जुड़ी है। इसके साथ आपको एक और बात रोचक लगेगी। दुनिया के इस

हिस्से में अलग-अलग नबियों से जुड़े धर्मग्रंथ मिलते हैं। इस्लामी मान्यता के अनुसार, क़ुरान मजीद हज़रत मुहम्मद साहब पर नाज़िल हुई। हज़रत मूसा से जुड़ा धर्मग्रंथ तौरात कहलाता है, जिसे यहूदी धर्म का प्रमुख ग्रंथ माना जाता है। वहीं हज़रत ईसा मसीह के जीवन और उनके उपदेशों से संबंधित ग्रंथों के संकलन को 'न्यू टेस्टामेंट' कहा जाता है, जो ईसाई धर्मग्रंथ बाइबिल का हिस्सा है।

आपको इस बात पर हैरत होगी कि यहूदियों के धर्मग्रंथ में भी जनगणना का वर्णन मिलता है- बल्कि कई जनगणनाओं का, और वह भी विस्तार से। इसलिए इस धर्मग्रंथ के जिस अध्याय में इनका वर्णन आता है, उसका नाम 'बुक ऑफ़ नंबर्स' है। इसमें इस्राएलियों की उस लंबी, कठिन और आत्म-परीक्षण से भरी यात्रा की कथा है, जो मिस्र की दासता से निकलकर भविष्य के देश कनान की ओर बढ़ती है।

इस कहानी की शुरुआत सीनै पर्वत के पास से होती है। ईश्वर, मूसा को आदेश देते हैं कि इस्राएल के बारह कबीलों की जनगणना की जाए। इसी आदेश से इस पुस्तक का नाम पड़ा। यह जनगणना केवल संख्या जानने के लिए नहीं, बल्कि पूरे समुदाय को व्यवस्थित करने और उनकी भूमिकाएँ तय करने के लिए की गई।

ईश्वर के निर्देश के अनुसार, मूसा और हारून ने बारह कबीलों के प्रमुखों के साथ मिलकर जनगणना की। इसमें बीस वर्ष या उससे अधिक आयु के वे सभी पुरुष शामिल किए गए, जो युद्ध के योग्य थे। प्रत्येक कबीले की संख्या अलग-अलग दर्ज की गई, ताकि सैन्य और सामाजिक संरचना स्पष्ट हो सके। इस जनगणना में लेवी कबीले को अलग रखा गया। लेवियों की गिनती युद्ध के लिए नहीं, बल्कि पवित्र तंबू की सेवा के लिए की गई। उनका दायित्व तंबू की देख-रेख, उसे उठाना-उतारना और धार्मिक कार्यों का संचालन करना था। इस तरह देखें तो यह जनगणना समाज के दो स्तर स्पष्ट करती है- युद्ध करने वाले और धार्मिक काम करने वाले।

आप ध्यान से सोचें, तो समझ में आएगा कि मरुस्थल में भटक रहे समुदाय के लिए पवित्र तंबू धार्मिक आस्था का केंद्र भर नहीं था, बल्कि सामाजिक संगठन और एकता का केंद्र भी था। जो समुदाय के विविध कबीलों को एक साझा नैतिक और प्रतीकात्मक व्यवस्था के भीतर संगठित कर सकता था। हज़रत मूसा ने इसका मुख्य पुजारी, अपने भाई हारून को बनाया। हारून के बाद किसी और के बजाय उनके बेटे और भतीजे, अलिआजार को यह ज़िम्मेदारी दी गयी। मनुष्य, लोगों को संगठित रखने के लिए यह पवित्र तंबू हमेशा से बनाता रहा है। कभी यह तंबू धर्म होता है, कभी राष्ट्र तो कभी कोई विचारधारा और उसका झंडा। इससे तय किया जाता है कि किसकी क्या भूमिका होगी। हज़रत मूसा द्वारा करवाई गई इस जनगणना के साथ ही शिविरों की व्यवस्था भी तय की गई। हर कबीले को तंबू के चारों ओर निश्चित दिशा में स्थान मिला। ज़ाहिर है, कभी-कभी इस व्यवस्था से असंतोष, अविश्वास फैलता होगा और इसका विरोध भी होता रहा होगा। अविश्वास, विद्रोह, धोखा, दमन और हत्या की कहानियाँ भी इस किताब में कम नहीं हैं।

इस कथा से यह समझ में आता है कि जनगणना हमेशा किसी उद्देश्य से की जाती है। इसमें गिने गए या छोड़े गए लोग किसी न किसी उद्देश्य से ही गिने या छोड़े जाते हैं, और उसी के तहत सत्ता से उनकी दूरी और उसमें उनकी हिस्सेदारी तय होती है।

पहली जनगणना के कई वर्ष बाद, जब इस्राएली जंगल में भटकते-भटकते यरदन नदी के पास पहुँचे, तब ईश्वर ने दूसरी बार जनगणना कराने का आदेश दिया। यह समय अलग था, परिस्थिति अलग थी- अब वह पीढ़ी लगभग समाप्त हो चुकी थी। जंगल की यात्रा में महामारी, विद्रोह और दंड के कारण बहुत-से लोग मर चुके थे। अब एक नई पीढ़ी सामने खड़ी थी, जिसे स्वप्न के उस देश में प्रवेश करना था। इसलिए ईश्वर ने मूसा और पवित्र तंबू के मुख्य पुजारी अलिआज़ार से कहा कि वे फिर से इस्राएल के लोगों की गिनती करें।

इस बार भी जनगणना बीस वर्ष और उससे अधिक आयु के पुरुषों की हुई, जो युद्ध के योग्य थे। हर कबीले की संख्या दर्ज की गई। कुछ की संख्या बढ़ चुकी थी, कुछ की घट गई थी। लेवी कबीले की फिर से अलग गिनती की गई। ईश्वर ने निर्देश दिया कि कनान देश में भूमि का बँटवारा कबीलों की संख्या के अनुसार किया जाएगा- जिसका कबीला बड़ा, उसे अधिक भूमि; जिसका छोटा, उसे कम। इस प्रकार आप पाते हैं कि यहाँ संख्या न्याय और अधिकार का आधार बनती है।

यहूदियों की इसी किताब में राजा दाऊद द्वारा कराई गई जनगणना की कहानी भी है। मैं केवल यह ध्यान दिलाना चाहता हूँ कि ये घटनाएँ ईसा मसीह के जन्म से हज़ारों साल पहले की हैं। प्राचीन समय से दुनिया के इस हिस्से में गणना और जनगणना के प्रमाण मिलते हैं। यह इतना सामान्य और स्वाभाविक था कि वह बार-बार धार्मिक कथाओं में भी दुहराया जाता रहा है। ईसा मसीह के जन्म की कथा का जनगणना की सशक्त पृष्ठभूमि में रचा जाना, जनगणना की मज़बूत परंपरा के बिना संभव नहीं था। यह बात तब और भी आश्चर्यजनक लगती है, जब ध्यान जाता है कि भारतीय साहित्य और संस्कृति में ऐसे स्पष्ट संकेत नहीं मिलते। जबकि बहुत पहले से भूमध्य सागर के इस दक्षिण-पूर्वी किनारे पर जनगणना के विवरणों की भरमार है।

ये जनगणनाएँ किसी आकस्मिक निर्णय का परिणाम नहीं थीं, बल्कि अपने समय की ऐतिहासिक आवश्यकता से जन्मी थीं। यह एक बिखरे हुए समुदाय के संगठित राजनीतिक–सामाजिक इकाई में बदलने की प्रक्रिया का हिस्सा थीं। इसका प्रभाव यह हुआ कि यह समुदाय केवल, कबीलाई समूह न रहकर एक दीर्घकालिक सामूहिक पहचान वाले समाज में बदल गया। इतिहास में देखा जा सकता है कि भले ही इस्राएली समाज को निर्वासन, विस्थापन और भटकाव का सामना करना पड़ा, और लंबे समय तक उसका कोई स्थायी भू-राजनीतिक क्षेत्र नहीं रहा, फिर भी उसकी सामुदायिक पहचान बनी रही।

जनगणना कभी उद्देश्यहीन नहीं होती- कभी यह युद्ध में लड़ने योग्य संभावित सैनिकों के अनुमान के लिए होती है, कभी सामाजिक सम्मान के निर्धारण के लिए, तो कभी अधिकारों और संसाधनों में सहभागिता देने या उससे बाहर रखने के लिए। कनान प्रदेश में प्रवेश के समय प्रश्न उठता है कि किस समुदाय को कितनी भूमि मिलेगी? ईश्वर का जबाब आता है- जनसंख्या के अनुपात में।

जनगणना सत्ता, सम्मान और संसाधनों में हिस्सेदारी से जुड़ी प्रक्रिया है- यह बात ओल्ड टेस्टामेंट की इस शुरुआती कहानी से ही स्पष्ट हो जाती है।

■

3

ख़ानाशुमारी : अशोक से अकबर तक

समय के साथ, अब हमारे आदिम चरवाहे के पास भेड़ों की संख्या बढ़ती गई है। उनमें से कुछ बूढ़ी हो गई हैं, जो न अब बच्चे देती हैं और न तेज़ भाग पाती हैं । इससे चरवाहे के सामने एक नया सवाल पैदा हुआ: "कौन-कौन सी भेड़ें बूढ़ी हैं?"

अब उसने इन भेड़ों को अलग से गिनने का निर्णय किया। इसके लिए एक नया बटुआ लिया। प्रत्येक बूढ़ी भेड़ के लिए एक कंकड़ उसमें डालता गया। जैसे ही उसने कहा, "ये हैं बूढ़ी भेड़ें," उसके पास अब एक नई इकाई बन जाती है–बूढ़ी भेड़ों की। इसी तरह बूढ़ी गायों और भैसों के लिए भी अलग इकाइयाँ बना लीं। अब उसके पास बूढ़े जानवरों की तीन अलग इकाइयाँ हैं और सबके अलग बटुए हैं।

आप समझ पा रहे होंगे कि नामकरण और वर्गीकरण बहुत जुड़ी हुई चीज़ है। यह न केवल चीज़ों को अलग पहचान देता है, बल्कि उनके बारे में चरवाहे के व्यवहार को भी प्रभावित करता है। मान लीजिए, चरवाहे को कबीले के लिए भोज देना है। वह सबसे पहले स्वस्थ भेड़ों को चुनकर उनका नाम देता है। ऐसे नामकरण से ही उसे यह समझ आता है कि कौन-सी भेड़ भोज के लिए योग्य है।

यहाँ महत्त्वपूर्ण बात यह है कि नाम देना कभी भी निरपेक्ष नहीं होता। यह इस बात पर निर्भर करता है कि इंसान का ध्यान किस ख़ासियत पर जाता है। धीरे-धीरे, नाम सुनते ही हमें उस चीज़ की विशेषता समझ में आने लगती है। जैसे-जैसे इंसान चीज़ों को पहचानने लगा, वह उन्हें विभिन्न बाड़ों और समूहों में बाँटने लगा- बूढ़ी भेड़ों का बाड़ा और स्वस्थ भेड़ों का बाड़ा। अगर बूढ़ी और स्वस्थ भेड़ों को अलग से नाम न दिया जाता, तो क्या उन्हें अलग बाड़ों में रखा जा सकता था? नहीं।

इस प्रक्रिया से हम आसानी से समझ सकते हैं कि इंसानी इतिहास में नामकरण और गणना साथ-साथ चलते रहे हैं। नाम देने से चीज़ें अलग पहचान पाती हैं और गिनने लायक बन जाती हैं। यह प्रक्रिया धीरे-धीरे बड़ी सामाजिक और प्रशासनिक संरचनाओं का आधार बन गई।

अगर इतिहास में आगे देखें, तो पाएँगे कि इंसान ने इंसानी समाज के संगठन और प्रबंधन के लिए, बड़े समूहों की गणना की लेकिन धीरे-धीरे वे इकाइयाँ छोटी और अधिक सूक्ष्म होती गईं। गाँव, परिवार, गृह, और अंततः व्यक्ति- सबको नाम देकर पहचान दी गई और गिनती की गई। अगर आप अपने इतिहास के ऋग्वैदिक काल से धीरे-धीरे आगे बढ़ें तो कुछ ज़रूरी बातें पता चलती हैं। ऋग्वैदिक काल का समाज मुख्यतः अर्ध-घुमंतू समाज था, इसलिए उस समय व्यवस्थित जनसंख्या जानने की आवश्यकता नहीं थी। उस समय जनसंख्या की जानकारी जन और विस जैसी सामूहिक इकाइयों में व्यक्त की जाती थी। लेकिन जब कुछ सदी और आगे बढ़ते हैं- उत्तर वैदिक काल में, तो हम पाते हैं कि इस समय कृषि के विस्तार, स्थायी ग्रामों और सामाजिक विभाजन के साथ प्रशासनिक आवश्यकताएँ बढ़ने लगी हैं। इस काल के ग्रंथों में गृहस्थों, परिवारों और कर-इकाइयों का उल्लेख मिलता है, जो प्रारंभिक जनसंख्या अनुमान की ओर संकेत करता है। यह स्थायी जीवन की शुरुआत थी।

इतिहास का अध्ययन करते हुए थोड़ा और आगे बढ़ते हैं तो महात्मा गौतम बुद्ध का समय आता है। इस युग को इतिहास में महाजनपद काल कहा जाता है। यह ईसा मसीह के जन्म से लगभग छः सौ साल पहले की

बात है। यह ऐसा युग है, जिसके बारे में हर भारतीय को जानना चाहिए। इस युग में बड़े साम्राज्य नहीं थे। छोटे राज्य थे, जिन्हें गण कहते थे। और यह सोचकर आश्चर्य होता है कि उस समय गण का प्रमुख चुना जाता था। आज हिंदुस्तान को गणतंत्र इसीलिए कहते हैं कि इसका प्रमुख किसी ख़ास कुल या वंश का नहीं होता है, वह चुना जाता है। एक गणतंत्र के रूप में भारत की जड़ें यूरोप में नहीं, महात्मा बुद्ध के युग में हैं। इस युग में जब इन संगठित राज्यों की स्थापना हुई तो मगध, कोसल, अवंति और वत्स जैसे राज्यों को कर वसूली, सेना का संगठन, श्रम और संसाधनों का प्रबंधन करने के लिए जनसंख्या संबंधी जानकारी की आवश्यकता थी। इसलिए बौद्ध और जैन ग्रंथों में गाँवों, नगरों, गृहस्थों और श्रमिक वर्गों का विवरण मिलता है। इससे एक बात का अनुमान लगाया जा सकता है कि भले ही आज साहित्य में जनगणना की नाटकीय घटना का उल्लेख नहीं मिलता हो तथापि स्थानीय स्तर पर ये रिकॉर्ड रखे जाते होंगे। बिना इसके कर व्यवस्था ठीक से काम ही नहीं कर सकती थी।

मगर जनसंख्या के आँकड़ों का सबसे व्यवस्थित प्रशासनिक रूप मिलता है, चंद्रगुप्त मौर्य काल में। जब चंद्रगुप्त मौर्य पाटिलपुत्र की गद्दी पर बैठे तो पूरे साम्राज्य में अव्यवस्था थी। पश्चिमी सीमा ग्रीक हमलों से कमज़ोर और अरक्षित थी। ऐसे में पूरे साम्राज्य को व्यवस्थित और स्थायित्व देने के लिए प्रशासन को चुस्त-दुरुस्त करने की अनिवार्यता थी- न सिर्फ़ प्रशासनिक बल्कि सामाजिक और नैतिक स्तरों पर भी। इन्हीं परिस्थितियों में चंद्रगुप्त मौर्य के प्रधानमंत्री कौटिल्य ने अर्थशास्त्र की रचना की। इसमें उन्होंने जनसंख्या का हिसाब-किताब रखने की भी व्यवस्था की। इस समय जनसंख्या को केवल संख्या के रूप में नहीं, बल्कि राज्य की शक्ति और संपदा के रूप में देखा जाता था। कौटिल्य के अर्थशास्त्र में राज्य के सात अंगों में क्षेत्र और जनसंख्या को अत्यंत महत्त्वपूर्ण माना गया है। एक समृद्ध राज्य वही हो सकता था जहाँ जनसंख्या स्थिर, उत्पादक और अनुशासित हो। इसलिए शासक वर्ग के लिए जनसंख्या संबंधी जानकारी आवश्यक थी।

मौर्य काल भारतीय इतिहास का शुरुआती व्यवस्थित साम्राज्य था। इसके पहले का नंदवंश भी काफ़ी विस्तृत था। बल्कि नंदवंश को शूद्र वंश माना गया है। यह नाई जाति से आते थे। लेकिन यह ब्राह्मण धर्म के प्रभाव और अपने विस्तार से ही जर्जर होकर टूट गया। यह पश्चिमी सीमा पर हो रहे ग्रीक हमलों और ताज़ा हवा के झोंके की तरह आने वाले बौद्ध मत के सामने टिक नहीं पाया। इसके बाद आने वाला मौर्य वंश भी शूद्र वंश ही था। हमारे तमाम पुराणों और संस्कृत ग्रंथों में उन्हें शूद्र कहकर ही याद किया जाता है। इतिहासकार राम शरण शर्मा का कहना है कि इस समय के आसपास अनेक ग़ैर क्षत्रिय वंश क्षितिज पर उभरे। यह समय धार्मिक दृष्टि से कितना उदार होगा और शूद्र वर्ग के जीवन पर ब्राह्मणों का प्रभाव कितना कम होगा, उसका अनुमान इस बात से लगाएँ कि इस वंश का पहला राजा चंद्रगुप्त मौर्य जैन था। दूसरा राजा बिंदुसार आजीवक और तीसरा राजा अशोक महान- बौद्ध। वह ऐसा समय था जब कोई धर्म में पैदा नहीं होता था, धर्म उसका चुनाव था। ऐसे समय में समाज के सीमांत लोगों को साँस लेने और पंख खोलने का मौक़ा मिलता है।

मौर्य काल के समाज और प्रशासन के बारे में दो ग्रंथों से काफ़ी कुछ पता चलता है- पहला कौटिल्य के अर्थशास्त्र से और दूसरा मेगस्थनीज़ की इंडिका से। मेगस्थनीज़- एक यूनानी राजदूत था और चंद्रगुप्त मौर्य के दरबार में रहा। यद्यपि उसकी मूल पुस्तक आज उपलब्ध नहीं है, लेकिन बाद के ग्रीक और रोमन लेखकों के उद्धरणों के माध्यम से उसके विवरण सुरक्षित हैं, जिनसे उस समय के भारतीय समाज, प्रशासन और अर्थव्यवस्था की जानकारी मिलती है। मेगस्थनीज़ ने भारतीय समाज को विभिन्न सामाजिक वर्गों में बाँटकर प्रस्तुत किया, विशेष रूप से उत्पादक समूहों–जैसे शिल्पकारों और व्यापार से जुड़े समुदायों में,और उनकी आर्थिक भूमिका को रेखांकित किया। उसके विवरण से यह संकेत मिलता है कि उत्पादन और शिल्प से जुड़े वर्गों को सामाजिक सम्मान प्राप्त था, क्योंकि राज्य की अर्थव्यवस्था काफ़ी हद तक उन्हीं पर निर्भर

थी। इसी काल में कौटिल्य के अर्थशास्त्र में भी एक अत्यंत विकसित प्रशासनिक दृष्टि दिखाई देती है। इसमें राज्य के अधिकारियों को यह निर्देश दिया गया है कि वे घरों और परिवारों की संख्या, जन्म-मृत्यु, पेशे, आय के स्रोत, दासों और श्रमिकों के साथ-साथ आश्रित और स्थानांतरित जनसंख्या का विस्तृत विवरण रखें। यह दर्शाता है कि मौर्यकालीन राज्य जनसंख्या को केवल गिनने का नहीं, बल्कि सामाजिक और आर्थिक संरचना को समझने का एक व्यवस्थित प्रयास कर रहा था। कौटिल्य के अर्थशास्त्र में दो प्रशासनिक इकाइयों का विस्तृत वर्णन मिलता है– विष और गोप। विष के अधिकारी को विषपति कहते थे। इसके बाद गोप और ग्राम आते थे।

यह व्यवस्था आधुनिक जनगणना जैसी न होकर निरंतर प्रशासनिक निगरानी पर आधारित थी। लेकिन आप ध्यान दें तो लोगों की जाति, पेशा और आय के स्रोत दर्ज करने की ज़रूरत बताई गई है। इसका कारण यह है कि भारत में जातियाँ और पेशा बहुत कुछ जुड़े हुए हैं। यह न सिर्फ़ सामाजिक व्यवस्था के लिए बल्कि उस समय की कर व्यवस्था के लिए ज़रूरी था। इस समय गोप, स्थानिक और ग्रामिक जैसे अधिकारी नियुक्त थे, जो निश्चित क्षेत्रों में जनसंख्या और आर्थिक गतिविधियों का लेखा रखते थे। इन अभिलेखों के आधार पर राज्य कर, सेना और सार्वजनिक व्यवस्था का संचालन करता था। मेगस्थनीज़ के अनुसार उस समय का प्रशासन समितियों द्वारा चलाया जाता था। उसने छः समितियों वर्णन किया है। जिसमें एक जनसंख्या समिति भी है। जनसंख्या समिति जन्म-मृत्यु के विवरण को दर्ज करती थी।

इतिहास के इस मोड़ पर पहुँचकर आप देखते हैं कि गृह प्रशासन की सबसे छोटी और सबसे व्यवहारिक इकाई बन चुका है। पूरी कर-व्यवस्था गृह को ही आधार मानकर चलती थी। यह एक ठोस व्यवहारिक आवश्यकता थी। हमारे समाज में कर, जाति और वर्ण के अनुसार अलग-अलग होता था। न्याय भी उसी ढाँचे के भीतर काम करता था–अलग जाति, अलग दंड; अलग वर्ण, अलग दायित्व। ऐसे में यदि कर या दायित्व

की गणना करनी हो, तो व्यक्ति को नहीं, परिवार को इकाई बनाना सबसे सरल और प्रभावी तरीक़ा था। परिवार के भीतर व्यक्ति की पहचान पहले से तय सामाजिक श्रेणियों में बँधी होती थी। इसी कारण भारत के आगे के इतिहास में आप पाएँगे कि गृह कराधान, गणना और अनुमान की केंद्रीय इकाई बन जाता है। यह गृह-केंद्रित दृष्टि आधुनिक काल तक बनी रहती है। जब अंग्रेज़ों ने भारत में शुरुआती जनगणनाएँ करवाईं, तो वे भी मूलतः गृह-गणना ही थीं। इसका अर्थ यह है कि भारतीय इतिहास में जब भी गृह गणना की गई तो वह जाति गणना भी थी।

भारत के लंबे इतिहास में राज्य-व्यवस्था जनता के कल्याण से अधिक सुरक्षा और नियंत्रण तक सीमित थी। इसलिए शासक वर्ग के लिए यह जानना पर्याप्त था कि कौन-सा गृह किस जाति का है और किस भौगोलिक क्षेत्र में स्थित है। व्यक्ति की अलग-अलग पहचान दर्ज करना न आवश्यक समझा गया, न उपयोगी। लेकिन जैसे-जैसे इतिहास आगे बढ़ता है, सामाजिक समूह आपस में मिलते हैं, टकराते हैं और नए गठजोड़ बनते हैं। इन परिवर्तनों से सत्ता के ढाँचे बदलते हैं और उनके साथ-साथ नई पहचानें जन्म लेती हैं। इन नई पहचानों के लिए नई श्रेणियाँ बनानी पड़ती हैं–और उन्हें पहचानने, दर्ज करने और गिनने की ज़रूरत भी पैदा होती है।

अब तक आप समझ चुके होंगे कि इस चरण तक आते-आते इंसान को कंकड़ रखने के लिए अलग बटुए की ज़रूरत नहीं रह जाती। वह अब गिनती को स्मृति में रख सकता है, या उसे किसी सतह पर दर्ज कर सकता है–लकड़ी पर, काग़ज़ पर या फिर रजिस्टर में।

■

4

जनगणना से एक क़दम पहले : गज़ेटियर

आपने अपने ज़िला मुख्यालय पर आमतौर पर एक ही रंग-रूप की कई सरकारी इमारतें देखी होंगी। इनमें से किसी पर पुलिस कार्यालय, किसी पर न्यायालय, किसी पर विकास भवन तथा किसी पर कोषागार आदि लिखा होगा। ज़िले का लगभग पूरा प्रशासनिक, आर्थिक और न्यायिक जीवन यहीं से संचालित होता है। आम नागरिक यह जानता है कि उसके ज़िले का सबसे बड़ा अधिकारी–कलेक्टर या ज़िलाधिकारी–यहीं बैठता है और ज़िले से जुड़े अधिकांश निर्णय यहीं लिए जाते हैं। मगर बहुत कम लोग यह सवाल करते हैं कि यह ज़िला नाम की प्रशासनिक इकाई कब बनी, कैसे विकसित हुई और क्यों यह भारतीय प्रशासन की सबसे मज़बूत तथा दीर्घजीवी संरचना साबित हुई। ज़िले को अक्सर हम अंग्रेज़ी शासन की देन मान लेते हैं, जबकि वास्तविकता यह है कि ज़िला या उसके समकक्ष प्रशासनिक इकाई भारत में हज़ारों वर्षों से मौजूद रही है। केवल उसके नाम बदले हैं, स्वरूप में कुछ परिवर्तन आए हैं, पर उसकी मूल भूमिका–राजस्व संग्रह, जनसंख्या का लेखा-जोखा और शासन का स्थानीय संचालन–लगभग वही बनी रही है।

गुप्त और वर्धनकाल में इसे 'विषय' कहा जाता था। प्रत्येक विषय के अंतर्गत अनेक ग्राम आते थे और उसका प्रमुख अधिकारी 'विषयपति'

कहलाता था। यह अधिकारी केवल शासन का प्रतिनिधि नहीं होता था, बल्कि भूमि, उपज, कर और जनसंख्या की जानकारी रखने वाला केंद्रीय व्यक्ति होता था। यहाँ यह बात महत्त्वपूर्ण है कि उस समय शासन का मूल आधार राजस्व था और राजस्व का आधार भूमि और श्रम। इसलिए यह जानना अनिवार्य था कि– किस गाँव में कितने किसान हैं, किसके पास कितनी भूमि है, कौन-सी भूमि सिंचित है और कौन वर्षा पर निर्भर, कौन-सा परिवार किस पेशे से जुड़ा है। ये सभी सूचनाएँ मूलतः सामाजिक थीं, और भारत में ये सामाजिक पहचानें अक्सर जाति से जुड़ी होती थीं।

आपने पिछले अध्याय में देखा कि अर्थशास्त्र में कौटिल्य ने स्पष्ट रूप से राज्य को यह निर्देश दिया था कि वह अपने अधीन क्षेत्र की जनसंख्या, आयु-वर्ग, पेशा, भूमि और आय का विवरण रखे। वे यह भी सुझाते हैं कि राज्य को यह पता होना चाहिए कि कौन उत्पादन करता है, कौन सेवा देता है और कौन कर देता है। यह उल्लेखनीय है कि कौटिल्य का समाज जाति-विभाजित था और पेशे जातियों से जुड़े थे। इसलिए जब राज्य पेशों का हिसाब रखता था, तो वह अप्रत्यक्ष रूप से जातियों का भी लेखा रख रहा था।

मुग़ल काल में यही प्रशासनिक इकाई सरकार कहलाने लगी। सरकार से नीचे परगना, फिर महल, ग्राम और सबसे आख़िरी इकाई गृह है। आईन-ए-अकबरी में लगभग 190 सरकारों का वर्णन मिलता है। अकबर के समय में तो इस व्यवस्था को अत्यंत व्यवस्थित रूप दिया गया। ज़मीन की पैमाइश, फ़सल का अनुमान, कर निर्धारण और किसानों का वर्गीकरण–यह सब सरकार के स्तर पर किया जाता था। इस स्तर पर फ़ौजदार, अमलगुज़ार, क़ाज़ी और कोतवाल मिलकर यह व्यवस्था देखते थे। प्रत्येक सरकार के अंतर्गत परगने होते थे और परगनों के अंतर्गत गाँव। इस पूरी व्यवस्था में लेखन और रिकॉर्ड-रखाव का अत्यंत महत्त्व था। क़ानूनगो, पटवारी और मुंशी जैसे पद इसी आवश्यकता से पैदा हुए। मुग़ल प्रशासन को इसके ज़रिए सारे ज़रूरी आँकड़े मिलते थे।

इन आँकड़ों को ख़ास तौर से जातियों में वर्गीकृत किया जाता था। इसके प्रमाण आपको आईन-ए-अकबरी में मिलते हैं। आईन-ए-अकबरी में पूरे देश के प्रशासन को इतने व्यवस्थित और विस्तार से दर्ज किया गया है कि इसे नेशनल गज़ेटियर कहना ग़लत नहीं होगा। इसके आधार पर यह कहना मुश्किल है कि मुग़ल प्रशासन के पहले हिंदुस्तान में इसकी कोई परंपरा नहीं रही होगी। इसके बाद मारवाड़ के बारे में मुंहता नैणसी की पुस्तक इसकी अगली कड़ी है।

यह कहना ग़लत नहीं होगा कि भारतीय उपमहाद्वीप में लेखा और गणना की परंपरा अंग्रेज़ी शासन से कहीं अधिक पुरानी और गहरी रही है। लेकिन भारत में जब भी जनगणना की बात होती है, तो सामान्यतः उसे एक आधुनिक प्रशासनिक अभ्यास मान लिया जाता है–एक ऐसा काम जो अंग्रेज़ों के आगमन के बाद शुरू हुआ और जो आज कंप्यूटर की मदद से किया जाता है। यह दृष्टि सिर्फ़ अधूरी ही नहीं है, इसमें एक गहरी राजनीति भी है। जनगणना केवल गिनती का काम नहीं है; यह राज्य और समाज के संबंध को समझने की एक पद्धति भी है। और भारत जैसे समाज में, जहाँ जाति, पेशा और भूमि के संबंध गहरे जुड़े रहे हैं, वहाँ जनगणना कभी भी केवल संख्या भर नहीं रही।

अंग्रेज़ों ने जब भारत में जनगणना शुरू की, तो उन्होंने शून्य से शुरुआत नहीं की। उन्होंने पहले से मौजूद ज़िला प्रशासन, पटवारी व्यवस्था और स्थानीय ज्ञान को ही अपने काम में लिया। ज़िला गज़ेटियर इसका प्रमाण हैं। ज़िला गज़ेटियर को आईन-ए-अकबरी और मुंहता नैणसी के काम का विकास ही मानना चाहिए। ये गज़ेटियर जनगणना और सर्वेक्षण से पहले बनने शुरू हुए थे। इसमें भारतीय समाज को समझने की वह कोशिश दिखाई पड़ती है, जिसका विस्तार बाद के सीमित ख़ानाशुमारी और बाद की मर्दमशुमारी या जनगणना में दिखाई पड़ता है। इन गज़ेटियरों में– गाँवों की सूची, जातियों की संख्या, पेशागत वर्गीकरण और सामाजिक पदानुक्रम- सब कुछ दर्ज किया गया। यह सब किसी रूप में मुग़ल काल से या उसके पहले से होता आया था लेकिन गज़ेटियर का

उद्देश्य सिर्फ़ कर और युद्ध के लिए सूचनाएँ इकट्ठा करने से आगे भारतीय समाज को ख़ुद समझने और समझाने का भी था।

पहले गज़ेटियर का प्रकाशन सन् 1815 में हुआ। इसका प्रकाशन वॉल्टर हैमिल्टन ने 'ईस्ट इंडिया गज़ेटियर' नाम से करवाया था। सन् 1828 में इसका दूसरा संस्करण निकला। इसमें राज्यों, रियासतों, प्रांतों, शहरों, कस्बों, ज़िलों, किलों, बंदरगाहों, नदियों, झीलों आदि के विस्तृत विवरण के साथ-साथ यहाँ की जातियों के रीति-रिवाजों, परंपराओं, संस्थाओं, कृषि, व्यापार, विनिर्माण, राजस्व और जनसंख्या आदि का संक्षिप्त विवरण भी मिलता है।

यह हिंदुस्तानी लोगों को धर्म और जातियों के आधार पर वर्गीकृत करने की शुरुआती अंग्रेज़ी कोशिश थी। इसके बाद सन् 1854 में 'गज़ेटियर ऑफ़ टेरिटरी' का प्रकाशन हुआ। इसमें भी विभिन्न ज़िलों और क्षेत्रों की जनसंख्या का विवरण देते समय उन्हें धार्मिक और जातीय आधार पर वर्गीकृत किया गया। इसमें मुख्य रूप से हिंदू और मुस्लिम आबादी के साथ-साथ महत्वपूर्ण जातियों की संख्या का अनुमान दिया गया। बाद में इसे हर ज़िले के स्तर पर बनाया गया और वहाँ निवास करने वाली जातियों, उनके आचार-व्यवहार और मान्यताओं के बारे में विस्तार से लिखा गया।

'गज़ेटियर ऑफ़ टेरिटरी' में ज़्यादातर उन जातियों के बारे में लोकप्रचलित बातें ही लिखी गईं। इससे कई बार सीमांत जातियों के बारे में उच्च जातियों द्वारा पहले से प्रचारित बातें स्थायी बन गईं। यह बिल्कुल सही है कि गज़ेटियर ने जातीय समूहों के बारे में जनविश्वास को स्थिर बना दिया। लेकिन कोई इस बात से इंकार नहीं करेगा कि भारतीय समाज के आचार-व्यवहार और न्याय जातियों से ही निर्धारित होते थे।

अंग्रेज़ों ने भारत में आने के बहुत पहले से ही अपने देश में जनगणना शुरू कर दी थी। दुनिया के कई देश अपने यहाँ अलग-अलग क़िस्म से जनगणना करते रहे हैं। अंग्रेज़ों के आने के दौर में ही प्रिंटिंग प्रेस यानी

छापाख़ाना आ चुका था। आधुनिकता की इस क्रांतिकारी खोज ने एक बड़ा काम यह कर दिया कि आँकड़ों को अब आसानी से दस्तावेज़ों में सहेजा जा सकता था। 'गज़ेटियर' की कहानी इसे और स्पष्ट करेगी।

इसी क्रम में ईस्ट इंडिया कंपनी ने 1815 से अपने आधिपत्य के प्रदेशों की विस्तृत जानकारी के लिए गज़ेटियर की एक शृंखला का प्रकाशन शुरू किया था। फ्रांसिस बुकानन ने पहली बार पटना की आबादी का अनुमान लगाया था। 1881 में, जब दूसरी जनगणना हुई तब तक पटना की आबादी में थोड़ा इज़ाफ़ा हो गया था। यह वह समय था जब यह इलाका नए शहर के रूप में तेज़ी से विकसित हो रहा था। अगले दशक, यानि 1891 के जनगणना में आबादी में थोड़ी कमी पाई गई। आबादी के घटने का बड़ा कारण अकाल और महामारी था। अब पटना की आबादी में मुख्यतः यूरोपीय, बिहारी (इसमें हिन्दू और मुसलमान दोनों थे) और बंगाली थे। इसके साथ बेशक सैलानियों, देशी और विदेशी व्यापारियों का आना बदस्तूर जारी था। यद्यपि यूरोपियनों की संख्या कम थी, लेकिन उनकी उपस्थिति महत्वपूर्ण थी क्योंकि वे शासक वर्ग से थे। अधिकांश यूरोपीय फौज में थे और दानापुर कैंट में रहते थे। रेल के आने के बाद शुरुआती दौर में वहाँ काम करने वाले जो भी कर्मचारी या अधिकारी थे, वे अधिकांश यूरोपीय ही थे।

गज़ेटियर तैयार करने के इसी क्रम में 1907 में एक ब्रिटिश आईसीएस अधिकारी ओ मैली (लेविस सिडनी स्टुअर्ड ओ मैली) को पटना के साथ-साथ कई और दूसरे ज़िलों के गज़ेटियर तैयार करने का काम सौंपा गया। पटना ज़िले का गज़ेटियर तैयार करने के क्रम में उन्होंने यहाँ रहने वाली जातियों की जनसंख्या के साथ-साथ उनके बारे में कई रोचक जानकारियाँ भी दी हैं।

ओ मैली ने लिखा है, 'मुसलमानों में शेख (56,302) के बाद जुलाहों (28,602) की महत्त्वपूर्ण उपस्थिति है। हिन्दुओं में सबसे अधिक आबादी वाले अहीर या ग्वाला (2,32,908), कुर्मी (1,67,522),

बाभन (1,08,263), दुसाध (1,00,200), कहार (84,531), कोइरी (72,491), राजपूत (63,724), चमार (60,472), और तेली (42,277) हैं। इसके अतिरिक्त आठ ऐसी और जातियाँ हैं जिनकी आबादी 25,000 से ज़्यादा है। इनमें बढ़ई, ब्राह्मण, धानुक, हज्जाम, कन्दुस, मुसहर, पासी और कायस्थ हैं।'

उसने लिखा है, 'पटना ज़िला में ग्वाले या अहीर सबसे बड़ी जनसंख्या वाले हैं। ये मितव्ययी होते हैं। ये अनाज, भूसी बेचकर अपने मवेशियों के लिए चारा काटकर और अपरिष्कृत भोजन कर अपना जीवन यापन कर लेते हैं। जबकि घर की महिलाएँ दूध, मक्खन और दही बेचती हैं। अहीर आमतौर पर किसान और पशुपालक होते हैं। लेकिन बड़ी संख्या में ऐसे भी अहीर हैं जो बेहद ग़रीब हैं और मजदूरी कर गुजर बसर करते हैं। हाँ, इस जाति में कुछ समृद्ध जमींदार भी हैं।' ओ 'मैली ने ग्वालों के एक रोचक त्योहार का उल्लेख किया हैं। उसने लिखा है, 'कार्तिक के सोलहवें दिन, दिवाली के एक दिन बाद वे सोहराई नाम का एक विलक्षण पर्व मनाते हैं। दिवाली की रात दूध में चावल पका कर वे खीर नाम का खाद्य पदार्थ तैयार करते हैं। इस खीर को वे अपने इष्टदेव को समर्पित करते हैं। सभी मवेशियों को भूखा रखा जाता है। अगली सुबह उनके सींगों को लाल रंग से रंग दिया जाता है और उनके शरीरों को भी लाल रंग से रंग दिया जाता है।'

चमार (रविदास) समाज के बारे में ओ मैली ने लिखा है, 'ये मुख्यतः चमड़ा कमाने और मजदूरी के धंधे में थे। चर्मकारी की वजह से इन्हें समाज में बहुत नीचे का दर्जा मिला हुआ था। क्योंकि जानवरों के चमड़े ही इनकी जीविका के साधन थे इसलिए इन पर जानवरों को ज़हर देकर मारने का भी जब-तब आरोप लगाया जाता था। समाज में इनकी उपयोगिता है। ये स्थानीय लोगों के लिए चमड़े के चप्पल, चमरौधे (जूते), चाबुक और हल के लिए बंधन इत्यादि बनाते हैं। ज़रूरत पड़ने पर वे इसकी मरम्मत भी करते हैं। इसके अतिरिक्त ब्याह शादी इत्यादि के मौके पर बाजा बजाने का भी काम कर लेते हैं। ये अपने वाद्ययंत्र का कभी-कभी स्वयं निर्माण भी कर लेते है। यद्यपि यह बहुत उम्दा किस्म

का नहीं होता है लेकिन फिर भी ये उनकी ज़रूरतों को पूरा तो कर ही देता है। इनके घर की महिलाएँ दाई का काम करती हैं। ये इस काम में बहुत निपुण मानी जाती हैं।[1]'

यानी एक बात स्पष्ट होती जा रही है कि जनगणना का मतलब केवल गिनना नहीं होता है। जनगणना दरअसल संख्याओं का दस्तावेज़ीकरण नहीं है, पहचानों को निर्धारित करने का भी ज़रिया है। जिसे गिना जा रहा है, वह है कौन? उसका काम क्या है? उसके जैसे कितने लोग कहाँ-कहाँ किस हालात में रहते हैं? वे क्या खाते-पीते, पहनते-ओढ़ते हैं? और सबसे बड़ी बात कि उन्हें जनगणना में किस नाम से दर्ज किया जाएगा? यानी उनकी सामूहिक, सामुदायिक या सामाजिक पहचान। इससे ये धारणाएँ सिरे से ख़ारिज हो जाती हैं कि अंग्रेज़ों के गिन देने से भारत जातिवादी हो गया था। हक़ीक़त ये है कि जनगणना की प्रक्रिया का इतिहास पुराना और व्यापक रहा है। अंग्रेज़ों ने जनगणना में सभी पहचानों को शामिल किया। प्राप्त सूचनाओं को सहेजने की राष्ट्रव्यापी पद्धति और सुविधाएँ उपलब्ध कराईं। इन सूचनाओं के प्रचार-प्रसार के ज़रिए का विकास होता गया। इन सभी हालातों ने अगले सौ साल के भारत में आमूलचूल बदलावों की कहानी को दिलचस्प मोड़ दे दिया।

जब यह कहा जाता है कि 1871 से शुरू हुई औपचारिक जनगणना ने अपने सामाजिक व्यवहार में बहुत कुछ गतिशील जातियों को गिनकर स्थायी बना दिया, तो यह न सिर्फ़ इस जनगणना से पहले की गृह-गणना के इतिहास और उससे भी पहले के इन गज़ेटियर्स की भूमिका को नज़रअंदाज़ करता है, बल्कि जातीय संरचना को बरकरार रखने वाली सदियों की परदानशीनी (छिपी हुई सच्चाई) को ढँकने का काम करता है। अगर अंग्रेज़ों द्वारा करवाई गई जनगणनाओं को उसके पहले के गज़ेटियर्स और देशी राज्यों द्वारा तैयार की गई बहियों से अलग करके देखा जाएगा, तो यह विश्लेषण सिर्फ़ बहुजन समाज को भटकाने के काम ही आएगा।

---

1 पटना: भूले हुए किस्से- अरुण सिंह, वाणी प्रकाशन, पृ. 147

5

अंग्रेज़ों से पहले जाति जनगणना : कहानी मारवाड़ की

दस साल पहले की बात है। मैं अपने रिसर्च के सिलसिले में देश के तमाम पुस्तकालयों की ख़ाक छान रहा था। तभी मुझे एक जर्जर-सी पुस्तक मिली- मुंहता नैणसी की ख्यात। मुझे किताब का शीर्षक रोचक लगा, तो मैंने उसे पढ़ना शुरू किया। शुरुआत में ही महान विद्वान गौरी शंकर ओझा ने इस किताब के लेखक का जीवन-परिचय लिखा था।

असल में यह दो विद्वान भाइयों की दुःखद कथा है। मुंहता नैणसी ओसवाल जैन थे- इतिहास में गहरी रुचि रखने वाले और आँकड़ों के प्रेमी। उन्होंने पूरे राजस्थान के राजवंशों का इतिहास लिखा। राजस्थानी में इतिहास और वर्णन को ख्यात कहा जाता है- यह वही किताब है। कुछ विद्वान कहते हैं, और ठीक ही कहते हैं कि अगर राजस्थान का इतिहास लिखने वाले कर्नल टॉड को यह किताब मिल गई होती, तो उनका इतिहास कुछ अलग होता।

मुंहता नैणसी मारवाड़ के अलग-अलग हिस्सों में बड़े पदों पर रहे। न सिर्फ़ उनके पास फ़र्स्ट-हैंड अनुभव था, बल्कि सभी रिकॉर्ड्स तक उनकी पहुँच भी थी। इन विषयों में उनकी कुशलता को देखकर महाराजा

जसवंत सिंह ने उन्हें राज्य का दीवान, यानी आज की भाषा में वित्त मंत्री, बना दिया। मुंहता ने पूरे राज्य की आर्थिक व्यवस्था को औपचारिक रूप दिया और उसमें सुधार किया। उन्हें न सिर्फ़ छोटे-छोटे गाँवों का अनुभव था, बल्कि हर रिकॉर्ड तक उनकी पहुँच थी। उन्होंने इन सब के आधार पर पूरे राज्य का भौगोलिक और सामाजिक विवरण लिपिबद्ध किया। इसी कारण कुछ विद्वान उन्हें मारवाड़ का अबुल फ़ज़ल कहते हैं।

मुंहता नैणसी ने दीवान रहते हुए पूरे राज्य की अर्थ और कर-व्यवस्था को मज़बूत किया। लेकिन किसी ने उन पर और उनके भाई सुंदरदास पर एक लाख रुपये के ग़बन का आरोप लगा दिया और चार गवाह खड़े कर दिए। राजा जसवंत सिंह ने गवाहों की बातों को सही मान लिया और दोनों भाइयों से कहा कि ग़बन का पैसा वापस कीजिए। दोनों भाइयों ने कहा कि न उन्होंने एक सिक्का ग़बन किया है और न ही वे कुछ देंगे। वे अपनी सच्चाई पर डटे रहे। राजा ने उन्हें जेल में डाल दिया। दोनों ने अपनी सच्चाई से अडिग रहते हुए जेल जाना स्वीकार किया। जेल में उन्हें ख़ूब प्रताड़ना दी गई, फिर भी वे नहीं डिगे। जब जसवंत सिंह, औरंगज़ेब के आदेश पर शिवाजी से लड़ने के लिए औरंगाबाद की ओर निकले, तो दोनों भाइयों को जोधपुर भेज दिया गया। रास्ते में सैनिकों ने इतना प्रताड़ित और अपमानित किया कि दोनों भाइयों ने पेट में कटार घोंपकर आत्मघात कर लिया। मरते समय इन विद्वान भाइयों ने दो दोहे लिखे, जिन्हें आप कभी पढ़ ही लेंगे। इस तरह एक महान लेखक का अंत हो गया।

मैंने जब उस किताब में यह जीवन-वृत्त पढ़ा, तो कई दिनों तक ये बहादुर और सच्चे लेखक ज़ेहन से उतरे ही नहीं। दो साल पहले जाति

जनगणना की बहस के सिलसिले में मुझे इस लेखक की फिर याद आई। उनकी विद्वत्ता, सच्चाई और साहस का ध्यान आया। मैंने खोजना शुरू किया, तो मुझे उनकी दूसरी किताब 'मारवाड़ रा परगना री विगत' भी मिल गई। मुझे लगता है, जनगणना और ख़ास तौर से जाति जनगणना के संदर्भ में जैसी चर्चा इस किताब की होनी चाहिए थी, वह नहीं हुई। इससे यह साबित होता है कि इन दिनों जो अकादमिक लेखन हो रहा है, जिसमें अंग्रेज़ों के हर काम और ज्ञान को गुलामी बताने की बौद्धिक हड़बड़ी की बाढ़ आई हुई है, ऐसे लोगों की ख़ुद की जड़ें अपने देश में नहीं हैं। अन्यथा वे इस पुस्तक को नजरंदाज़ नहीं करते और हर बात का श्रेय (दोष) अंग्रेज़ों को नहीं देते।

मारवाड़ मुग़लों के अधीन आता था। मुंहता आईन-ए-अकबरी से वाक़िफ़ थे। बल्कि यह एक ऐतिहासिक तथ्य है कि सत्रहवीं सदी में–उसके तरीक़ों और सीमाओं से वे भली-भाँति परिचित थे–इसीलिए उन्होंने मारवाड़ की ज़रूरतों के हिसाब से अपने आँकड़े एकत्र किए।

मुंहता नैणसी प्रशासकों के वंश से थे। इनके परदादा के समय से ही इस वंश ने मारवाड़ के शासकों की विभिन्न पदों पर सेवा की थी। उनका अधिकांश करियर मारवाड़ के महाराजा जसवंत सिंह राठौर (1638–1678) के लंबे शासनकाल के दौरान बीता। अपने प्रशासनिक जीवन के आरंभ में नैणसी को राज्यभर में विभिन्न प्रशासनिक परगनों के अधिकारी के रूप में नियुक्त किया गया था। इस अनुभव ने उन्हें उन अधिकांश क्षेत्रों का व्यापक और प्रत्यक्ष ज्ञान प्रदान किया, जिसे बाद में उन्होंने अपने वृत्तांत में शामिल किया।

साल 1658 में महाराजा ने उन्हें गृह मंत्री के पद से सम्मानित किया, जो राज्य के सर्वोच्च प्रशासनिक पदों में से एक था। मारवाड़ एक शुष्क और संसाधन-सीमित क्षेत्र था, जहाँ राज्य की स्थिरता कृषि उत्पादन, कर-व्यवस्था और लोगों की व्यापारिक भूमिका पर निर्भर करती थी। ऐसे में राज्य प्रशासन के लिए यह आवश्यक था कि उसे यह स्पष्ट ज्ञान हो

कि कौन-सी जातियाँ कहाँ निवास करती हैं, वे किन कार्यों से जुड़ी हैं और राज्य की आर्थिक संरचना में उनका योगदान क्या है। इसी आवश्यकता के परिणामस्वरूप मुंहता नैणसी ने एक व्यापक सर्वेक्षण कराया।

मुंहता नैणसी की जनगणना आधुनिक अर्थों में जनगणना नहीं थी। इसका उद्देश्य सामाजिक समानता, प्रतिनिधित्व या कल्याणकारी योजनाओं की रूपरेखा तैयार करना नहीं था। इसका मूल उद्देश्य प्रशासनिक और राजस्व संबंधी था। फिर भी, इसकी सबसे महत्त्वपूर्ण विशेषता यह थी कि इसमें समाज का अध्ययन अत्यंत व्यवस्थित और सूक्ष्म स्तर पर किया गया। जनसंख्या को जातियों और पेशों के आधार पर वर्गीकृत किया गया तथा प्रत्येक वर्ग की आर्थिक भूमिका को समझने का प्रयास किया गया। मुंहता नैणसी ने विभिन्न जातियों की संख्या, उनका निवास क्षेत्र और उनकी सामाजिक-आर्थिक स्थिति का उल्लेख किया। किंतु यह उल्लेख मात्र पहचान तक सीमित नहीं था। जाति को उन्होंने एक कार्यात्मक इकाई के रूप में देखा, जो किसी न किसी पेशे या आर्थिक गतिविधि से जुड़ी थी।

इस सर्वेक्षण में गाँव-स्तर तक का विस्तृत विवरण मिलता है। प्रत्येक गाँव की भूमि की गुणवत्ता, सिंचाई की व्यवस्था, उत्पादन क्षमता और कर-योग्यता का उल्लेख किया गया है। इससे पता चलता है कि मुंहता नैणसी का उद्देश्य केवल छोटा-मोटा अनुमान लगाना नहीं, बल्कि राज्य की वास्तविक आर्थिक स्थिति को समझना था। इसमें काफ़ी विस्तृत सूचियाँ मिलती हैं-

1. पूरे ज़िले के सकल राजस्व आँकड़े।
2. क़स्बों से संबंधित विवरण, जिसमें जाति के अनुसार परिवारों की गणना (घरम री विगत) तथा किलेबंदी, मंदिरों और जल-आपूर्ति का उल्लेख करते हुए शहर का संक्षिप्त विवरण शामिल है।
3. ज़िले में लगाए गए विभिन्न करों और उनकी दरों की सूचियाँ।

4. ज़िले की प्रशासनिक सीमाओं का विवरण और
5. ज़िले के अधिकार क्षेत्र में आने वाले प्रत्येक गाँव की गणना।

अंत में प्रत्येक गाँव के बारे में आँकड़े और विवरण दिए गए हैं, जिनकी कुल संख्या एक हज़ार से अधिक है। नैणसी द्वारा राज्य के सामान्य सर्वेक्षण के लिए एकत्र की गई जातिवार घरेलू सूचियाँ भारत के सामान्य प्रशासनिक परंपरा का हिस्सा हैं, जिसे भारत के अन्य भागों में व्यापक रूप से ख़ानाशुमारी के रूप में जाना जाता था। जिनका व्यवहार तमाम भारतीय राज्यों में होता था।

व्यक्तियों के बजाय परिवारों की गणना एक व्यवहारिक ज़रूरत थी। यहाँ प्रमुख ग़ैर-कृषि रूपों में से एक गृह कर था। इसे चूल्हा कर भी कहते थे। इसके साथ ही, अलग-अलग जातियों पर करों की दरें भिन्न थीं। उच्च जातियों को कुछ रियायतें दी जाती थीं, जबकि कर्मकार जातियों के औज़ारों पर कर लगाए जाते थे–जैसे कुम्हार के चाक पर कर, लोहार की निहाई पर कर, रुई पर कर आदि।

इसके अतिरिक्त, राजस्व अधिकारी अक्सर जाति परिषदों का उपयोग कुछ करों की वसूली और कर-अनुशासन लागू करने के तंत्र के रूप में करते थे। इस प्रकार, कुछ कर–विशेष रूप से आवश्यकता के समय लगाए जाने वाले असाधारण कर–पूरी जाति पर सामूहिक रूप से लगाए जाते थे, और यह अलग-अलग जाति परिषदों पर निर्भर करता था कि वे इस बोझ को व्यक्तिगत सदस्यों के बीच कैसे साझा करें। इस तरह जब हम मौर्य साम्राज्य से मुग़ल काल और फिर मुंहता तक आते हैं तो हमें जातीय बही खातों में जातीय विवरणों का उल्लेख मिलता है, तो उसके व्यवहारिक कारण हैं। वह व्यावहारिक कारण यह है कि यहाँ जाति सामाजिक पदानुक्रम, व्यवसाय और करों की दर से जुड़ा हुआ था। बल्कि न्याय भी व्यवहारिक स्तर पर इन्हीं जातियों के हिसाब से तय होता था। इसलिए मुहंता के विवरण के लगभग 200 साल बाद 1835 में अलेक्ज़ेंडर बोइलो नाम के एक अंग्रेज़ एजेंट ने दुबारा मेवाड़ का सर्वे

करवाया तो उसने मुहंता के तरीक़े को ही अपनाया। उसने भी अपने सर्वे और जनगणना में जातियों को आधार बनाया।

अगर इस विषय के विद्वानों ने 1590 के दशक की रचना- आईन-ए-अकबरी, 1668 के आस-पास की मुंहता की पुस्तक और 1835 में बोइलो के सर्वेक्षण में इस समानता पर ध्यान दिया होता तो तमाम प्रश्नों और बड़े-बड़े लेखों का कोई मतलब नहीं रहता और विद्वानों का काफ़ी समय बचता। इससे यह भी साफ़ पता चल जाता कि प्रारंभिक औपनिवेशिक जनगणनाओं में जातियों को दर्ज करने की प्रक्रिया औपनिवेशिक काल से पहले के ख़ानाशुमारी पर आधारित थी। बल्कि शुरुआती अंग्रेज़ अधिकारियों द्वारा देसी मुंशियों के सहयोग की भी चर्चा होनी चाहिए थी। जिन्होंने अंग्रेज़ों को बताया कि भारतीय समाज जातीय रूप से संगठित है और कोई भी सर्वेक्षण उसके बिना उपरैला होगा। इससे जनगणना की पूरी प्रक्रिया में देसी लोगों की भूमिका की सही तस्वीर उभरती। अभी तो ऐसा लगता है कि जैसे अंग्रेज़ों ने जाति जनगणना का पहले एक खाँचा यूरोप में बनाया और फिर उसे जहाज़ पर लादकर भारत ले आए और उसे भारतीय समाज में लागू कर दिया। इस मसले पर लिख रहे ज़्यादातर लोग अपनी बुद्धि का इस्तेमाल यही साबित करने में करते हैं। साबित करने में इतना बल ही इसलिए लगता है क्योंकि ऊपर से थोपी जाने वाली उनकी यह मशीनरी बौद्धिक चाहे जितनी लगती हो, व्यवहारिक नहीं लगती। 1835 में सर्वेक्षण करने वाले अंग्रेज़ अधिकारी बोइल्यू के तीन प्रमुख सूचनादाताओं में से दो ओसवाल और एक ब्राह्मण था।

यदि आप इस विषय पर अकादमिक लेखों को पढ़ें तो ज़्यादातर लेख यही साबित करते हैं कि अंग्रेज़ों द्वारा जनगणना के आँकड़ों को व्यवस्थित करने के लिए जाति को एक प्रमुख आधार के रूप में इस्तेमाल करने की परंपरा उन्नीसवीं शताब्दी के उत्तरार्ध में औपनिवेशिक साज़िश के तरह प्रचलित हुई। मैं यह नहीं कहता कि अंग्रेज़ों ने साज़िशें नहीं कीं। उन्होंने ख़ूब साज़िशें कीं, मगर उन साज़िशों के लिए पर्याप्त सामग्री यहाँ मौजूद थी। उन्होंने बस उसे आगे बढ़ाया। इस बात से इंकार नहीं किया

जा सकता कि बाद की अंग्रेज़ों द्वारा करवायी गई जनगणना में ही जाति को प्रमुख स्थान प्राप्त हुआ। फिर भी, यह बार-बार किया जाने वाला अवलोकन कभी-कभी इस तथ्य को छिपा देता है कि 1872 से काफ़ी पहले से ही भारत के विभिन्न हिस्सों में अंग्रेज़ों द्वारा जनगणना आयोजित की जा रही थी। जिनमें शुरू से ही, स्पष्ट रूप से जाति के आधार पर आँकड़े दर्ज किए गए थे।

दिलचस्प बात यह है कि आबादी को जातियों के आधार पर बारीकी से वर्गीकृत करने की प्रेरणा आमतौर पर उच्च-स्तरीय अंग्रेज़ अधिकारियों से नहीं, बल्कि निचले स्तर के प्रशासनिक अधिकारियों से मिली, जो वास्तव में ज़मीनी स्तर पर आँकड़े एकत्र कर रहे थे। बॉम्बे सरकार के अधिकारी मेजर डब्ल्यू. एच. साइक्स ने 1827 में प्रेसीडेंसी के अधिकांश हिस्से में कई जनगणनाओं का आयोजन और देख-रेख की।[1] अपनी जनगणना रिपोर्ट के प्रपत्र को तैयार करते समय उन्होंने कहा कि उन्हें 'जातियों के उन असंख्य सूक्ष्म अंतरों के अनुसार आँकड़े एकत्र करने में कोई दिलचस्पी नहीं है, जिन्हें रिपोर्ट में शामिल करने से अनावश्यक विवरण जुड़ जाते, रिपोर्ट जटिल हो जाती और उनका आकार असुविधाजनक हो जाता, जबकि उनसे मिलने वाली जानकारी में कोई ख़ास लाभ नहीं होता।' लेकिन जब उन्हें खानदेश ज़िले की जनगणना के परिणाम प्राप्त हुए, जो वहाँ के कलेक्टर द्वारा कराई गई थी, तो जनसंख्या को दर्जनों जाति श्रेणियों में विभाजित किया गया था, और बंबई में सरकार को परिणाम भेजते समय उन्हें निम्नलिखित माफ़ी माँगने के लिए विवश होना पड़ा।

'देश की आबादी में पाए जाने वाले हर व्यापार या जाति को प्रदर्शित करना मेरी योजना में शामिल नहीं था... हालांकि, खानदेश के कलेक्टर ने कस्बों और गाँवों में पाए जाने वाले सभी विभिन्न व्यवसायों और जाति के कई सूक्ष्म भेदों को प्रत्येक रिपोर्ट के पीछे सूचीबद्ध करवाया था, इसलिए मैंने रिपोर्ट का अनुवाद करते समय इस सूची को छोड़ना उचित नहीं

1 Reports of the population estimates of India VOL-3,

समझा। यह स्पष्टीकरण संलग्न रिपोर्टों के विशाल आकार का कारण बताता है।'

यह पत्राचार दिलचस्प है। इससे पता चलता है कि खानदेश के कलेक्टर को जातिगत जनसंख्या के बारे में विस्तृत जानकारी शामिल करने के लिए प्रपत्र के पीछे के भाग का उपयोग करने की पहल करनी पड़ी थी। प्रशासन के उच्च अधिकारियों की यह इच्छा नहीं थी कि जनगणना के आँकड़ों को इस तरह से अलग-अलग भागों में बाँटा जाए, इसकी पुष्टि साइक्स को सरकार द्वारा जनगणना के आँकड़ों की प्राप्ति स्वीकार करते हुए दिए गए संक्षिप्त उत्तर से होती है। इसमें साइक्स को जनगणना में उपयोग की जाने वाली सामाजिक श्रेणियों की संख्या को 'अधिक संयमित सीमाओं के भीतर' रखने की सलाह दी गई है।

इन प्रारंभिक जनगणनाओं में जाति का उपयोग इस तरह से उभरने का एक कारण यह था कि स्थानीय औपनिवेशिक अधिकारी, जो जनगणना डेटा एकत्र करने के लिए सीधे तौर पर ज़िम्मेदार थे, ने अपनी जनगणनाओं को पूर्व-मौजूदा ख़ानाशुमारी पद्धतियों के आधार पर तैयार किया, जिनका डेटा जातिगत संदर्भों में व्यक्त किया गया था। अक्सर यह सुविधा के लिए किया जाता था क्योंकि स्थानीय स्तर के ब्रिटिश अधिकारियों ने देशी सारणीकारों को नियुक्त किया था, जो गणना के इन पुराने रूपों से परिचित थे। नागपुर रियासत में ब्रिटिश रेजिडेंट रिचर्ड जेनकिंस ने 1818 में निम्नलिखित अवलोकन किया कि नागपुर सरकार के अधीन, अधिकांश ज़िलों में जनगणना की एक तरह की आधारभूत संरचना मौजूद थी, जिसे ख़ाना शोमारसे या प्रत्येक ज़िले के घरों की वार्षिक गणना कहा जाता था।[2] इसमें प्रत्येक गृहस्वामी की जाति और पेशे का विवरण तथा अन्य विवरण शामिल होते थे। 1819 में रेजिडेंट द्वारा की गई जनगणना इसी योजना का विस्तार मात्र थी।

इस तरह, जब हम 1881 की जनगणना से पीछे जाते हैं, तो हमें केवल गणना की ही नहीं, बल्कि जाति-आधारित गणना की एक सुदृढ़

2 Report on the territories of the jajah Nagpore, R Jenkins

परंपरा भी दिखाई देती है। यह परंपरा किसी औपनिवेशिक प्रयोग का परिणाम नहीं थी, बल्कि भारत की सामंती सामाजिक ज़रूरतों से जन्मी थी।

ज़रा सोचिए–**एक ऐसा समाज, जहाँ किसी व्यक्ति का पूरा आर्थिक, सामाजिक और नैतिक जीवन उसकी जाति और वर्ण से निर्धारित होता हो। जहाँ उसकी व्यक्तिगत पहचान, उसकी जातीय पहचान में विलीन हो। जहाँ न्याय, दंड और कर-विधान जाति और वर्ण के अनुसार बदलते हों। ऐसे समाज में यदि जातियों की गणना न होती, तो यह ज़्यादा आश्चर्यजनक होता– न कि उनका होना।**

जाति यहाँ केवल सामाजिक पहचान नहीं थी; वह प्रशासनिक और आर्थिक श्रेणी थी। राज्य को यह जानना आवश्यक था कि कौन-सा समूह क्या करता है, क्या देता है और क्या भुगतता है। इसीलिए जाति-ज्ञान–और उसके साथ एक प्रकार की जाति-गणना–सामंती व्यवस्था की बुनियादी आवश्यकता थी। इसके बावजूद, भारत की इस ठोस जातीय वास्तविकता को धुंधला करने के लिए–और उसके लिए उत्तरदायी उच्च जातीय सत्ता-संरचना को बचाने के लिए–आधुनिक बौद्धिक वर्ग ने असाधारण वैचारिक परिश्रम किया है। पिछले कुछ दशकों में इस तरह के विमर्श का इतनी बड़ी मात्रा में उत्पादन हुआ है कि किसी बुद्धिजीवी को अपनी ही समझ और तर्क पर संदेह होने लगे। यों ही नहीं अनेक मान्य बहुजन बुद्धिजीवी भी इसके गिरफ़्त में आ रहे हैं और जाति को अंग्रेज़ों की कारस्तानी समझने लगे हैं।

इस विमर्श का सार अक्सर यही होता है कि बहुजन तबकों के दुःखों का मूल कारण भारतीय सामंती उच्च वर्ण नहीं, बल्कि अंग्रेज़ हैं। इस तर्क में अंग्रेज़ों को सर्वशक्तिमान और पूर्ववर्ती समाज को लगभग निर्दोष मान लिया जाता है। इस तरह, बहुजन समाज के लिए मित्र और शत्रु की पहचान को जानबूझकर उलझाया जाता है। यह विमर्श इतिहास को समझने से अधिक, सामाजिक ज़िम्मेदारी को विस्थापित करने का उपकरण है।

■

6

ज़रूरत से पैदा हुई जनगणना

आज का उत्तर प्रदेश 1890 से पहले बंगाल प्रेसिडेंसी का नॉर्थ-वेस्ट प्रोविंस कहलाता था। 1854 में इस प्रोविन्स के रेवेन्यू सेक्रेटरी जे. जी. क्रिश्चियन ने एक जनगणना करवायी। उन्होंने इसमें एक भयानक पैटर्न देखा। उन्होंने पाया कि, "हर ज़िले में, हर क्लास में पुरुषों के मुकाबले महिलाओं की संख्या कम है। सिर्फ़ तीन अपवादों को छोड़कर; यह कम संख्या हिंदुओं में मुसलमानों के मुकाबले ज़्यादा साफ़ दिखती है, और यह हिंदू समुदाय के खेती-बाड़ी वाले क्षेत्रों में सबसे कम है।"[1]

इस भयानक स्थिति के जिन अलग-अलग कारणों का उन्होंने अंदाज़ा लगाया था, उनमें शिशु हत्या को भी शामिल किया। लेकिन उन्होंने आगे बताया कि, "रिपोर्ट में उन जातियों को अलग से नहीं दिखाया गया है, जिनके बारे में पता है या शक है कि वे लड़कियों की शिशु हत्या करती हैं... लेकिन यह काम अगली जनगणना के लिए छोड़ देना चाहिए, जब आबादी की जातियों और उम्र को रिकॉर्ड किया जाएगा, ताकि इस रिवाज का लड़कियों की संख्या पर पूरा असर दिखाया जा सके।"

---

1 Reports on the census of the north west provinces of Bengal presidency, Calcutta baptist mission press

क्रिश्चियन की रिपोर्ट में यह अंतर केवल सामान्य रूप से नहीं, बल्कि स्पष्ट सामाजिक पैटर्न के रूप में सामने आया। उन्होंने पाया कि यह असंतुलन मुसलमानों की तुलना में हिंदुओं में अधिक स्पष्ट था और हिंदू समाज के भीतर भी खेती-बाड़ी से जुड़े क्षेत्रों में यह स्थिति सबसे गंभीर थी। यह अवलोकन अपने आप में महत्त्वपूर्ण था, क्योंकि यह पहली बार था, जब किसी व्यवस्थित आँकड़े के माध्यम से लैंगिक अनुपात की इस विकृति को पहचाना गया।

इस छोटे से ऐतिहासिक अंश से कई निर्णायक नतीजे निकलते हैं। पहली बात यह स्पष्ट होती है कि यदि जनगणना जैसे वैज्ञानिक और व्यवस्थित उपाय न होते, तो शायद कभी यह पता ही नहीं चलता कि स्त्री-पुरुष अनुपात में इतना बड़ा अंतर मौजूद है। दूसरी बात यह कि केवल समस्या को पहचान लेना पर्याप्त नहीं है; यह जानना भी ज़रूरी है कि यह समस्या समाज के किन विशेष वर्गों में और किन कारणों से अधिक गंभीर है।

यदि इस स्थिति से निपटने के उपायों को प्रभावी बनाना है, तो उन सामाजिक समूहों की स्पष्ट पहचान आवश्यक है जहाँ कन्या शिशु हत्या जैसी प्रथाएँ अधिक प्रचलित हैं। मान लीजिए कि आगे के अध्ययनों से यह स्पष्ट हो जाता है कि यह समस्या समाज की दो-तीन सीमांत जातियों में अधिक है। यदि साथ ही यह भी पता चले कि ये जातियाँ आर्थिक रूप से कमज़ोर हैं और उनमें दहेज प्रथा प्रचलित है, तो एक सीधा निष्कर्ष निकाला जा सकता है–अपनी आर्थिक अक्षमता के कारण वे परिवार कन्याओं को बोझ मानकर उनकी हत्या कर देते हैं।

कोई यह भी पूछ सकता है कि अंग्रेज़ों की इस तरह की कोशिश से पहले क्या किसी ने यह जानना चाहा कि समाज में स्त्रियों की संख्या पुरुषों से कम है? वि-औपनिवेशीकरण का बौद्धिक प्रोजेक्ट तब संदेहास्पद लगने लगता है जब इसमें स्त्रियों के बारे में इन मसलों को झुठलाकर, इसपर फ़ोकस किया जाता है कि औपनिवेशिक विमर्श ने लैंगिक पहचानों

को रूढ़ कर दिया। एक तरफ़ करोड़ों स्त्रियों के ज़िंदा बचने का अधिकार था, दूसरी तरफ़ आज की फ़ैशनी वि-औपनिवेशीकरण की चमकीली बहसें हैं।

यूरोपीय समाज भारतीय समाज से पहले एक बौद्धिक जागरण से गुजर रहा था। वहाँ का मानवतावाद न सिर्फ़ दार्शनिकों को बल्कि पूरे समाज की सोच-विचार को गहराई से प्रभावित कर रहा था। प्रकृतिविज्ञान और जीवों के वर्गीकरण की कोशिश एक व्यवस्थित विज्ञान का रूप ले रहा था। इसे ही उन्होंने मानव गणना पर प्रयोग करना शुरू किया। मानवतावाद ने यह धारणा मजबूत करी कि मनुष्य और उसका सामाजिक जीवन समझने योग्य है और उसे तर्क तथा अनुभव के आधार पर जाना जा सकता है। इस सोच ने समाज को एक अमूर्त इकाई की बजाय एक ठोस, मापी जा सकने वाली संरचना के रूप में देखने का रास्ता खोला। इस समय वैज्ञानिक पद्धति– अवलोकन, वर्गीकरण, तुलना और निष्कर्ष–ज्ञान का मानक बन गई। इसी काल में प्रकृतिविज्ञान का तीव्र विकास हुआ। जीव-जंतुओं और वनस्पतियों के वर्गीकरण की कोशिशों ने यह सिद्ध किया कि जटिल प्राकृतिक संसार को श्रेणियों, नामों और संख्याओं के माध्यम से समझा जा सकता है। इस पद्धति का प्रभाव धीरे-धीरे सामाजिक अध्ययन पर भी पड़ा। यदि प्रकृति को गिना और वर्गीकृत किया जा सकता है, तो मानव समाज को भी ऐसा ही किया जा सकता है– यही विचार जनगणना के विज्ञान की आधारशिला बना।

यूरोप में धीरे-धीरे राज्य और शासन की भूमिका भी बदली। शासन का उद्देश्य केवल सत्ता बनाए रखना नहीं, बल्कि समाज को “तर्कसंगत” ढंग से प्रबंधित करना माना जाने लगा। इसके लिए विश्वसनीय आँकड़ों की आवश्यकता थी। जनगणना इसी आवश्यकता का उत्तर बनी। आबादी को गिनना, उम्र, लिंग, धर्म, पेशा और निवास के आधार पर वर्गीकृत करना अब एक बौद्धिक और वैज्ञानिक कार्य के रूप में देखा जाने

लगा। इस तरह जनगणना अनुमान या परंपरा पर नहीं, बल्कि मापनीय तथ्यों पर आधारित ज्ञान का साधन बन गई। इसका नतीजा यह निकला कि सामाजिक समस्याओं को नैतिक पतन या दैवी दंड के रूप में देखने की बजाय संरचनात्मक और सांख्यिकीय रूप में समझा जाने लगा। इससे यह संभव हुआ कि समाज के भीतर छिपी ग़ैर बराबरियाँ –जैसे महिलाओं की कमी या किसी विशेष वर्ग की बदतर स्थिति–पहचानी जा सके और उनके कारणों पर विचार किया जा सके।

अंग्रेज़ों द्वारा भारत को समझने की कोशिश केवल एक प्रशासनिक या साम्राज्यवादी परियोजना नहीं थी; उसमें यूरोप के नवजागरण और प्रबोधन काल की पूरी बौद्धिक विरासत भी शामिल थी। मानवतावाद, वैज्ञानिक तर्क और समाज को व्यवस्थित रूप से समझने की प्रवृत्ति ने अंग्रेज़ शासकों की सोच को गहराई से प्रभावित किया था। निस्संदेह, इस समझ के पीछे उनका साम्राज्यवादी हित भी निहित था, मगर यह कहना सरल होगा कि वे अपने बौद्धिक प्रभावों से पूरी तरह मुक्त होकर काम कर रहे थे। वस्तुतः वे अपने समय की प्रचलित वैचारिक धारणाओं से बंधे हुए थे और उसी ढाँचे में भारत को देखने-समझने का प्रयास कर रहे थे।

इन प्रयासों के परिणाम केवल वही नहीं थे जिनकी उन्होंने कल्पना की थी। कई बार उनके कामों के ऐसे प्रभाव भी सामने आए, जिन्हें वे अपने समय में पूरी तरह समझ नहीं सकते थे–जैसा कि आज हम ऐतिहासिक दूरी से उनका अध्ययन करते हुए देख पाते हैं। भारतीय समाज पर उनके हस्तक्षेप केवल नियंत्रण या विभाजन तक सीमित नहीं रहे, बल्कि उन्होंने अनजाने में सामाजिक संरचनाओं को दर्ज, स्थिर और दृश्य बना दिया।

भारतीय समाज को प्रबंधित करने की प्रक्रिया में अंग्रेज़ों ने जनगणना को एक आवश्यक उपकरण के रूप में देखा। मगर यह समझना ज़रूरी

है कि जनगणना न तो किसी एकरैखिक प्रक्रिया के तहत सीधे यूरोप से आयात की गई थी और न ही उसे उसी रूप में यहाँ थोपा जा सकता था। आरंभ में अंग्रेज़ों ने विभिन्न शहरों और रियासतों में सीमित जनगणनाएँ और सर्वेक्षण किए, जो अक्सर प्रयोगात्मक और आंशिक प्रकृति के थे।

महत्त्वपूर्ण यह भी है कि जनगणना की अवधारणा भारत के लिए पूरी तरह नई नहीं थी। न केवल भारतीय ग्रंथों से, बल्कि अंग्रेज़ों की अपनी रिपोर्टों से भी यह स्पष्ट होता है कि औपनिवेशिक शासन से पहले कई देशी राज्य समय-समय पर जनसंख्या से संबंधित गणनाएँ कराते थे। ये गणनाएँ प्रायः घरों या परिवारों की संख्या तक सीमित होती थीं और उनका उद्देश्य राजस्व, सैन्य या प्रशासनिक आवश्यकताओं से जुड़ा होता था। अंग्रेज़ों ने अपनी जनगणना संबंधी कोशिशों में इन स्थानीय परंपराओं से काफ़ी कुछ सीखा और उन्हें अपने वैज्ञानिक ढाँचे में ढालने की कोशिश की।

इसलिए यह कहना अधिक उचित होगा कि अंग्रेज़ों ने भारतीय समाज को तोड़ने या कृत्रिम रूप से विभाजित करने के लिए कोई सर्वथा नई प्रणाली नहीं गढ़ी। उन्होंने सामाजिक प्रबंधन के लिए उन्हीं तरीक़ों को विकसित किया, जिनका प्रयोग यूरोप और भारतीय रियासतों–दोनों में पहले से किसी न किसी रूप में होता रहा था। अंतर केवल इतना था कि अंग्रेज़ों ने इन तरीक़ों को आधुनिक विज्ञान, वर्गीकरण और सांख्यिकीय विश्लेषण के साथ जोड़ दिया। इसी प्रक्रिया में जनगणना एक साधारण प्रशासनिक अभ्यास से आगे बढ़कर समाज को समझने, परिभाषित करने और प्रबंधित करने का एक शक्तिशाली औजार बन गई।

■

7

अंग्रेज़ों का क़सूर : गिनकर पैदा कर दी जाति!

कुछ लोगों का मानना है कि अंग्रेज़ों के पहले भारत में कोई जातिवाद नहीं था। जब अंग्रेज़ भारत आए, तो यह देखकर हैरान हो गये कि यहाँ सब इंसान एक समान हैं। न कोई बड़ा है और न ही कोई छोटा। वर्ण व्यवस्था जैसी कोई चीज़ थी ही नहीं, तो जाति होने का सवाल ही नहीं। वर्ण जैसा कुछ था भी तो केवल किताबों में और वह भी कर्मणा। अंग्रेज़ भारत के जिस भी हिस्से में जाते, वे देखते कि भारत में शूद्र एक वक़्त का ख़ाना ब्राह्मणों की थाली में खाते थे, तो दूसरे वक़्त का ख़ाना क्षत्रियों और वैश्यों की थाली में। ख़ाना खाकर जाते समय शूद्रों को दान भी मिलता था। शूद्रों को दान न देने वालों को पाप का विधान था। चारो वर्णों के लोग अंतरवर्ण और अंतरजातीय विवाह करते थे। रोटी-बेटी का ऐसा संबंध देखकर पृथ्वी लोक पर ही नहीं, अखिल ब्रह्मांड में भारत की जय-जयकार थी।

ब्राह्मणों और शूद्रों के बच्चे एक साथ एक ही स्कूल में पढ़ाई करते थे। वहाँ वेद, उपनिषद और ज्ञान के सभी अनुशासन पढ़ाए जाते थे। हर गुरुकुल में शिक्षा देने के लिए मेहतर, चर्मकार, कुम्हार, लुहार, बढ़ई,

नाई और मोची जैसे तबके के लोग गुरु होते थे। मैला ढोने से लेकर मरे जानवरों की चमड़ी साफ़ करने का काम कई जगह ब्राह्मण, क्षत्रिय, वैश्य करते थे। शूद्र यज्ञ और हवन कराने भी जाया करते थे। चारों वर्ण एक ही तालाब से पानी पीते, एक ही खटिया पर बैठते। छूआछूत का तो नामोनिशान ही नहीं था।

दरअसल जाति और वर्ण के आधार पर मान, सम्मान, काम का बँटवारा नहीं हुआ था। पवित्र ग्रंथ में साफ़ लिखा था कि 'जन्मना जायते शूद्र...' यानी जन्म से तो सब शूद्र थे। इसलिए कर्म के मुताबिक़ कई शूद्रों की अगली पीढ़ी ब्राह्मण हो जाती, तो कई ब्राह्मण शूद्र हो जाते थे। शूद्र राजा बनकर क्षत्रिय हो जाते तो कई वैश्य हवन कराने के चलते ब्राह्मण हो जाते थे। हर धार्मिक ग्रंथ में चारो वर्णों को समान रूप से पूजनीय बताया गया है। सब इतना घुल-मिलकर रहते थे कि किसी को पता ही नहीं चला कि भारत में वर्ण या जाति जैसी व्यवस्थाएँ भी हैं।

सब एक बराबर और सुखी थे, तभी अंग्रेज़ भारत आ गये। सब चौपट हो गया। अंग्रेज़ों ने पहले वर्ण और जाति की खाई पैदा करने के लिए एक शख़्स को पैदा किया- मनु। फिर उस मनु से मनुस्मृति लिखवाया। अब मनुस्मृति को देश भर में प्रचारित करवाकर वर्णवाद-जातिवाद फैलाया। किसी को अछूत तो किसी को भूदेव बनाकर बाँटा। इस अखंड भारतीयता से हैरान अंग्रेज़ों ने 'फूट डालो और राज करो' की नीति के तहत ये साज़िश की। फिर साज़िशन जातियाँ गिन दीं। जैसे ही अंग्रेज़ों ने जातियों को गिनना शुरू किया, यह देश जातिवादी हो गया। अगर वे जाति जनगणना नहीं शुरू करते, तो भारत में वर्ण और जाति का कोई नामोनिशान नहीं मिलता।

ऊपर की बातें पढ़कर लगा होगा कि मैं आपसे मज़ाक़ कर रहा हूँ। दरअसल बुद्धिजीवियों का एक वर्ग इन्हीं मज़ाकिया बातों को बौद्धिक भाषा में दुहराता है। ये बौद्धिक हज़ारों साल के ऐतिहासिक प्रमाणों को

झुठला नहीं सकते इसलिए दूर की कौड़ी लाने, ढूह को पहाड़ बताने और मददगार को दुश्मन साबित करने की हाथ सफ़ाई करते हैं। उनके इस हाथ सफ़ाई में इतना रोमांच है कि उन्होंने अच्छी-ख़ासी भीड़ जुटा ली है। इसके समर्थन में लेख पर लेख छप रहे। दनादन किताबें आ रहीं। हर विश्वविद्यालय में सेमिनार और संगोष्ठियाँ हो रही हैं। इसके आकर्षण का दो कारण है- पहला तो वही, जो हर नयी चीज़ के प्रति होता है- उत्सुकता। दूसरा वि-उपनिवेशीकरण का मुहावरा। इसे ही कोई नैतिक ज़िम्मेदारी बना देता है। लेकिन इस बौद्धिक हाथ सफ़ाई की सफलता का कारण यह है कि इन बौद्धिक हलकों में बहुजन चिंतकों की कमी है। अगर अकादमियों में बहुजन चिंतकों की पर्याप्त उपस्थिति होती तो इन बुद्धिजीवियों की बातें इस तरह काउंटरहीन नहीं जातीं।

इनका दावा है कि अंग्रेज़ों के पहले भारत की जातीय संरचना में एक गतिशीलता थी लेकिन जातियों को गिनने की प्रक्रिया में यह गतिशीलता ख़त्म हो गई। वे जाति जनगणना को देश विरोधी बताते हुए अंग्रेज़ों की साज़िश का फल बताते हैं। उनका मानना है कि अंग्रेज़ों के पहले जातियाँ थीं ही नहीं और अगर थीं भी, तो अदृश्य थीं। हालांकि उसी खित्ते में कुछ महानुभाव दिल पर पत्थर रखकर मानते तो हैं कि भारत में वर्ण व्यवस्था और वर्ण के मुताबिक़ जातियाँ अंग्रेज़ों के पहले भी थीं। मगर उनमें इस क़दर बँटवारा नहीं था। वे लचीली थीं। उनका चरित्र इतना अमानवीय न था। दिलचस्प है कि इस धारणा को विकसित करने वाले लगभग सभी महानुभाव सामान्यतः उच्च वर्ण के पाए जाते हैं। सहज ही समझा जा सकता है कि वर्चस्वशाली और लाभार्थी समूह ने ये मिथ गढ़ा, ताकि अपराध छिप सके। इतिहास के धोखे समझने के लिए इतिहासकारों की वैचारिकी समझनी होगी। और साथ ही इतिहास लेखन की भी जाति जनगणना करनी होगी। मैं जो बातें कह रहा हूँ, उसे चिकनी अकादमिक भाषा में भी लिखा जा सकता था, लेकिन उससे फ़र्क़ क्या पड़ेगा?

इस बात के पुख़्ता ऐतिहासिक सबूत हैं कि जातिवार जनगणना ने जातिवाद को मज़बूत करने की बजाय दलित, पिछड़ी और वंचित जातियों को आत्मसजग किया। इसके पहले का पूरा इतिहास कथित उच्च जातियों की आत्मसजगता का है। जहाँ उन्होंने पूरा विधान और विमर्श ख़ुद की श्रेष्ठता का गढ़ा। जो ऊपर से देखने पर सामान्य और स्वाभाविक सामाजिक विकास लगता है। जहाँ हमेशा ब्राह्मण-बनिया-क्षत्रिय का गठजोड़ स्थाई दिखाई पड़ता है। हालांकि इतिहास के हर करवट लेते दौर में इस गठजोड़ को चुनौती मिलती रही। ऊपरी स्तर पर यह दिल्ली सल्तनत और मुग़लों के समय टूटता है, मगर ज़मीनी स्तर पर उसमें कोई बड़ा बदलाव कभी नहीं आया। कोई भी शासक इसमें दखल नहीं देता था। मगर जैसे ही अंग्रेज़ भारत की जनगणना करवाते हैं, वैसे ही जातिगत विषमता पहली बार तुलनात्मक आँकड़ों में साफ़ दिखाई देने लगती है। अमूमन जाति जनगणना के इस अखिल भारतीय ढाँचे के पहले जाति विभेद के ख़िलाफ़ संगठित प्रतिरोध नहीं खड़ा हो पाया था। इसने वंचित समाज को पहली बार आवाज़ उठाने के लिए अखिल भारतीय तथ्य दे दिया। ये तथ्य धार्मिक और धर्मशास्त्रीय तर्कों से बहुत अलग थे। इसका कोई नैतिक और तार्किक जवाब धर्मशास्त्र नहीं दे सकते थे। बल्कि असमानता के भयानक आँकड़ों ने ही जाति जनगणना की ऐतिहासिक ज़रूरत को सिद्ध किया।

अंग्रेज़ों ने भारत में जनगणना और ख़ासकर जाति जनगणना की शुरुआत एक प्रशासनिक ज़रूरत के रूप में की। इसके पहले न सिर्फ़ ब्रिटेन में बल्कि पूरे यूरोप में जनगणना की एक मज़बूत परंपरा थी। मैं उस इतिहास में नहीं जाना चाहता। लेकिन आप पिछले अध्यायों में देख आए हैं कि ख़ुद भारत में इसकी परंपरा अंग्रेज़ों द्वारा करवाई गई जनगणना से बहुत पुरानी है। अंग्रेज़ों ने पहली औपचारिक जनगणना 1872 में ब्रिटिश भारत के कुछ भागों में करवाई गई थी। पूरे भारत में

पहली समन्वित जनगणना साल 1881 में हुई। पिछले अध्यायों में आप देख आए हैं कि कितने पहले से सर्वेक्षण और जनगणना होती आयी थी।

भारत के कई शहरों में जनगणना का काम शुरू कर दिया गया था। जेम्स प्रिंसेप द्वारा इलाहाबाद में साल 1824 में और बनारस में साल 1827-28 में जनगणना करवाई गई। एक भारतीय शहर की पहली पूर्ण जनगणना वर्ष 1830 में हेनरी वाल्टर द्वारा ढाका (अब बाँग्लादेश में) में आयोजित की गई थी। दूसरी जनगणना वर्ष 1836-37 में फोर्ट सेंट जॉर्ज द्वारा की गई थी। वर्ष 1849 में भारत सरकार ने स्थानीय सरकारों को जनसंख्या का पंचवर्षीय संचालन करने का आदेश दिया। यानी एक बात और स्पष्ट है कि अखिल भारतीय जनगणना के काफ़ी पहले गिनने की कोशिशें शुरू हो चुकी थीं।

यानी जनगणना का इतिहास बहुत पुराना है। दुनिया भर में गिनना एक पहचान को संख्याओं में दर्ज करने भर से बहुत आगे की बात है। दरअसल जनगणना पहचानों का रजिस्टर ही नहीं, पहचानों को तय करने का ज़रिया भी रहा है। हमेशा होता यह है कि बिना पहचान तय किए आप किसी चीज़ को गिनेंगे कैसे। अंग्रेज़ों ने भी पहचान तय करने की कोशिश की लेकिन जब आप पिछले सर्वेक्षणों और सीमित जनगणनाओं को देखते हैं तो पाते हैं कि यह प्रक्रिया ऊपर की तरफ़ से नहीं शुरू हुई। यह नीचे से ऊपर की ओर बढ़ी। और बहुत लंबे समय तक जातीय पहचान और उनका वर्गीकरण अनिश्चित ही रहा। पहचान की यह अनिश्चितता वर्गीकरण की सीमाओं से तो आती ही थी, जनदबाव से भी आता था। ये कोशिशें इकहरी नहीं थीं। इसमें एक रस्साकशी थी। इसलिए गिनने की राजनीति को क़ायदे से समझे बिना हम इसी मुग़ालते में रहेंगे कि अंग्रेज़ों ने भारत को जातिवादी बना दिया।

■

8

जाति जनगणना से आरक्षण

"कोल्हापुर रियासत में कितने अछूत लोग हैं?"

"महाराज! जनगणना के मुताबिक़ कोल्हापुर स्टेट में 1,03,889 अछूत लोग हैं।"

"और हमारे दरबार के कितने पदों पर ये लोग काम कर रहे हैं?"

"कोल्हापुर के सामान्य प्रशासन में कुल 71 पदों में से 60 पर ब्राह्मण अधिकारी नियुक्त हैं। लिपिक के 500 पदों में से मात्र 10 पर ग़ैर-ब्राह्मण हैं। जबकि राज्य की कुल आबादी में ब्राह्मणों की संख्या महज़ 3 से 4% ही होगी।"

"यह अन्यायपूर्ण है। आज ही एक शासनादेश जारी किया जाए कि सभी ग़ैर-ब्राह्मण जातियों को सरकारी नौकरियों और शिक्षा में 50% आरक्षण प्रदान किया जाएगा।"

साल 1902 के जुलाई महीने की 26 तारीख़ को महाराष्ट्र के कोल्हापुर रियासत में छत्रपति शाहूजी के द्वारा सामाजिक न्याय का यह अध्याय लिखा गया। प्रशासन में हर वर्ग का प्रतिनिधित्व होना चाहिए और जो लोग पीछे रह गये हैं, उन्हें ज़्यादा मौक़े मिलने चाहिए। यह बात आज

आपको बहुत सामान्य लग सकती है। क्योंकि यह आपका अपना चिंतन नहीं है, सुना-पढ़ा और जाना हुआ है। लेकिन सौ साल पहले जिस व्यक्ति के दिमाग़ में यह बात आयी, वह एक वैचारिक और प्रशासनिक क्रांति थी। इस एक विचार से आगे के भारत में करोड़ों लोगों का भाग्य तय होने वाला था। इसके बाद का भारतीय समाज वही नहीं रह गया जो पहले था। लेकिन इसके पीछे जातियों की गणना की भूमिका को कभी भूलना नहीं चाहिए। अगर जातियों और उनकी प्रशासनिक और शैक्षिक स्थिति की गणना नहीं होती तो सकारात्मक प्रशासनिक हस्तक्षेप का विचार पैदा ही नहीं होता।

जाति हिंदुस्तान के सामाजिक जीवन की एक केंद्रीय संरचना रही है–जिसे लोग रोज़मर्रा के व्यवहार, श्रम-विभाजन, सामाजिक दूरी और सम्मान-असम्मान के अनुभव के रूप में जीते रहे हैं। यानी यह अनुभव की वस्तु थी, लेकिन इस सामूहिक अनुभव को मापा नहीं जा सकता था। लोग जानते थे कि समाज असमान है, पर यह असमानता कितनी गहरी है, कितनी व्यापक है– यह स्पष्ट रूप से दिखाई नहीं देता था। कोई यह नहीं कह सकता था कि कौन-सी जाति कितनी है, या कौन-सी जाति किस स्थिति में है। मगर **जाति जनगणना ने इसी स्थिति को निर्णायक रूप से बदल दिया। असमानता सामाजिक थी, लेकिन प्रमाणित तथ्य नहीं बनी थी। असमानता को सामाजिक अनुभव से निकालकर संख्या और आँकड़ों की भाषा में रूपांतरित कर दिया गया। इसके बाद असमानता सामाजिक अनुभव की चीज़ होने के साथ, दृश्य हो गई, जिसे मापा जा सकता था और जिसकी तुलना की जा सकती थी।**

आपको कभी बुख़ार हुआ ही होगा, उस बारे में सोचें। आपकी देह गर्म है, यह आपको पता है। आपको छूने वाले को भी पता है कि आपकी देह गर्म है। लेकिन जैसे ही थर्मामीटर आता है, आपका अनुभव एक संख्या में बदल जाता है। जिसे आप डॉक्टर को बता सकते हैं। बाक़ी

लोगों से इसकी तुलना हो सकती है। बल्कि सुबह से शाम के टेंप्रेचर का अंतर समझा जा सकता है। और उसके हिसाब से दवाएँ बदली जा सकती हैं। इसी तरह जाति जनगणना ने जातीय वंचना के सामाजिक अनुभव को गणनीय, दृश्य और तुलनीय बना दिया। जब शाहू जी ने देखा कि राज्य के प्रशासन में इतना बड़ा अंतर है तो उन्होंने इसे बराबर करने की सोची।

यह वही दौर है, जब महाराष्ट्र के कोल्हापुर रियासत ही नहीं, मैसूर के महाराजा नालवाडी कृष्णराजा वाडियार जैसे राजा भी अपनी रियासत में सरकारी सेवाओं में सभी समुदाय के सदस्यों को हिस्सेदारी दिलाने के लिए गिनती करवा रहे हैं। वडोदरा के सयाजीराव गायकवाड़ अपने राज्य में इस बात की गिनती करवाते हैं कि कितने अछूत किस हालात में रह रहे हैं। गिनती से प्राप्त आँकड़ों के आधार पर वे कहीं ग़ैर-सवर्ण जातियों को नौकरी देने के लिए कोशिश कर रहे हैं, तो कहीं अछूतों को शिक्षा देने के लिए कोशिशें कर रहे हैं। शाहूजी की कहानी समेत इन सभी बदलाव की कहानियों का असली सिरा साल 1901 की जाति जनगणना से जुड़ता है। आँकड़े न होते तो बदलाव के समावेशी फ़ैसले कैसे हो पाते?

शाहूजी के इस फ़ैसले को अगर सिर्फ़ जाति जनगणना के परिणाम की तरह देखेंगे तो यह समझ अपूर्ण ही होगी। शाहू जी को यह दृष्टि और यह करने का साहस वहाँ के समाज में संतों की लंबी परंपरा से मिलता है। 12वीं-13वीं सदी से शुरू महाराष्ट्र के संत आंदोलन ख़ासकर ज्ञानदेव, नामदेव, एकनाथ, तुकाराम ने सामाजिक न्याय की सांस्कृतिक ज़मीन तैयार की। क्रांतिजोति महात्मा जोतिबा फुले व सावित्रीबाई फुले ने इसे व्यवस्थित आधार दिया। इसकी निरंतरता में ही 1902 में छत्रपति शाहूजी महाराज द्वारा अपने राज्य में जातिवार जनगणना और जाति आधारित आरक्षण के काम को देखा जाना चाहिए। जन-गणना और जन-चेतना के बीच गहरा रिश्ता है। गणना और चेतना एक दूसरे की

पूरक हैं। बीसवीं सदी का भारत इन दोनों के गहरे ताने बाने से नई इबारत लिखने के लिए दस्तक दे रहा होता है। छत्रपति शाहूजी एक आधुनिक, लोकतांत्रिक, प्रगतिशील, मानवीय सरोकारों से लैस कई ऐतिहासिक फ़ैसले इसलिए कर सके, क्योंकि उन्होंने विरासत में सामाजिक न्याय की वैचारिक चेतना पाई थी। 'स्वराज' के प्रणेता छत्रपति शिवाजी का राजतिलक करने तक से मना कर देने वाली व्यवस्था ने जिस महाराष्ट्र के पेशवाई राज में अछूतों के गले में मटका और पीठ पर झाड़ू तक बँधवा दिया था, उसी महाराष्ट्र में सामाजिक न्याय की क्रांति की ज्वाला सबसे तीव्र उठती चली गई।

महात्मा जोतिबा फुले और डॉ. बाबा साहब आंबेडकर के बीच एक वैचारिक ऐतिहासिक कड़ी हैं- शाहूजी। महाराष्ट्र के नवजागरण के संतों-गुरुओं के सामाजिक-सांस्कृतिक विमर्श को अमली जामा पहनते हुए महात्मा फुले ने शिक्षा से वैचारिक क्रांति शुरू की। 3 जनवरी 1848 को अछूतों और बालिकाओं के लिए पहला स्कूल महाराष्ट्र के पुणे में भिड़ेवाला में फुले दंपति द्वारा खोला गया। शिक्षा देने को धर्म विरुद्ध, पाप और विनाशक काम बताकर फुले दंपति पर हमले हुए, तिरस्कार हुआ, विरोध हुआ। इस बड़ी लड़ाई में फुले को अपने वैचारिक दोस्तों के साथ अंग्रेज़ों तक का साथ मिल रहा था, मगर वहाँ के जातिवादी सामंती सवर्णों ने फुले और उनकी कोशिशों का जमकर विरोध किया।

'गुलामगिरी' के ज़रिये गुलामों को गुलामी का एहसास कराकर बेड़ियाँ तोड़ देने को आंदोलित करने वाले जोतिबा फुले के बिना महाराष्ट्र का नवजागरण आंदोलन अधूरा होगा। दरअसल पुणे को 'एजुकेशन हब' बनाकर शिक्षा की क्रांतिजोती जलाने वाले जोतिबा फुले के सांस्कृतिक विचार को 'शिवाजी के पंवाड़ा' से लेकर 'किसान के कोड़े' का विस्तार मिला था। माली समाज से आने वाले जोतिबा फुले ने अछूतों के लिए अपने आँगन का कुँआ सार्वजनिक कर दिया, बाल हत्या प्रतिबंधक

गृह-शिशु सांगोपन गृह खोलकर महिलाओं के लिए नए रास्ते खोले, श्रमिकों से लेकर किसानों की आवाज़ बुलंद की, 'सत्य शोधक' का सांस्कृतिक विकल्प पेश किया। दरअसल जोतिबा फुले ने पिछले कई सौ वर्षों के सामाजिक न्याय के वैचारिक आंदोलन को एक सूत्र में बाँध दिया। शाहूजी ने उस सूत्र को पकड़कर जाति जनगणना से आरक्षण का इतिहास जोड़ दिया। कोल्हापुर में साल 1902 की जनगणना और फिर आरक्षण के इस फ़ैसले ने बीसवीं सदी की शुरुआत में ही हलचल पैदा कर दी।

शाहू जी द्वारा करवाई गई जाति जनगणना में न सिर्फ़ जातियों के आँकड़े गिने गए, बल्कि उनकी सामाजिक-आर्थिक स्थितियों को भी सूचीबद्ध किया गया। इससे पता चला कि समाज का एक छोटा हिस्सा शासन-प्रशासन में अत्यधिक प्रतिनिधित्व रखता है, जबकि बहुसंख्यक आबादी लगभग बाहर है, तो असमानता एक नैतिक आरोप से आगे बढ़कर प्रमाणित तथ्य बन गई।

26 जुलाई 1902 को 50% ग़ैर-ब्राह्मणों के लिए आरक्षण लागू कर दिया। जाति जनगणना के बाद दिये गए इस आरक्षण का नतीज़ा, ये निकला कि साल 1912 तक उनके दरबार में 95 पदों में ग़ैर-ब्राह्मणों की तादाद बढ़कर 60 हो गई। जनगणना से प्राप्त आँकड़े, सही नीतियों और इरादों से ऐसे आमूलचूल बदलाव लाने में सक्षम हैं, इस पर पुख़्ता मुहर लगाई शाहूजी ने।

शाहूजी ने अपने राज में प्राथमिक शिक्षा अनिवार्य और निःशुल्क कर दी। दलित पिछड़े बच्चों के लिए हर गाँव में पाठशालाएँ शुरू कीं। निःशुल्क छात्रावास बनवाए। अस्पतालों में अछूतों के इलाज से लेकर स्कूलों में पढ़ाई के लिए रास्ते खोले। बंधुआ मज़दूरी को प्रतिबंधित कर दिया। 'प्रिंस शिवाजी मराठा बोर्डिंग हाउस' जैसे उस ज़माने के लिहाज़ से क्रांतिकारी शैक्षणिक संस्थानों की बुनियाद रखी।

सामाजिक क्रांति के ऐसे कई काम करते हुए शाहूजी ने महात्मा जोतिबा फुले के सत्य शोधक अभियान और आत्मसम्मान आंदोलन को और ताक़त देकर आगे बढ़ाया। जिसे कालांतर में रिले मशाल की तरह डॉ. बाबा साहब आंबेडकर को सौंप दिया। महात्मा फुले के 'सत्य शोधक' को आगे बढ़ाते हुए शाहूजी ने 'सत्य सुधारक'[1] का एक नया अध्याय लिखा।

छत्रपति शाहूजी महाराज के साथ यदि गुजरात के बड़ौदा राज्य के महाराजा सयाजीराव गायकवाड़ तृतीय की चर्चा न की जाए, तो भारत में सामाजिक न्याय से जुड़ी बहसों का पूरा ऐतिहासिक परिदृश्य निर्मित नहीं हो पाएगा। दोनों शासक मराठा वंश से ताल्लुक़ रखते थे और दोनों ही सामाजिक समता तथा न्याय के प्रखर समर्थक थे। फिर भी, सामाजिक असमानता को देखने और उससे निबटने के उनके रास्ते एक जैसे नहीं थे। यह अंतर उनके सामाजिक दर्शन को विशेष रूप से महत्त्वपूर्ण बनाता है। जहाँ शाहूजी ने जाति-आधारित असमानता को सत्ता और प्रतिनिधित्व की समस्या के रूप में देखा और उसका उत्तर प्रत्यक्ष आरक्षण में खोजा, वहीं सयाजीराव गायकवाड़ ने असमानता को अधिक गहरे, संरचनात्मक स्तर पर समझा। उनका मानना था कि सामाजिक अन्याय केवल अवसरों के वितरण में नहीं, बल्कि अवसरों तक पहुँच की शर्तों में निहित है। इसीलिए उन्होंने यह स्पष्ट रूप से पहचाना कि दो असमान सामाजिक स्थितियों वाले व्यक्तियों से समान परिणाम की अपेक्षा करना स्वयं में अन्याय है।

सयाजीराव का केंद्रीय बोध यह था कि जाति व्यक्ति की योग्यता के बाद नहीं, बल्कि उससे पहले काम करती है। शिक्षा, संसाधन और सामाजिक सम्मान तक पहुँच पहले से ही जाति द्वारा नियंत्रित होती है। ऐसी स्थिति में यदि राज्य केवल औपचारिक समानता की बात करे

---

1 'सत्य सुधारक' नाम गंगाराम कांबले की उस चाय की दुकान का नाम था, जिसे अछूत होने के चलते भेदभाव का शिकार होने पर शाहूजी ने प्रोत्साहित करके कुछ नायाब करवा दिया था।

और प्रतियोगिता को 'तटस्थ' मान ले, तो वह अनजाने में सामाजिक विशेषाधिकार को ही पुनः स्थापित करता है। इसीलिए सयाजीराव के लिए समानता का अर्थ समान परिणाम नहीं, बल्कि योग्यता के निर्माण की समान परिस्थितियाँ थी।

यही कारण है कि उन्होंने सामाजिक न्याय का मार्ग शिक्षा, छात्रवृत्तियों, संस्थागत संरक्षण और सामाजिक सुधारों के माध्यम से चुना। उनका विश्वास था कि जब राज्य वंचित समूहों को शिक्षा और सुविधाओं के ज़रिए सक्षम बनाएगा, तभी वास्तविक और टिकाऊ समानता संभव होगी। इस दृष्टि से सयाजीराव का सामाजिक दर्शन परिणाम-केन्द्रित नहीं, बल्कि प्रक्रिया-केन्द्रित था- जहाँ न्याय की शुरुआत प्रतियोगिता के अंत में नहीं, बल्कि उसके प्रारंभिक बिंदु पर होती है।

इस प्रकार शाहूजी महाराज और सयाजीराव गायकवाड़ को साथ रखकर देखने से यह स्पष्ट होता है कि भारत में सामाजिक न्याय की वैचारिकी किस तरह आगे बढ़ रही है। हमारे इन दोनों पुरुखों के साथ जब आप मंडल कमीशन की रिपोर्ट और उसके सिफ़ारिशों को देखेंगे, तो उसमें सामाजिक न्याय की इन दो अलग दृष्टियों की गूँज वहाँ सुनाई पड़ती है।

सयाजी राव ने साल 1906 में सभी बच्चों के लिए मुफ़्त और अनिवार्य प्राथमिक शिक्षा लागू की, और उसमें वंचित समूहों के लिए विशेष प्रावधान किए। उस समय वडोदरा स्टेट में अस्पृश्यों की संख्या तक़रीबन 10.2 प्रतिशत थी। वडोदरा में अस्पृश्य लोगों की गिनती पता नहीं होती, तो क्या ये फ़ैसले हो पाते? नहीं। उस समय के गुजरात के सामाजिक हालात का विवरण गायकवाड़ स्टेट के डॉक्टर मुमंत मेहता ने 1903 में हुई एक घटना के ज़रिये अपनी आत्मकथा में लिखा है। यह घटना तत्कालीन सामाजिक स्थिति को समझने में उपयोगी होगी। उन्होंने लिखा है-

"हमारे दवाख़ाना में रिवाज़ था कि अंत्यज बैठक के नीचे खड़े रहें। उनका केस पुलिस अथवा कोई दयालु मरीज़ मेरे पास तक लाएँ। हम उनसे पूछते कि क्या हुआ है और उनके बयान के अनुसार दवाई लिख देते। उनके और हमारे बीच 20 फुट की दूरी रहती। मेरे जैसे इंग्लैंड से आए व्यक्ति के लिए यह व्यवस्था असहनीय थी। मेरे साथ वाले दोनों डॉक्टर पारसी थे। मैंने उनसे कह दिया कि मैं इन लोगों को अंदर बुलाऊँगा। उन्होंने कहा कि बहुत झगड़ा होगा। तब मैं बाहर बैठक पर जाकर उन्हें देखने लगा। इससे सवर्ण हिंदू चिढ़ गए और कितने ही चले गए। उस दिन से मैं अंत्यजों का सहायक माना गया। समय-समय पर मैंने एक कौम की मदद की है। अस्पृश्यों के उद्धारक वडोदरा के महाराजा को भी दलितों के उद्धार की प्रवृत्ति में समस्याओं का सामना करता पड़ा।"

यह वास्तविक स्थितियाँ थीं। लेकिन उसके बाद धीरे-धीरे बदलाव की बात बहस में तब्दील होने लगती है। अगर आप ध्यान से देखें तो 1901 से लेकर 1911 की जातिवार जनगणना ने गहरा असर पैदा किया। सयाजीराव ने छात्रों के लिए 14 अंत्यज पाठशालाएँ और छात्राओं के लिए कुल 15 पाठशालाएँ शुरू कीं। प्रांतों के मुख्य शहरों में सभी सुविधाएँ निःशुल्क थीं। उन्होंने विसनगर में दो अंत्यज पाठशालाएँ शुरू की, 24 अक्तूबर, 1904 में छात्रों के लिए तथा 08 अक्तूबर, 1906 में छात्राओं के लिए। 1907-08 की रिपोर्ट में कहा गया कि महाराजा सयाजीराव ने उस वर्ष प्रतिभाशाली विद्यार्थियों के लिए छात्रालय और पाठशालाएँ शुरू करवाई। उल्लेखनीय है कि 1905-06 में 22 अस्पृश्य पाठशालाएँ और 1923 छात्र थे। इस दौरान वडोदरा राज्य में प्राथमिक शिक्षा निःशुल्क और अनिवार्य हो चुकी थी। इससे अस्पृश्य छात्रालयों की संख्या 247 हुई। वहीं छात्रों की संख्या 9,269 हो गई।

पूना में 26 सितंबर, 1909 को आयोजित डिस्प्रेस्ड क्लासेज़ मिशन द्वारा आयोजित इनाम वितरण समारोह में अछूत समाज के उत्थान के लिए अपनी निष्ठा व्यक्त करते हुए सयाजीराव ने कहा कि 'आपको जानकारी देते हुए ख़ुशी है कि आज हमारे राज्य में 336 अस्पृश्य

पाठशालाएँ संचालित हैं, जिसमें लगभग 10,000 लड़के-लड़कियाँ पढ़ाई कर रहे हैं। इस संख्या में वृद्धि हो रही है। इसके अतिरिक्त अस्पृश्य के लिए मैंने चार छात्रालय शुरू किए हैं। मुझे दुःख के साथ कहना पड़ रहा है कि आज भी बहुत से हिंदू ऐसे हैं, जिन्हें इस दलित-पिछड़ी कौम के लिए काम करने का विचार अच्छा नहीं लगता। इसलिए मुझे क्रिश्चियन एवं मुसलमान शिक्षकों का उपयोग करना पड़ता है।' आप इस घटना से अंदाज़ा लगा सकते हैं कि दलित-पिछड़ी जातियों से यह घृणा हिंदू धर्म में कितनी गहरी है। और इन जातियों को सरकारों के सकारात्मक प्रोत्साहन और सहयोग की ज़रूरत कितनी ज़्यादा थी।

ब्रिटिश सरकार और ज़्यादातर राज्यों ने जनगणना के आँकड़ों को सिर्फ़ एक संख्या भर माना लेकिन कुछ राज्यों ने इसे शिक्षा नीति, प्रशासन और सामाजिक सुधारों से जोड़ दिया। ऐसे राज्यों में कोल्हापुर, बड़ौदा, मैसूर और त्रावणकोर की भूमिका इतिहास में दर्ज हो गई। मैसूर रियासत में साल 1918 में गिनती के संकेत मिलते हैं। जिनके आधार पर प्राप्त आँकड़े सामाजिक न्याय के लिहाज़ से कुछ बेहद निर्णायक फ़ैसलों के आधार बनते हैं। मैसूर रियासत के महाराजा नालवाडी कृष्णराजा वाडियार चतुर्थ ने अपनी रियासत में सरकारी सेवाओं में सभी समुदाय के सदस्यों की गिनती करवाई। उससे हासिल आँकड़ों को ध्यान में रखते हुए सभी समुदायों को हिस्सेदारी देने की संभावनाएँ तलाशने के लिए तत्कालीन चीफ कोर्ट ऑफ़ मैसूर के चीफ जज लेसली मिलर की अध्यक्षता में एक कमिटी गठित की। 'प्रजा मित्र मंडली' की अगुआई में पिछड़े तबके के जाति विरोधी आंदोलन उसी समय चल रहे थे। जो नौकरी और शिक्षा में आरक्षण की माँग उठा रहे थे। दिलचस्प है कि महाराजा कृष्णराजा वाडियार चन्द्रवंशी पौराणिक यदुवंशी या जादौन राजपूतों की वंशावली से माने जाते हैं। जादौन दरअसल एक यदुवंश परिजन समूह का नाम है।

महाराजा कृष्णराजा वाडियार चतुर्थ अपने सामाजिक न्याय के दूरदर्शी प्रतिबद्धता के लिए याद किए जाते हैं। उन्होंने कुछ अहम फ़ैसले

लिए, जिसकी पृष्ठभूमि में 'मिलर कमेटी' बनी। मिलर कमेटी का इतिहास अलग से रेखांकित किया जाना चाहिए। जिसकी मंशा थी कि सभी को हिस्सेदारी दी जाए, इसके लिए ज़रूरी था कि उन्हें गिना जाए। यह रिपोर्ट साल 1911 की जनगणना से प्राप्त जातिवार जनसांख्यिकीय और अंग्रेज़ी साक्षरता आँकड़ों पर आधारित थी। मगर उसने इस बात की मंशा भी ज़ाहिर की कि गणना के और व्यवस्थित आँकड़ों की दरकार है। इस रिपोर्ट की सिफ़ारिशों में पिछड़े वर्गों के लिए छात्रवृत्ति, सरकारी सेवाओं में नियुक्तियों के लिए आयु सीमा में छूट और योग्यता-आधारित परीक्षाओं में बदलाव शामिल थे। ग़ैर-ब्राह्मण जातियों की भागीदारी नगण्य है। रियासत की सरकारी सेवाओं में जाति के आधार पर आरक्षण की दिशा में उठाया गया यह पहला बड़ा क़दम है। दरअसल जातिगत वर्चस्व के ख़िलाफ़ उन दिनों सामाजिक आंदोलन सक्रिय हो चुके थे। नालवाडी ने कमिटी को गठित कर रियासत में उन सामाजिक आंदोलनों को एक तरह की मान्यता दे दी।

मिलर समिति की रिपोर्ट 1919 में आयी। आज भी इस रिपोर्ट को बहुत ध्यान से पढ़े जाने की ज़रूरत है। क्योंकि इस रिपोर्ट के साथ दलित बहुजनों का भाग्य बदलना शुरू होता है। इस रिपोर्ट में लिखा गया कि "राज्य के सार्वजनिक पदों के वितरण में ब्राह्मणों के अलावा अन्य समुदायों का पर्याप्त प्रतिनिधित्व नहीं है, इस आधार पर आगे बढ़ते हुए, हमें पहले यह निष्कर्ष निकालना होगा कि 'पर्याप्त' प्रतिनिधित्व क्या है। 1911 की जनगणना रिपोर्ट से पता चलता है कि कुल 57,01,579 जनसंख्या में ब्राह्मणों की संख्या 1,94,570 थी। पंचम, मदिगा आदि जैसे दलित वर्गों की जनसंख्या 10,43,807 थी । यदि हम दलित वर्गों को भी हटा दें, जिनसे आने वाले कुछ वर्षों तक उच्च पदों पर भर्ती होने की उम्मीद नहीं है, तो भी ब्राह्मण शेष जनसंख्या का केवल 1/22वाँ हिस्सा हैं। ये आँकड़े निस्संदेह इंगित करते हैं कि सार्वजनिक सेवाओं में ब्राह्मण समुदाय के प्रतिनिधित्व में काफ़ी कमी की गुंजाइश है।"

“आयोग के समय में 1874 में पारित आदेश, जिसे श्री वी.पी. माधव राव के कार्यकाल के दौरान परिपत्र संख्या 2138-98 दिनांक 21 जनवरी 1895 में बिना किसी संशोधन के दोहराया गया था, ने निरीक्षकों, उप-निरीक्षकों, हेड कांस्टेबलों और अन्य हिंदुओं के पदों में 10 प्रतिशत नियुक्तियाँ आरक्षित की थीं। इस लंबे समय से चले आ रहे आदेश के बावजूद 1918 में 361 अधिकारियों में से 191 ब्राह्मण थे। दूसरे, यद्यपि 1914 से सरकार द्वारा सहायक आयुक्त पद पर मनोनीत व्यक्तियों की संख्या सिविल सेवा में पिछड़े वर्गों के प्रतिनिधित्व को बढ़ाने के उद्देश्य से बढ़ाई गई थी, लेकिन मैसूर सिविल सेवा परीक्षा के माध्यम से चयनित व्यक्तियों की संख्या भी बढ़ा दी गई है, जिसके परिणामस्वरूप पिछड़े वर्ग अपेक्षाकृत उसी स्थिति में बने हुए हैं।’

फिर भी, 1914 तक सहायक आयुक्त पदों पर पदोन्नत होने वाले व्यक्तियों की संख्या प्रति वर्ष 3 या 4 थी। लेकिन 1915 से यह संख्या प्रति वर्ष 10 या उससे अधिक हो गई है और उनमें ब्राह्मणों की संख्या बहुत अधिक है। वर्ष 1916, 1917 और 1918 के दौरान प्रत्येक श्रेणी में कुल नियुक्तियों के मुकाबले ग़ैर-ब्राह्मण नियुक्तियों का प्रतिशत निकालें, तो हम पाते हैं कि प्राप्त परिणामों से असमानता में प्रत्येक वर्ष कोई क्रमिक कमी नहीं दिखी है, बल्कि इसके विपरीत वास्तव में यह असमानता वर्ष दर वर्ष बढ़ती ही गई है। 50 से 100 रुपये के वेतन वाले पदों को लें तो यह देखा जा सकता है कि 1916 में इस श्रेणी में कुल सेवारत पुरुषों में पिछड़े समुदायों के सदस्यों का प्रतिशत 32 था, जो 1917 में घटकर 28 और 1918 में और घटकर 26 रह गया। 250 से 450 रुपये के वेतन वाली श्रेणी में, यह प्रतिशत 1916 में 31 था, जो 1917 में घटकर 22 और 1918 में 24 रह गया।

समिति की सिफ़ारिशों का सारांश ये है कि समिति ने सात वर्ष से अधिक की अवधि के भीतर, सेवा के प्रत्येक श्रेणी में उच्च पदों में से कम

से कम 50% और निम्न पदों में से 75% आरक्षण की सिफ़ारिश की। प्रत्येक पद में यथासंभव, ब्राह्मण समुदाय के अलावा अन्य समुदायों के लोग नियुक्त किए जाएँगे, तथा यदि दलित वर्गों के योग्य उम्मीदवार उपलब्ध हों तो उन्हें प्राथमिकता दी जाएगी।

शाहू जी, सयाजीराव गायकवाड़ और मैसूर रियासत के कृष्णराजा वाडियार चतुर्थ–तीनों ही सामाजिक न्याय के इतिहास में केंद्रीय व्यक्ति हैं। लेकिन उनकी भूमिका एक-सी नहीं थी। हमारे तीनों पुरखों ने जाति की असलियत को पहचाना, पर उससे निबटने के अलग-अलग रास्ते चुने। शाहू जी ने राज्य को सीधे हस्तक्षेप का औज़ार बनाया। उनके लिए आरक्षण सामाजिक क्रांति का साधन था–एक ऐसा तात्कालिक उपाय, जो सदियों से बंद दरवाज़ों को बलपूर्वक खोल सके। उनका हस्तक्षेप नैतिक था और राजनैतिक भी।

महाराजा सयाजीराव गायकवाड़ ने उस असमानता को अवसरों की असमानता के रूप में समझा। उन्होंने यह माना कि जाति योग्यता के पहले काम करती है, इसलिए सर्वप्रथम शिक्षा, छात्रवृत्ति और संस्थागत संरक्षण के ज़रिये योग्यता पैदा करना है। उनका मार्ग आरक्षण से पहले सक्षम बनाने का था- थोड़ा धीमा, लेकिन दीर्घकालिक।

मैसूर रियासत, विशेषकर मिलर कमेटी के माध्यम से, इन दोनों के बीच एक अलग धरातल पर खड़ी दिखाई देती है। यह आँकड़ों, जनगणना और सांख्यिकी पर आधारित एक प्रशासनिक निष्कर्ष था। 1911 की जनगणना ने असमानता को पहली बार संख्या में बदला, और मिलर कमेटी ने उसी संख्या को नीति में बदल दिया। अगर आप ध्यान से देखें तो मैसूर मॉडल सामाजिक आंदोलनों और आधुनिक राज्य के बीच सेतु बनता है।

मैसूर रियासत में ही पहले ब्राह्मणों को 20 फ़ीसदी आरक्षण दिया गया, बाद में उसे ख़ारिज कर दिया गया। 1931 की आख़िरी जाति जनगणना और मैसूर राज्य की अपनी सामाजिक-सांस्कृतिक विरासत

ने उस इतिहास की पृष्ठभूमि रच दी, जिसके बाद 1948 के ऐतिहासिक आरक्षण प्रावधान का क़दम उठाया गया।

1947–48 के दौरान मद्रास सरकार ने एक सरकारी आदेश के माध्यम से शैक्षणिक संस्थानों में जाति और धर्म के आधार पर सीटों का आरक्षण लागू किया। इस आदेश को चंपकम दोरायराजन नामक एक महिला ने संविधान के अनुच्छेद 14 और 15(1) के उल्लंघन के आधार पर चुनौती दी। चंपकम दोरायराजन बनाम मद्रास राज्य (1951) में मद्रास उच्च न्यायालय और तत्पश्चात सर्वोच्च न्यायालय की पाँच-न्यायाधीशों की पीठ ने इस आदेश को असंवैधानिक ठहराते हुए रद्द कर दिया।

इस फ़ैसले ने यह स्पष्ट कर दिया कि उस समय संविधान सामाजिक न्याय के प्रश्न पर अधूरा था। न्यायालय ने कहा कि संविधान केवल सार्वजनिक सेवाओं में आरक्षण की अनुमति देता है (अनुच्छेद 16(4)), शिक्षा में नहीं। इसी सीमा को देखते हुए संसद ने प्रथम संविधान संशोधन अधिनियम, 1951 पारित किया और अनुच्छेद 15(4) जोड़ा। इसके माध्यम से राज्य को सामाजिक और शैक्षणिक रूप से पिछड़े वर्गों, अनुसूचित जातियों और जनजातियों के लिए शैक्षणिक संस्थानों में विशेष प्रावधान करने का स्पष्ट संवैधानिक आधार मिला। यह संशोधन अपने समय में विवादास्पद था; तत्कालीन जनसंघ सहित कुछ राजनीतिक धाराएँ इसका विरोध कर रही थीं। फिर भी, यह संशोधन इस बात का संकेत था कि सामाजिक न्याय की ऐतिहासिक माँगें अब संवैधानिक भाषा में प्रवेश कर चुकी थीं। जब आप देखते हैं कि पहला संविधान संशोधन आरक्षण के मसले पर हो रहा है तो अंदाज़ा लगा सकते हैं कि उस समय तक यह कितना बड़ा नैतिक और सामाजिक दबाव बन चुका होगा।

■

9

पहचान की राजनीति

एक धार्मिक कथा के मुताबिक़ जब ईश्वर ने सारे जीवों को मिट्टी से रच लिया, तो उन्हें आदम के सामने ले आया–इसलिए नहीं कि वह स्वयं उन्हें नाम दे, बल्कि इसलिए कि यह देखा जा सके कि आदम उन्हें क्या नाम देता है।

इस कथा से पता चलता है कि नाम ईश्वर नहीं देता, इंसान देता है। आदम ने जो नाम दिए, वही आगे चलकर उन प्राणियों की पहचान बन गए। इसके बाद से संसार को इंसान की भाषा में समझा जाने लगा। इस प्रसंग से यह भी पता चलता है कि संसार की प्रत्येक वस्तु को पहचानने के लिए नाम की आवश्यकता पड़ती है। नाम पाने से पहले चीज़ें केवल अनुभव का हिस्सा होती हैं; वे प्रवाह में होती हैं, अस्पष्ट होती हैं। नाम मिलते ही उन्हें एक व्यक्तित्व मिल जाता है। इस अर्थ में, किसी भी वस्तु को गिनने के लिए पहले उसका नाम होना ज़रूरी है। बिना नाम के न तो वर्गीकरण संभव है, न तुलना, और न ही गणना।

कोई समाज अपने अनुभव को समझना चाहता है–और अंततः उसे बदलना चाहता है–तो उसे पहले उस अनुभव को नाम देना पड़ता है। नाम देना केवल पहचान की क्रिया नहीं है; यह परिवर्तन की पहली

शर्त है। अनुभव तब तक निजी रहता है, जब तक वह नाम नहीं पाता। नाम मिलते ही वही अनुभव सामाजिक हो जाता है। उसे गिना जा सकता है और परिवर्तनशील ज्ञान में बदल जाता है। मगर नामकरण की यह पूरी प्रक्रिया साधारण खेल भर नहीं है। यह गहरा राजनीतिक खेल भी है, जो सामान्यतः सत्ताओं द्वारा खेला जाता है, कई बार उनसे टकराती प्रति सत्ताओं द्वारा भी। कई बार कोई समूह अपने लिए किसी ख़ास नाम की माँग करता है, तो कभी सत्ताओं द्वारा दिए गए नाम और पहचान का विरोध भी करता है।

भारतीय समाज में अछूत, आदिवासी, पिछड़ा, हिंदू–ये सभी नाम लंबे समय तक स्थिर नहीं रहे। ये समय-समय पर बदले और थोपे गए लेकिन कभी-कभी स्वीकार भी कर लिए गए। जब गाँधी ने अछूतों को 'हरिजन' कहा, तो उनका उद्देश्य भले नैतिक था, मगर वह अछूतों की राजनीतिक स्थिति को करुणा पूर्ण धार्मिक पहचान में बदल देता था। इसी कारण दलित नेतृत्व ने उस नाम को नकार दिया। यह प्रक्रिया नैतिक सुधार की भाषा से अधिकार और प्रतिनिधित्व की भाषा की ओर बढ़ती हुई दिखाई देती है।

इसी तरह आदिवासियों के लिए 'गिरिजन' या 'वनवासी' जैसे शब्द चलाए गए। राष्ट्रीय स्वयं सेवक संघ आदिवासियों को वनवासी कहता है। क्यों कहता है? दरअसल आरएसएस मानता है कि भारत एक सनातन, अखंड हिंदू राष्ट्र है। जिसमें सभी समुदाय मूलतः एक ही सांस्कृतिक धारा के हिस्से हैं। आदिवासी भी हिंदू हैं, फ़र्क़ इतना है कि वो वन में रहते हैं। और अगर वो आदिवासी या मूलवासी शब्द को मान लें तो फिर प्रश्न उठेगा कि जिस उच्चवर्ण का यह संगठन प्रतिनिधित्व करती है, वे कौन लोग हैं? क्या वे बाहरी हैं?

अब प्रश्न यह है कि कौन किसको नाम और पहचान देगा। आदिवासी अब किसी और से नाम व पहचान नहीं चाहता, वह ख़ुद को नाम और पहचान देना चाहता है। और वह पहचान यह है कि वे इस देश

के मूलनिवासी हैं। इस देश की बहुत बड़ी धरती, जंगल, पहाड़ उनके हैं। जो आरएसएस आज आदिवासियों को 'सनातन धर्म' का हिस्सा मानती है, उसके ही जाति बंधु कभी आदिवासियों को हिंदू मानने का विरोध करते थे। जब जनगणना शुरू हुई तो अंग्रेज़ अधिकारी ने ईसाई और मुसलमान को छोड़कर सारे भारतीयों को, जिसमें ब्राह्मण सहित आदिवासी, कामगार, शिल्पी, शासक सब थे, को हिंदू लिखना चाहा। तब तमाम ब्राह्मणों ने इसका प्रतिवाद किया था कि जनगणना में सिर्फ़ ब्राह्मण, क्षत्रिय, वैश्य ही हिंदू लिखवाए।

आदिवासी पहचान को लेकर भारतीय सवर्ण लोगों का एक पहलू विरोध का रहा, तो वहीं दूसरी तरफ़ आदिवासियों के प्रतिरोध का भी रहा है। संविधान सभा की बहस में खड़े होकर आदिवासी नायक जयपाल सिंह मुंडा जब ये कहते हैं कि वे उन लाखों लोगों की ओर से बोल रहे हैं, जो आज़ादी की लड़ाई के अनजान लड़ाके हैं। वे भारत के मूल निवासी हैं, मगर उन्हें बैकवर्ड ट्राईब्स, प्रिमिटिव ट्राईब्स, क्रिमिनल ट्राईब्स और न जाने किन-किन नामों से पहचाना जाता है। हमें जंगली कहा जाता है, मगर हमें अपने जंगली होने पर गर्व है। जयपाल मुंडा की यह बात भारत में उच्च वर्ग और अंग्रेज़ों के सांस्कृतिक दमन का सबसे मुखर प्रतिवाद है और अपने आत्मसम्मान की घोषणा भी है। इसका अर्थ है कि आदिवासी कह रहे हैं कि अब हमें आपका दिया हुआ नाम क़बूल नहीं है। अब हम अपनी पहचान ख़ुद बनाएँगे।

आज आदिवासी समुदायों की ओर से यह माँग उठ रही है कि उन्हें हिंदू, ईसाई या इस्लाम धर्म के अंतर्गत न गिना जाए, बल्कि उनकी अलग धार्मिक–सांस्कृतिक पहचान को आदिवासियों के अपने धर्म से जोड़कर दर्ज किया जाए, मिसाल के तौर पर 'सरना धर्म'। पहली नज़र में यह माँग समकालीन राजनीति की उपज लग सकती है, लेकिन इतिहास में झाँकने पर यह स्पष्ट होता है कि यह दरअसल एक बहुत पुराने अन्याय का प्रत्युत्तर है। अंग्रेज़ों ने जनगणनाओं में आदिवासियों से पूछा ही नहीं

कि वे अपने धर्म में क्या लिखना चाहते हैं। जनगणना अधिकारी उनके सामाजिक जीवन, पूजा-पद्धतियों और विश्वासों को देखकर–या कभी-कभी केवल अनुमान के आधार पर–उन्हें किसी न किसी श्रेणी में दर्ज कर देते थे। 1871 की जनगणना में उन्हें एबोरीजिनल या आदिवासी कहा गया। 1881 की जनगणना में उन्हें वनवासी कहा गया। अगली तीन जनगणना में जीववादी (एनीमिस्ट), 1931 की जनगणना में इनके लिए ट्राइबल रिलीजन का प्रयोग किया है। मतलब कि उनके विश्वासों को एक अलग धर्म के रूप में पहचाना गया। 1941 में सिर्फ़ ट्राइबल। लेकिन 1951 के बाद उन्हें हिंदू और ईसाई आदि लिखा जाने लगा। इतने लंबे समय बाद एक बार फिर से आदिवासी अपनी धार्मिक पहचान की माँग उठा रहे हैं।

इसपर ग़ौर करना चाहिए कि जनगणना से पहले हर जगह के आदिवासी अपनी बहुत-सी पहचानों में अलग रहे होंगे। वे उराँव, संथाल, मीणा, मिज़ो, बैगा, मुंडा, टोडा, कोल, भील या गारो ख़ासी कुछ और थे, मगर जनगणना की प्रक्रिया में उन्हें अपनी एक सामूहिक पहचान भी मिली। इस पहचान ने उन्हें आपस में जोड़ा और तमाम सामूहिक मसलों पर आवाज़ उठाना सिखाया। इस तरह वो लोकतंत्र के भीतर एक मज़बूत दबाव-समूह बनकर उभरे।

यानी एक बात साफ़ हो रही है कि पहचान स्थिर नहीं हैं। जनगणना के दौरान बहुत-सी पहचान बन और बदल रही हैं। यह तक निश्चित नहीं था कि कौन हिंदू है और कौन ग़ैर हिंदू। 1871 की जनगणना में इसे लेकर असमंजस था कि आदिवासी और अछूत किस कॉलम में लिखे जाएँगे। मगर अंततः उन्हें हिंदुओं के कॉलम में दर्ज कर लिया गया। 1901 की जनगणना तक उन्हें हिंदुओं के ही कॉलम में ही दर्ज किया गया। डॉ. आंबेडकर अपनी किताब 'अछूत कौन थे' में लिखते हैं कि-"1870 से आगे प्रति दस वर्ष पर जनगणना कमिश्नर द्वारा जनगणना की जो रिपोर्ट प्रकाशित होती आ रही है, उसमें भारत के सामाजिक तथा

धार्मिक जीवन के बारे में अन्यत्र कहीं भी उपलब्ध न होने वाली अमूल्य जानकारी पाई जाती है। सन् 1910 से पहले जनगणना कमिश्नर द्वारा जनसंख्या का लेखा-जोखा धर्मानुसार होता था। इस जनसंख्या रिपोर्ट में पुरानी परंपरा को छोड़कर नई बात अपनायी गई। पहली बार मुस्लिम, सिक्ख और ईसाई को छोड़कर शेष भारतीय को, जिन्हे पूर्व में हिंदू मानकर गणना की जाती थी, को तीन भिन्न वर्गों में बाँटा गया- हिंदू, प्रकृति पूजक आदिवासी और अछूत।"

नई जनगणना के दौरान जनगणना कमिश्नर ने वर्गीकरण की नई पद्धति जारी की, जिसमें मुस्लिम, इसाई तथा हिंदू- 1. जो शत-प्रतिशत हिंदू हैं व 2. जो शत-प्रतिशत हिंदू नहीं- की अलग-अलग गिनती की गई। जो शत-प्रतिशत हिंदू नहीं हैं, उन्हें हिंदुओं से अलग पहचान के लिए कमिश्नर ने विशेष कसौटियाँ निर्धारित की। इन दस कसौटियों के आधार पर जनगणना कर्मी प्रश्न पूछते और उस हिसाब से तय करते थे कि कौन किस वर्ग में आएगा–

1. जो ब्राह्मण की प्रधानता नहीं मानते।
2. जो किसी ब्राह्मण अथवा अन्य किसी माने हुए हिंदू गुरु से मंत्र नहीं लेते।
3. जो वेदों को प्रामाणिक नहीं मानते।
4. जो हिंदू-देवताओं को नहीं पूजते।
5. जिनका पौरोहित्य अच्छे ब्राह्मण नहीं करते।
6. जो कोई ब्राह्मण पुरोहित नहीं रखते।
7. जो हिंदू मंदिर के भीतर नहीं जा सकते।
8. जो अछूत हैं अथवा निर्धारित सीमा के भीतर आ जाने से अपवित्रता का कारण माने जाते हैं।

9. जो अपने मुर्दों को गाड़ते हैं।

10. जो गोमांस खाते हैं और गौ का किसी प्रकार से आदर नहीं करते।[1]

इन कसौटियों के मुताबिक़ अगर हम आज हिंदुओं की पहचान करने लगें, तो उनकी संख्या कितनी कम हो जाएगी। इस तरह से देखें तो बहुत लंबे दौर तक धार्मिक और जातिगत पहचान स्थिर नहीं रहीं। ग़ौरतलब बात ये है कि अछूत हो या आदिवासी, दोनों की पहचान ख़ुद उनके द्वारा नहीं, बल्कि भारत के अभिजन वर्गों द्वारा निर्धारित की जा रही है। इन फ़ैसलों में ख़ुद वे कहीं शामिल नहीं हैं। अंग्रेज़ों ने अछूतों और आदिवासियों को एक अलग श्रेणी में रखने का ये फ़ैसला भी आगा ख़ान और मुस्लिम लीग के दबाव में लिया था। 1906 में मुसलमानों ने आगा ख़ान के नेतृत्व में तत्कालीन वायसराय लॉर्ड मिंटो को एक माँग पत्र प्रस्तुत किया, जिसमें आगा ख़ान ने तर्क दिया कि 1901 में की गई जनगणना के आधार पर मुसलमान 6 करोड़ 20 लाख से ज़्यादा हैं। यानी मुसलमान आबादी भारत की एक चौथाई है। यदि प्रकृति-पूजकों तथा दूसरे छोटे धर्मावलंबियों के लेखे में आने वाली असभ्य जातियों के लोग वास्तव में हिंदू न होने पर भी 'हिंदू' गिने जाते हैं, उन्हें बाहर कर दिया जाए, तो हिंदुओं की संख्या की तुलना में मुसलमानों का अनुपात बहुत बढ़ जाएगा। इसलिए हम यह निवेदन करना उचित समझते हैं कि प्रतिनिधित्व की किसी भी विस्तृत अथवा संकुचित पद्धति में एक ऐसी जाति उचित तौर पर यह माँग कर सकती है कि उसे राज्य में एक महत्त्वपूर्ण स्थान प्राप्त हो।

यहाँ ग़ौर करने वाली यह है कि आगा ख़ान के पत्र में इस बात पर ज़ोर दिया गया कि जनगणना में शेष परंपरागत भारतीयों को हिंदू गिना जाता है, जो उचित नहीं है। मगर दिलचस्प बात ये है कि इसी मुस्लिम नेतृत्व ने पसमांदा मुस्लिमों की राजनीति को अप्रासंगिक बनाए रखने की

---

1 अछूत कौन और कैसे, डॉ आंबेडकर, बुद्ध भूमि प्रकाशन, नागपुर

लगातार कोशिशें कीं। तर्क यह देते रहे कि मुसलमानों का प्रतिनिधित्व बढ़े। मगर असलियत में यह मुसलमानों के भीतर के अभिजन वर्ग के निजी हित की बात थी। मोमिन कॉन्फ्रेंस के अगुआ अब्दुल क़यूम अंसारी जब दो राष्ट्र के सिद्धांत का विरोध करते हुए मुसलमानों को जनगणना में अपनी जाति लिखवाने की मुहिम चला रहे थे, तो मुस्लिम लीग ने मोमिन कॉन्फ्रेंस की इस मुहिम का जमकर विरोध किया। यानी मुसलमानों का अभिजन नेतृत्व जिन सवालों को हिंदुओं के यहाँ उठा रहा है, उन्हीं सवालों को अपने समुदाय में ख़ारिज कर रहा है। आगे किसी अध्याय में हम इस पर और क़ायदे से बात करेंगे।

यहाँ तक पहुँचकर आप समझ चुके होंगे कि जैसे ही प्रातिनिधिक संस्थाओं का जन्म होता है और जनसंख्या के आधार पर प्रतिधित्व की प्रक्रिया शुरू होती है, वैसे ही जातीय और धार्मिक पहचान अपना दायरा बड़ा करने की कोशिश शुरू कर देती हैं। साल 1871 की जनगणना में उच्च वर्ण जहाँ शूद्रों और आदिवासियों को हिंदुओं में गिनने का विरोध कर रहा था, वहीं दो तीन दशक के भीतर ही हिंदू और मुसलमान दोनों ही के संगठन अपनी संख्या को ज़्यादा साबित करने की जुगत करने लगे। इस प्रक्रिया में दोनों ही धर्मों का उच्च वर्ण धार्मिक जागरण में लग गया। हिंदू-मुस्लिम साबित करने और शुद्धीकरण का ज़ोर बढ़ने लगा।

आज़ादी के आंदोलन का प्रभाव भी इन्हीं दिनों बढ़ रहा था। जनदबाव में अंग्रेज़ों ने प्रातिनिधिक संस्थाओं का विकास शुरू किया। इसमें समुदायों को जनसंख्या के आधार पर प्रतिनिधित्व मिलने लगा। नतीजतन अपने समुदाय की संख्या को ज़्यादा साबित करने की कशमकश शुरू हो गई। कल तक विरोध करने वाले अभिजन हिंदुओं ने अंग्रेज़ सरकार पर दबाव डालना शुरू कर दिया कि सभी पिछड़े और आदिवासी हिंदू लिखे जाएँ।

इसी क्रम में मॉन्टेग्यू-चेम्सफोर्ड सुधारों की बड़ी भूमिका रही है। साल 1919 में अखिल भारतीय स्तर पर वंचित समुदायों के कल्याण के

लिए सार्वजनिक निकायों में सभी समुदायों को अलग प्रतिनिधित्व का प्रावधान किया गया। आधिकारिक बोलचाल के सर्वग्राही शब्द वंचित वर्ग की जगह उस समय अनुसूचित जनजाति, अनुसूचित जाति और अन्य पिछड़ा वर्ग को शामिल किया गया। 1931 की जनगणना में 'डिप्रेस्ड क्लास' का नाम बदलकर बाहरी जाति कर दिया गया, जिसमें अछूत जातियाँ शामिल थीं। पहाड़ी जातियों को आदिम जनजाति के अन्तर्गत रखा गया।

बॉम्बे सरकार ने 1928 में ओ.एच.बी. स्टार्ट की अध्यक्षता में एक आयोग का गठन किया, जिसका उद्देश्य पिछड़े वर्ग की पहचान करना, उनके विकास के लिए विशेष उपायों का सुझाव देना था। साल 1930 में आई इसकी रिपोर्ट ने पिछड़े वर्ग को तीन श्रेणियों में बाँटा: दलित वर्ग, आदिवासी वर्ग व पहाड़ी जनजाति और अन्य पिछड़ा वर्ग। भारत सरकार अधिनियम 1935 के अन्तर्गत अनुसूचित जाति तथा अनुसूचित जनजातियों की सूची अस्तित्व में आई। यानी इन समूहों के लिए दो नई प्रशासनिक संज्ञाओं का जन्म हुआ-एससी, एसटी।

जनगणना के शुरुआती दौर में ही जब अछूत और अस्पृश्य जैसे शब्दों का चलन था, जिसे तमाम नायकों ने स्वीकार नहीं किया। कालांतर में 'डिप्रेस्ड क्लास' शब्द चलन में आया। फिर इनकी जगह अनुसूचित जाति शब्द का प्रयोग किया जाने लगा। अनुसूचित जाति, यानी ऐसी जातियाँ जिनकी सामाजिक और सांस्कृतिक पहचान एक जैसी है, उन्हें एक सूची में रखा गया। मगर सांस्कृतिक बोध और संघर्ष के क्रम में दलित शब्द भी प्रयोग होता रहा। यानी पहचान के दो शब्द एक साथ प्रचलन में आए, प्रशासनिक ज़रूरतों के लिए अनुसूचित जाति और सामाजिक आंदोलन और साहित्य में दलित। संविधान बनने के बाद अनुसूचित जाति शब्द को ही संवैधानिक मानकर प्रयोग किया जाता है। जैसे अनुसूचित जनजाति शब्द के साथ आदिवासी जातियों को सूचीबद्ध

किया गया। मगर आज भी आदिवासी संबोधन, संघर्ष और पहचान का केंद्र बना हुआ है।

जनगणना के इस ऐतिहासिक क्रम में यह साफ़ तौर पर देखा जा सकता है कि गिनने की यह प्रक्रिया केवल संख्याओं का संकलन नहीं है। जनगणना के समय पहचान निर्धारित किए जाने की एक सांस्कृतिक प्रक्रिया समानांतर चलती रहती है। किसी वर्ग या उपवर्ग को बनाने, उसमें शामिल करने या अलगाने की खींचतान चलती रहती है। इसमें बड़ी सामाजिक शक्तियाँ शामिल हैं। आज दलित-बहुजन राजनीति का जो स्वरूप आप देखते हैं, उसका बहुत बड़ा हिस्सा इस दौर में आकार लेता है।

इस तरह आप देखते हैं कि जनगणना ने पहली बार अनुभवों को नाम दिया, समुदायों को गिनने लायक बनाया और उसी के साथ उन्हें राजनीतिक भी बना दिया। कभी किसी को हिंदू कहा गया, कभी अछूत, कभी आदिवासी, कभी वनवासी और कभी पिछड़ा—और हर बार यह नामकरण सत्ता के संतुलन, संख्या की राजनीति और प्रतिनिधित्व के समीकरण से तय हुआ। इसलिए जब भी किसी समुदाय का वर्गीकरण, समूहन या नया नाम देने की कोशिश हो रही हो तो वंचित समूहों को सबसे ज़्यादा सजग रहने की ज़रूरत होती है। बल्कि अब अपने लिए ख़ुद नाम और पहचान चुनने का समय है। यह सांस्कृतिक रूप से आज़ाद होने का संघर्ष है। **आज जब आदिवासी या अन्य वंचित समुदाय अपने लिए नाम और पहचान की माँग कर रहे हैं, तो यह एक पुराने अन्याय का जवाब तो है ही, साथ ही नयी सांस्कृतिक राजनीति का आग़ाज़ भी है।**

10

किसान जातियाँ और जनेऊ का सूत

साल 1894 की बात है। अंग्रेज़ी सरकार सैनिक भर्ती के लिए कुछ समूहों को 'मार्शल रेस' के रूप में पहचान देकर उन्हें तरजीह दे रही थी। इन समूहों में सिख, गोरखा, पठान, जाट, राजपूत आदि शामिल थे, जिन्हें वे "लड़ाकू और वफ़ादार" मानते थे। कई किसान जातियों ने अंग्रेज़ों की इस नीति का विरोध किया और ख़ुद को क्षत्रिय लिखना शुरू कर दिया।

असल में यह धारणा कि क्षत्रिय स्वभावतः 'मार्शल' जाति है, इतिहास का स्वाभाविक निष्कर्ष न होकर एक सामाजिक-राजनीतिक कल्पना है। यह कल्पना न तो ऐतिहासिक साक्ष्यों से पुष्ट होती है और न ही भारतीय समाज के दीर्घकालिक अनुभव से। वस्तुतः यह धारणा ब्राह्मणवादी ग्रंथ परंपरा और अंग्रेज़ी शासन की रणनीतिक आवश्यकताओं के मेल से बनी है। यह एक सामाजिक फंतासी है, जिसे इतिहास के रूप में स्थापित कर दिया गया है। **यदि भारतीय इतिहास को केवल पुराणों, धर्मशास्त्रों के बजाय वास्तविक इतिहास में देखा जाए, तो यह साफ़ दिखाई देता है कि तथाकथित क्षत्रिय राज्य अक्सर अपवाद रहे हैं। भारत के विशाल भूभाग में लंबे समय तक सत्ता का संचालन किसान, पशुपालक, श्रमजीवी जातियों के नेतृत्व में हुआ। दक्षिण भारत के शूद्र शासित**

राज्य, आदिवासी गणराज्य, और उत्तर भारत में जाट, अहीर, कुर्मी, कोली, मराठा जैसे समुदायों की राजनीतिक संरचनाएँ इस बात की गवाही देती हैं कि युद्ध, शासन और सत्ता किसी एक वर्ण या जाति का स्वाभाविक गुण नहीं थे। यह संयोग नहीं है कि कई कथित शूद्र जातियों के अनेक राज्य अंग्रेज़ों के आगमन से ठीक पहले तक अस्तित्व में थे और कुछ तो औपनिवेशिक काल में भी टिके रहे। अंग्रेज़ों और ब्राह्मणों ने मिलकर इस इतिहास को योजनाबद्ध ढंग से लोगों की स्मृति से पोंछ दिया। अंग्रेज़ों ने जहाँ एक ओर अपने आने के साथ ही पारंपरिक शिल्प, कुटीर उद्योग और स्थानीय अर्थव्यवस्थाओं को ध्वस्त किया, जिसमें ये कमेरा जातियाँ लगी हुई थीं तो दूसरी ओर 'मार्शल रेस' जैसी रणनीति के ज़रिए कुछ समुदायों को सैन्य योग्यता का प्रमाणपत्र देने लगे।

ऐसे में अंग्रेज़ी शासन में अपने लिए जीने-कमाने के नये मौक़े खोज रही कृषिजीवी जातियों का विरोध करना स्वाभाविक था। कर्मियों ने अंग्रेज़ों द्वारा की जा रही इस भर्ती का मुखर विरोध किया। उन्हीं दिनों साल 1894 में 'अखिल भारतीय कुर्मी-क्षत्रिय महासभा' का निर्माण हुआ। किसान जातियों के बीच सामाजिक, सांस्कृतिक और आर्थिक सवालों पर गोलबंदी शुरू हो गई। अखिल भारतीय कुर्मी-क्षत्रिय महासभा ने विभिन्न ज़िलों में सम्मेलनों और सभाओं का दौर शुरू किया। ख़ुद को क्षत्रिय घोषित करना और जनेऊ धारण करना, स्कूलों और छात्रावासों की स्थापना के लिए चन्दे इकट्ठा करना, बाल विवाह पर रोक लगाना आदि, इन्हीं बातों पर इन जातीय सभाओं में ज़ोर दिया जाता था।

26, 27, 28 दिसम्बर 1928 को अखिल भारतीय कुर्मी क्षत्रिय महासभा के 17 वें सम्मेलन में मुजफ्फरपुर में शामिल होने वाले लोगों को बज़ाब्ता जनेऊ धारण कराया गया। जहाँ छोटा नागपुर पठार के तीन कुड़मियों को जनेऊ पहना कर क्षत्रिय घोषित किया गया। इस सम्मेलन में यह प्रस्ताव पारित किया गया कि छोटा नागपुर पठार के कुड़मि, क्षत्रिय

कुर्मी ही हैं तथा इनके साथ बेटी-रोटी का रिश्ता रखा जाएगा। 1931 की जनगणना में अखिल भारतीय कुर्मी क्षत्रिय महासभा ने लिखकर सरकार से मांग की, कि छोटा नागपुर पठार के कुड़मि और महतो क्षत्रिय कुर्मी हैं। इनको संपूर्ण भारत के कुर्मियों के साथ क्षत्रिय कुर्मी दर्ज किया जाए। जो आंदोलन सेना में भर्ती पाने के लिए ख़ुद को क्षत्रिय दर्ज करवाने से शुरू हुआ था, वह न सिर्फ़ सम्मान और स्वाभिमान के आंदोलन में बदल गया बल्कि सीमित जातीय पहचान से आगे बढ़ने लगा था।

कोइरी हितकारिणी सभा ने भी अपने कोइरी, कुशवाहा, मौर्य और शाक्य आदि जातियों को जनेऊ पहनाकर प्रतिरोध में बदल दिया। अपने ज़मीनी रूप में यह लड़ाई दरअसल किसान जातियों और ज़मींदार जातियों के बीच थी। और मूलतः ये लड़ाई सत्ता, संसाधन और सम्मान की थी। अखिल भारतीय कोइरी क्षत्रिय महासभा का मुख्य उद्देश्य कोइरी, कच्छी, मुराओ जैसे बागवानी समुदायों को एकजुट कर उन्हें क्षत्रिय के रूप में मान्यता दिलाना और उनके सामाजिक, शैक्षिक तथा राजनीतिक उत्थान के लिए कार्य करना था, जिसमें जनेऊ धारण करने की परंपरा या क्षत्रिय पहचान को स्थापित करने की मांग एक महत्वपूर्ण हिस्सा थी। उन्होंने इस बारे में साइमन कमीशन में भी याचिका दायर की थी।

समाज में हर समुदाय शक्ति और सम्मान पाने के लिए ऊपर की तरफ़ बढ़ता है। खेती किसानी पर निर्भर इन जातियों को सम्मान चाहिए था। उन्हें लगा कि यह सम्मान इस जनेऊ में है। इसे पहनकर वो अपने सामाजिक बहिष्करण को धो देंगे। यह एक धार्मिक संरचना के भीतर अपने सम्मान की माँग है। लेकिन यह तो एक प्रतीकात्मक चीज़ है। असल बात सम्मान की कामना और वर्गांतरण की महत्त्वाकांक्षा है। किसी समाज में यह इच्छा और साहस यों ही पैदा नहीं हो जाता। इसकी हमेशा एक ऐतिहासिक पृष्ठभूमि होती है। जब यह महत्त्वाकांक्षा एक बार पैदा हो जाती है, तो समाज की मौजूदा संरचना में लाभ भोग रही जातियों से टकराती है। यह अनिवार्य है, इसे टाला नहीं जा सकता।

26 मई 1925 की शाम ढल रही है। बिहार के लखीसराय ज़िले के लाखोचक गाँव के एक बगीचे में उत्सव का माहौल है। हजारों की तादाद में लोग जुट रहे हैं। हुजूम के बीच से कुछ नारे और जयकारे आसमान में गूँज रहे हैं। ये हुजूम था आस-पास के इलाक़े से आए ग्वालों यानी यादवों का। हवन कुंड में आग जल रही है। सफ़ेद धोती पहने युवाओं और अधेड़ों की टोली बैठी हुई है। कमर से ऊपर कुछ नहीं पहने हैं। कुछ लोगों ने इनको जनेऊ पहनाना शुरू कर दिया। जनेऊ यानी एक ख़ास क़िस्म का कथित पवित्र सफ़ेद धागा, जिसे धारण करने का अधिकार कथित द्विज जातियों को ही था। इस जातिवादी व्यवस्था को चुनौती देने के 'पाप' के चलते इन पर जानलेवा हमला हो जाता है। इस हमले में कई लोग मारे जाते हैं। बिहार के इतिहास में इसे 'जनेऊ आंदोलन' कहा जाता है, जिसकी प्रतिध्वनि साल 1975 के जेपी आंदोलन में जनेऊ तोड़ने तक सुनाई देती है। सामाजिक प्रतिरोध ने जनेऊ पहनाया, समय बदलने पर जनेऊ उतारना प्रतिरोध बना। मगर दोनों की प्रकृति में फ़र्क़ रहा।

लाखोचक गाँव में जनेऊ पहनने के लिए जुटी गोप यदुवंशियों की भीड़ को धर्म, संस्कृति और परंपरा पर हमला माना गया। इसकी प्रतिक्रिया में उसी दिन जमींदार प्रसिद्ध नारायण के घर दूसरी भीड़ जुटना शुरू हुई। ये भीड़ थी ज़मींदार भूमिहारों की। इसी भीड़ ने लाखोचक गाँव के यदुवंशियों पर हमला कर दिया। कहते हैं कि उस दिन ज़मींदार प्रसिद्ध नारायण घोड़े पर सवार थे और उनके भरोसेमंद साथी विश्वेश्वर सिंह हाथी पर। सहमी हुई पुलिस आगे आकर दोनों पक्षों को मनाने में जुटी थी लेकिन बात बनी नहीं। हमलावर भीड़ नारा लगा रही थी- 'यादवों की हिम्मत कैसे हो गई जनेऊ धारण करने की...?'

कई पुलिस वाले जख्मी हुए। दोनों तरफ़ से मार-काट मच गई। पुलिस के आला अधिकारी भी लाखोचक गाँव पहुँच गए। फिर हंगामा बढ़ता गया। आख़िरकार पुलिस अधिकारी ने आदेश दिया- 'गोली चलाओ।' पल भर में दर्जनों लोग गिर पड़े। हमलावर ज़मींदारों की भीड़

ने भी फायर कर दिया। कुछ ही देर में लाखोचक 'कुरुक्षेत्र' में बदल गया। कहते हैं कि पुलिस ने कम से कम 118 राउंड गोलियाँ चलाईं। दर्जनों लाशें बिछ गईं। एक रिपोर्ट के मुताबिक उस दिन तक़रीबन 80 लोगों की जान गई।

इस घटना का व्यापक असर हुआ। जनेऊ पहनने के बाद यादवों ने बेगारी करने से साफ़ इनकार कर दिया। 1 मार्च 1926 को यादवों ने एक बड़ी सभा करके यह ऐलान कर दिया कि 'हर यादव जनेऊ धारण करेगा। कोई भी यादव किसी ज़मींदार बाभन के यहाँ काम करने नहीं जाएगा।' दरअसल, उस दौर में अंग्रेज़ जातियाँ देखकर लगान वसूलते थे। तत्कालीन ज़िलेवार सर्वे सेटलमेंट रिपोर्टों और उससे पहले बुकानन और हंटर अपने विवरणों में भी इसकी काफ़ी स्पष्ट तस्वीर पेश कर चुके थे। ज़िलों के सर्वे सेटलमेंट रिपोर्ट यह खुलासा करते हैं कि जाति आधारित लगान प्रचलित था। इसके अनुसार कथित उच्च जाति के रैयतों को कम लगान देना होता था, लेकिन वे प्रायः कम लगान देने में भी आनाकानी करते थे। दूसरी तरफ़ कथित निम्न जाति यानी किसान, कामगार और मेहनतकश जातियों के रैयत को ज़्यादा लगान अदा करना पड़ता था। प्रतिरोध में कृषक जातियों ने ठाना कि अब यह अन्याय और नहीं सहा जाएगा। यानी जातिवाद, सामन्तवाद और साम्राज्यवाद के ख़िलाफ़ इन किसान जातियों में पहले से आक्रोश पनप रहा था। उस आक्रोश से पैदा प्रतिरोध का एक प्रतीकात्मक रूप जनेऊ आंदोलन था। कुर्मी और कोइरी जैसी किसान जातियों के बीच भी जनेऊ केंद्रित प्रतिरोध उस दौर में शुरू हो चुका था, मगर उसकी गति और प्रकृति हिंसक हमलों की शिकार लगभग नहीं हुई।

साल 1911 की एक और कहानी बिहार के मधेपुरा की है। गाँव का नाम है- मुरहो। बिहार के मुख्यमंत्री और मंडल आयोग के अध्यक्ष बिन्देश्वरी प्रसाद मंडल यानी बी पी मंडल के गाँव की। उनके पिता और गाँव के जमींदार रासबिहारी मंडल सामाजिक और राजनीतिक आंदोलन

के लिए गोप यानी यादवों की गोलबंदी में जुटे थे। 'गोप (यादव) महासभा' बनाकर दिसंबर महीने में यादवों ने यहाँ सभा की और ऐलान किया- 'यादव चंद्रवंशी और यदुवंशी क्षत्रिय हैं। राजपूतों से भी पुराने क्षत्रिय। और वे अब से जनेऊ धारण करके इसे साबित भी करेंगे। यादव जाति की महिलाएँ घर से बाहर किसी के यहाँ कोई काम नहीं करेंगी। यादव हल नहीं पकड़ेंगे और बाभनों का छुआ नहीं खाएँगे।' यह कितनी नई चेतना का उभार मालूम पड़ता है। ग़ौरतलब है कि उसी दौर में कुर्मी, कुशवाहा जैसी कई किसान जातियाँ भी जनेऊ धारण करने लगीं थीं। इसको लेकर सिर्फ़ हिंदुओं की अगड़ी जातियाँ ही नहीं, मुस्लिम जमींदार भी तमतमा गए थे। तंज़ के अंदाज़ में मुस्लिम जमींदार कहते थे- 'जबसे जनेऊ लेकर छतरी हुआ है, तब से चर्बी चढ़ गई है @#@#$ अहीर-कुर्मी-कोइरी लोगों को।'

1912 आते-आते इसने एक व्यापक जनआंदोलन का रूप धारण कर लिया। इसी साल सितंबर में सारण ज़िले में एक कुर्मी की मौत पर उसके रिश्तेदार, ब्राह्मणों और हज्जामों से उसका क्रिया-कर्म करवा रहे थे, तब स्थानीय जमींदार ने ब्राह्मणों और हज्जामों को ऐसा करने से सिर्फ़ इसीलिए रोक दिया कि मरने वाले ने जनेऊ धारण कर रखा था। 1913 में दरभंगा में जमींदारों ने 'छत्री' बनने वाले यादवों को मारा-पीटा और उन पर फर्ज़ी मुकदमा भी दायर करवा दिया। कई जगह यादवों का सामाजिक बहिष्कार किया गया। इन प्रतिबंधों के बाद भी यादव रुके नहीं। पटना और मुजफ्फरपुर में यादवों ने सभा की और ऐलान किया कि अब से वे हर काम ख़ुद करेंगे। कई जगहों पर यादवों ने बिना पुरोहित के, ख़ुद ही जनेऊ धारण कर लिया। धीरे-धीरे बिहार के अलग-अलग हिस्सों में यादव ऐसा करने लगे। क़रीब 25 वर्षों तक उठा-पटक चलता रहा, तब 1925 में लाखोचक (मुंगेर) में हुई घटना के बाद ब्राह्मणवादियों ने सरेन्डर कर दिया। इसके बाद कही भी जनेऊ पहनने का खुलेआम विरोध बंद हो गया। अंततः कुछ दिनों बाद जनेऊ अपनी प्रासंगिकता खो बैठी।

यानी जनेऊ आंदोलन का विस्तार पूरे उत्तर भारत में ठीक-ठाक रहा। कहीं-कहीं आर्य समाजी कोशिश के सबूत भी मिलते हैं। बल्कि हरियाणा में आर्यसमाजियों के प्रभाव में यह काफ़ी पहले शुरू हो गया था। हरियाणा में जाट समाज से आने वाले चौधरी मातूराम जी ने तो यह 1883 में कर दिया। अगर जनेऊ आंदोलन के इतिहास को देखें तो साफ़ समझ में आता है कि इस समय तक सामाजिक संरचना को बदलने का स्वप्न और आत्मविश्वास नहीं आया है, आ भी नहीं सकता था। इसलिए मौजूदा ब्राह्मणवादी संरचना के भीतर वह सम्मान पाने की कोशिश कर रहे थे। द्विज वर्चस्ववादियों के हमले और दमन का शिकार हो रहे थे।

इस बड़े सामाजिक-राजनीतिक बदलाव को समझने के लिए उस दौर के सामाजिक आंदोलनों का इतिहास खंगालना होगा। दक्षिण से लेकर उत्तर तक स्वाभिमान का आंदोलन चल रहा है और तरह-तरह के सामुदायिक संगठन बन रहे हैं। इसके पीछे जाति-जनगणना और प्रातिनिधिक संस्थाओं के जन्म की बहुत बड़ी भूमिका है। इस दौर में स्थानीय स्तर पर चुनावों की शुरुआत हो चुकी होती है। स्थानीय निकायों में प्रतिनिधित्व के लिए भी इन जातियों में गोलबंदी की चेतना काम करने लगी थी। नतीजतन पिछड़े समूह की जातियाँ गोलबंद होना शुरू हो गईं। इससे पिछड़े समुदायों का राजनीतिकरण और राजनीतिकरण के ज़रिए लोकतांत्रिकरण शुरू हुआ।

■

11

दुखियों का जागरण: त्रिवेणी संघ, बैकवर्ड क्लासेज़ लीग, अर्जक संघ, समाजवादी आंदोलन

अइले त्रिवेणी संघ शाहाबाद जिलवा में
सब दुखियन के जगावे ला भाईजी

तारीख़ थी 30 मई 1933, बिहार के रोहतास ज़िले में एक गाँव है करगहर। तब ये गाँव शाहाबाद ज़िले का हिस्सा था। वहीं सरदार जगदेव सिंह के मन में 'त्रिवेणी संघ' की स्थापना का ख़्याल आया। त्रिवेणी संघ के मुखपत्र 'बिगुल' में दलित समुदाय के लिए किया गया यह आह्वान संकेत देता है कि सामाजिक चेतना अब केवल जाति की पहचान तक सीमित न रहकर, उसे जमात में रूपांतरित करने की दिशा में आगे बढ़ रही थी। इसके बावजूद, त्रिवेणी संघ की सामाजिक-राजनीतिक भूमिका या तो जानबूझकर उपेक्षित कर दी गई, या फिर उसे मात्र तीन पिछड़ी जातियों–अहीर, कुर्मी और कोइरी–का संगठन बताकर अपमानजनक ढंग से जातिवादी करार दिया गया। विशेष रूप से, 1931 की जाति-जनगणना के बाद उभरते सामाजिक-राजनीतिक बदलावों की कड़ी में त्रिवेणी संघ की भूमिका को लगभग पूरी तरह अनदेखा किया गया।

वास्तव में, त्रिवेणी संघ उस व्यापक संघर्ष की शुरुआती अभिव्यक्ति था, जिसे बाद में 'नब्बे सैकड़ा' की लड़ाई के रूप में पहचाना गया। यह वह क्षण था जब जातियों को महज़ सामाजिक इकाइयों के रूप में नहीं, बल्कि एक सामूहिक राजनीतिक जमात में ढालने की प्रक्रिया शुरू हो चुकी थी- और एक निर्णायक मोड़ की नींव रखी जा रही थी।

त्रिवेणी संघ आंदोलन ने जनेऊ आंदोलन से चली आ रही सांस्कृतिक प्रतिरोध की परंपरा को एक नया और स्पष्ट राजनीतिक आयाम प्रदान किया। प्रारंभिक दौर में सम्मान और श्रेष्ठता-बोध ने विभिन्न जातियों को एक मंच पर संगठित किया। इसके परिणामस्वरूप किसान और श्रमशील जातियों के पृथक जातीय संगठन उभरे। उस समय जनेऊ को ही सम्मान और सामाजिक उन्नयन का प्रतीक माना गया। लेकिन समय के साथ वही किसान जातियाँ सांस्कृतिक प्रतीकों से आगे बढ़कर आर्थिक और राजनीतिक प्रश्नों को अपने संघर्ष का आधार बनाने लगीं। इस तरह त्रिवेणी संघ आंदोलन सांस्कृतिक प्रतिरोध से राजनीतिक चेतना की ओर संक्रमण का एक महत्वपूर्ण पड़ाव सिद्ध हुआ।

दरअसल किसान जातियों के भीतर सामंती ज़मींदारी ताक़तों से एक क़िस्म की आर्थिक अदावत का आधार मौजूद ही था। 1901 से लेकर 1931 के बीच जाति जनगणना के आँकड़ों ने उन तमाम किसान-कामगार, जातियों में सांगठनिक गोलबंदी की चेतना भरी। उसी दौर में स्वामी सहजानंद का किसान आंदोलन और कांग्रेस का आंदोलन समानांतर रूप से जारी था। मगर इनमें पिछड़ी और दलित जातियों के सवालों को लेकर वैसी सजगता नहीं दिखाई देती थी। कांग्रेस के गया अधिवेशन से लौटते हुए पटना में एक आपात बैठक हुई। जिसकी कड़ी त्रिवेणी संघ के जन्म से जुड़ती है।

अइले त्रिवेणी संघ शाहाबाद जिलवा में

सब दुखियन के जगावेला भाईजी

हमनी के वोट लेके हमनी के गला घोंटे

कतनो अकाल पड़े खेत में सुखाड़ पड़े

जमींदरवा त रोपेये खाली चाहे ला भाईजी

जवन जाति अपना के जान से बेजान समझे

ओह्र जतियन के जान दिलावे ला भाईजी

अइले त्रिवेणी संघ शाहाबाद जिलवा में

सब दुखियन के जगावे ला भाईजी

जगदेव सिंह यादव, यदुनंदन प्रसाद कुशवाहा और शिवपूजन कुर्मी की अगुआई में किसान–कामगार जातियों के लोग अपने-अपने जातीय संगठनों की सीमाओं को फैलाकर एक व्यापक जमात का स्वप्न देखने लगे थे। इन जातियों के भीतर सत्ता, संसाधन और सम्मान–तीनों को लेकर बढ़ती सजगता ने इस दिशा में ठोस क़दम बढ़ा दिए थे। त्रिवेणी संघ की वैचारिक जननी कही जाने वाली भूमिका सरदार जगदेव सिंह के ज़ेहन में आकार लेने लगी। उस समय तक वे यादव महासभा में सक्रिय थे और साथ ही डॉ. शिवपूजन सिंह के साथ कुर्मी महासभा के अधिवेशनों में भी भाग लेते थे। दोनों ने 1919 में उत्तर प्रदेश के कानपुर में आयोजित अखिल भारतीय कुर्मी महासभा के राष्ट्रीय अधिवेशन में सहभागिता की थी, जिसकी अध्यक्षता कोल्हापुर के छत्रपति शाहू जी महाराज ने की थी। यह अधिवेशन उनके राजनीतिक-सामाजिक दृष्टिकोण के विस्तार में एक निर्णायक क्षण था। त्रिवेणी संघ के तीसरे संस्थापक यदुनंदन मेहता थे, जिन्हें जे.एन.पी. मेहता के नाम से भी जाना जाता है। कोइरी महासभा और कुशवाहा जाति से जुड़े होने के बावजूद उनकी चेतना केवल जातीय दायरों तक सीमित नहीं थी; वे एक व्यापक सामाजिक-राजनीतिक दृष्टि से लैस थे।

इन तीनों नेताओं के आपसी तालमेल, वैचारिक सहमति और ज़मीनी तैयारी के परिणामस्वरूप ही त्रिवेणी संघ का गठन संभव हो सका- जो आगे चलकर किसान–कामगार जातियों की सामूहिक राजनीतिक आकांक्षा का सशक्त मंच बना। इस प्रक्रिया में जाति केवल पहचान नहीं, बल्कि संगठन का प्रारंभिक आधार थी। जैसे-जैसे साझा अनुभवों–भूमि, श्रम, कर और राजनीतिक वंचना की समझ गहरी होती गई, जातीय चेतना का दायरा विस्तृत होकर वर्गीय बोध में रूपांतरित होने लगा। त्रिवेणी संघ ने किसान–कामगार जातियों को यह एहसास कराया कि उनकी वास्तविक लड़ाई अलग-अलग जातियों की नहीं, बल्कि साझा सामाजिक–आर्थिक व्यवस्था से है।

1937 में यह संगठन चुनाव में उतर गया, लेकिन एक भी उम्मीदवार जीत नहीं सका। हालांकि, इससे पिछड़ी जातियाँ जाग ज़रूर गईं। उन्हें लगने लगा कि वे भी राजनीति कर सकते हैं। अब इसमें दूसरी पिछड़ी जातियाँ और दलित भी जुड़ गए। बिगुल में दलित समाज को संबोधित करते हुए कहा गया है कि "भाई! तुम्हारी दशा तो और भी दयनीय है, लेकिन हताश न हो, हिम्मत करो... खयाल रखो- जब तक तुम अपने पैरों पर अपने आप तैयार नहीं होते हो, दुनिया में तुम्हारी सहायता करने वाला कोई नहीं, क्योंकि दुनिया का स्वभाव है कि वह बिना स्वार्थ तथा भय के किसी तरफ़ नज़र भी नहीं उठाती।" समय सजग ये किसान जातियाँ अब जमात की वैचारिकी के लिए क़दम बढ़ा चुकी थीं। इन्हीं दिनों राजनीति में बतौर जमात इनका हस्तक्षेप बढ़ने लगा था।

1939 में त्रिवेणी संघ ने ज़िला बोर्ड के चुनाव में अपने 21 उम्मीदवार उतार दिए। इनमें से 5 जीत भी गए। उन्हें ठीक-ठाक वोट भी मिल गए। तब चौकीदारों में दुसाध समुदाय के लोगों की अच्छी-ख़ासी पैठ थी। इस तरह त्रिवेणी संघ को गाँव-गाँव में अपना प्रचारक मिल गया। आजादी के बाद धीरे-धीरे पिछड़ी जातियों की पैठ मज़बूत होने

लगी। सियासी गलियारों में भी उनकी दखल बढ़ी। इसके पीछे 1931 की जनगणना थी, जिसने उस जातीय चेतना को और तार्किक बल दिया, जिसकी परिणति में केवल संगठन ही नहीं बने, बल्कि पिछड़ी दलित जातियों के लोग चुनावों में दिखने लगे। लड़ने और जीतने लगे।

1931 की जातिवार जनगणना का असर उसके बाद के दो-तीन दशकों पर गहरा पड़ा। हालांकि उसकी अनुगूँज 1990 से लेकर 2025 तक सुनाई देती है। क्योंकि यह भारत की आख़िरी आधिकारिक जातिवार जनगणना रही। जाति जनगणना के असर के बतौर द्रविड़ आंदोलन से लेकर महाराष्ट्र के नवजागरण में जाति विनाश की आवाज़ों को देखा जाना चाहिए। ग़ौरतलब है कि बाबा साहब डॉ. आंबेडकर की रचना 'जाति का विनाश' (1936) इसी समय सार्वजनिक होती है। इसी दौर में उत्तर भारत में जातिगत संगठनों के उभार से लेकर जाति उन्मूलन के आंदोलनों के अध्याय लिखे जा रहे थे। पिछड़ी जातियों की गोलबंदी एक तरफ़ सवर्ण वर्चस्व की तरफ़ अप्रत्याशित चुनौती पेश कर रही है, तो वहीं दूसरी तरफ़ अति पिछड़ी और दलित जातियों के सामने सामाजिक और वैचारिक गठजोड़ का हाथ बढ़ा रही है। त्रिवेणी संघ इस कहानी का सबसे नायाब पात्र है।

बिहार में सामाजिक बराबरी का आन्दोलन चौथे दशक के आरम्भ में एक राजनीतिक शक्ल अख़्तियार करने लगा था। लम्बे समय से चल रहे 'जनेऊ आन्दोलन' ने पिछड़ी जातियों में प्रतिरोध व पक्षधरता की एक नई चेतना और वैचारिक जागरूकता बढ़ाई, लेकिन इस आन्दोलन को जगह-जगह उच्च जाति भूस्वामियों का उग्र विरोध भी झेलना पड़ रहा था। किसी के जनेऊ तोड़े जाने लगे, तो किसी का विवाह-शादी बन्द किया जाने लगा। किसी पर मालगुजारी की नालिश होने लगी, तो किसी का खेत नीलाम किया गया। किसी के लिए ईनार-कुआँ बन्द किया जाने

लगा, तो किसी के रास्ते रोक दिए गए। किसी को गाली दी जाने लगी, तो किसी पर मार पड़ने लगी। किसी की दरख्वास्त गुम होने लगी, तो किसी की नौकरी ही बरख़ास्त की जाने लगी। यानी चारों तरफ़ से ज़ालिमों ने बदला लेना और दबाना शुरू कर दिया।

उस दौर में अंग्रेज़ों के ख़िलाफ़ राष्ट्रीय आंदोलन की अगुआई करने वाली प्रमुख राजनीतिक पार्टी कांग्रेस और किसान सभा की नेतृत्वकारी समितियों में भी इन पिछड़ी और दलित किसान-कामगार जातियों की उपस्थिति नगण्य थी। नगरपालिका, ज़िला बोर्ड और काउन्सिल जैसे सत्ता के संगठनों में तो इन जातियों के इक्का-दुक्का लोग ही थे। ऐसी स्थिति में इन जातियों में यह एहसास बढ़ने लगा कि आपस में एकजुट हुए बिना, तमाम पिछड़ी-दलित जातियों का कोई साझा संगठन बनाए बिना, वे न तो भूस्वामियों और उच्च जाति जमींदारों की संगठित ताकत से लोहा ले सकते हैं और न ही सत्ता के संगठनों में अपनी कोई जगह बना सकते हैं। अब तक सामाजिक आन्दोलन की बागडोर अलग-अलग जाति संगठनों के हाथों में थी, लेकिन स्थितियाँ अब एक साझा संगठन की माँग कर रही थीं। इसलिए 1940 तक आते-आते अपना क्रांतिकारी 'बिगुल' बजाकर त्रिवेणी संघ ने ऐलान किया कि : "त्रिवेणी संघ है शोषित, शासित तथा दलित, कृषक, मज़दूर और व्यवसायियों के अश्रुओं की धारा तथा आहों का नगाड़ा। जिनके धार्मिक, सामाजिक तथा राजनीतिक अधिकारों को कुचलकर, भारत के ही नहीं, बल्कि सारे संसार के अल्पसंख्यक लोग कर रहे हैं मौज। जो दुर्भेद्य आवाज़ों से अपने हक और अधिकारों के लिए एक बार अपनी ताल मिलाकर करता है विश्व शान्ति की कामना।"

1940 ई. में यदुनन्दन प्रसाद मेहता द्वारा लिखित 'त्रिवेणी संघ का बिगुल' पुस्तक में इसके लक्ष्य, कार्यक्रम तथा कांग्रेस और स्वतंत्रता आन्दोलन के साथ इसके सम्बन्ध की विस्तार से चर्चा की गई है।

पापिन के पाप नाशै, त्रास यमदूतन के,
भव-रुज-परिवार नाशै धार त्रिवेणी की।
तिहि भाँति त्रास नाशै, दुष्ट अन्यायियों के,
गिरे को उठावे नीत, संघ त्रिवेणी की ॥
मान और गुमान नाशै, जाल दुष्ट जालिम के,
सबै भाँति सहाय करै, शोषित दल श्रेणी की।
देश धर्म लाज राखै, सबहिं समान राखै,
याही हेतु बही धार, संघ त्रिवेणी की ॥

त्रिवेणी संघ चाहता है धार्मिक साम्राज्यवाद, सामाजिक साम्राज्यवाद, राजनीतिक साम्राज्यवाद तथा आर्थिक साम्राज्यवादों का अन्त हो। उनके स्थान पर धार्मिक, सामाजिक, राजनीतिक और आर्थिक साम्यवाद का प्रचार तथा औद्योगिक क्रान्ति हो जिससे सभी फूल-फल सकें और सुख और शान्ति का सुराज्य हो।

त्रिवेणी संघ के बारे में एक यह भी भ्रांति फैलाई गई है कि यह किसान कामगार जातियों को क्षत्रिय का दर्जा दिलाने का आंदोलन था। जबकि हक़ीक़त इसके ठीक उलट है। इसके नेताओं ने सभी पिछड़ी जातियों के लिए अलग-अलग जाति सूचक उपनाम को ख़त्म कर सबके लिए एक ही उपनाम 'सिंह' अपनाने की वकालत की। ऐसा हुआ भी। यह कुछ वैसा ही क़दम था, जैसा सिख धर्म के गुरुओं ने चलाया था। त्रिवेणी संघ की सामाजिक-सांस्कृतिक और राजनीतिक भूमिका को ठीक से समझे बिना उत्तर भारत के सामाजिक बदलावों की लड़ाइयों को समग्रता में देखा ही नहीं जा सकता। इसकी एक बानगी त्रिवेणी संघ के इस विचार में देखिए-

“भारत की दशा का गौरपूर्वक अध्ययन करने पर पता चला है कि देश के प्रायः 90 प्रतिशत मनुष्य, शोषित, शासित तथा दलित वर्ग के हैं। जिन्हें हम कहते हैं- राष्ट्र के भाग्य विधाता। जो सोलह आने के सोलह आने हैं- किसान, मज़दूर और व्यवसायी। जिनका करते हैं शोषण- शासन तथा ताड़न-भारत के केवल 10 प्रतिशत महानुभाव। इन लोगों ने उन बेचारों की दशा को इतनी दयनीय बना दी है कि देख और सुनकर रोंगटे खड़े हो जाते हैं। जब तक इनकी दशा का सुधार तथा समान अधिकारों की रक्षा नहीं होती है- सुराज्य और शांति लाखों कोस दूर है। ये बेचारे चिल्लाते हैं, पर इनकी सुनने वाला कोई नहीं है। लीडरी गाँठने वाले तो बहुत हैं। हमने कहा है- शोषित, शासित तथा दलित भाइयो! तुम अपना भाग्य-विधाता आप बनो। जब तक तुम अपने पैरों पर खड़े नहीं होते- दुनिया तुम्हारी तरफ़ ताक भी नहीं सकती। अस्तु, आओ! मिलो और त्रिवेणी की धारा में गोते लगाते हुए- बोलो, त्रिवेणी संघ की जय और अपने दुःखों की ऐसी आवाज उठाओ कि एक बार पृथ्वी तक हिल जाय। जिसे लोग कहेंगे ‘त्रिवेणी संघम्’ और जिससे होगा भारत का उद्धार।”

जाति ने इस देश को बाँट रखा था, सत्ता, संसाधन और सम्मान के लिहाज़ से। इसलिए राष्ट्र बनने की प्रक्रिया बिना इन बँटवारों को ख़त्म किए संभव ही नहीं थी। राजनीतिक आज़ादी के मायने सामाजिक और आर्थिक आज़ादी के बिना बेमानी थे। ऐसे में ये दशक बेहद ख़ास हैं, जब भारत राजनीतिक आज़ादी की दिशा में बड़े बदलावों का गवाह बन रहा था। उन्हीं दशकों में भारत में सामाजिक आंदोलन जातिवाद से मुक्ति के लिए और तेज़ी से करवट बदल रहा था। पूरे देश में 1931 की जाति जनगणना के आँकड़ों ने लगातार हलचल पैदा की थी। आत्मसम्मान के लिए हुए आंदोलनों ने सत्ता और संसाधन के लिए निर्णायक फ़ैसले लेने शुरू किए। जाति जनगणना के आँकड़ों ने धरातल पर जातिगत सजगता पैदा की। जातियाँ, जाति-उन्मूलन के लिए, जातिगत शोषण और हक़मारी के ख़िलाफ़ गोलबंद होने लगीं। उत्तर भारत में त्रिवेणी संघ

के बाद बैकवर्ड क्लासेज़ लीग, समाजवादी धारा, अर्जक संघ से होते हुए बहुजन आंदोलन की कहानी जाति के संस्थागत चरित्र को चुनौती देती है, साथ ही जाति जनगणना की ज़रूरत को बल देती जाती है।

पिछड़ी जातियों के बीच सामाजिक और सांस्कृतिक आंदोलन अस्पृश्य जातियों से भिन्न प्रकृति और तेवर का रहा। मगर इनके बीच अनवरत एक वैचारिक रिश्ता क़ायम होता गया। सामाजिक स्तरीकरण के जातिवादी ढाँचे से पैदा अंतर्विरोध के चलते कई जगहों पर किसान जातियों और भूमिहीन अनुसूचित जातियों के बीच तनाव भरे रिश्ते ज़रूर रहे, परन्तु सामाजिक और राजनीतिक धरातल पर सामाजिक न्याय की वैचारिक कोशिशें उन तनावों की आँच पर पानी डालती रहीं। उस दौर में पूरे उत्तर भारत में नब्बे सैकड़ा की बहुजन चेतना का इतिहास लिखने वाली जमात तैयार थी।

1928 में 'डिप्रेस्ड क्लासेज फेडरेशन' बना। इसमें उत्तर प्रदेश से रायसाहेब रामचरन निषाद को अध्यक्ष, शिवदयाल चौरसिया को महामंत्री और चंद्रिका प्रसाद 'जिज्ञासु' को संयोजक बनाया गया था। संरक्षक बोधानन्द को बनाया गया था। शिवदयाल चौरसिया कहा करते थे कि **मेरा नाम चौरसिया है, असमानता को चौरस करके ही दम लूँगा।**

कालांतर में पिछड़े वर्ग के और भी आंदोलन आकार लेने लगे थे। उत्तर प्रदेश पिछड़ा वर्ग संघ के अध्यक्ष डॉ. बदलू राम 'रसिक' थे। 'बैकवर्ड क्लासेज़ लीग' की स्थापना के साथ बहुजन योद्धाओं की एक रवायत काम करना शुरू कर देती है, जिनमें बैरिस्टर शिवदयाल सिंह चौरसिया, बैरिस्टर गौरीशंकर पाल, रामचरण मल्लाह, बदलूराम रसिक, महादेव प्रसाद धानुक, छंगालाल बहेलिया, चंद्रिका प्रसाद जिज्ञासु, रामचंद्र बनौध, स्वामी अछूतानंद, द्वारका प्रसाद मौर्य, दुर्गादत्त सिंह कुशन, दुर्गादीन साहू, भूलन प्रसाद, छेदी लाल साथी, बाबूलाल प्रजापति, कुंवर उदय वीर सिंह और कई ज़रूरी नाम इस फ़ेहरिस्त में शामिल रहे। इनके अभियानों से

लगातार पिछड़ी जातियाँ बहुजन वैचारिकी से जुड़ रही थीं। इसलिए इस दौर ने सामाजिक हलचल की गति बढ़ा दी। वहीं कुछ लोग सतही अज्ञानता से कह देते हैं कि पिछड़ों के बीच सामाजिक-सांस्कृतिक और वैचारिक आंदोलन ही नहीं हुए।

उन्हीं दिनों पंजाब के होशियारपुर में कुम्हार परिवार में जन्में एक प्रसिद्ध समाज सुधारक, चिन्तक और लेखक का नाम इस कड़ी में अहम है- संतराम प्रजापति बी.ए.। जिन्होंने जाति विहीन और वर्गहीन समाज के निर्माण के लिए कमाल का काम किया। 'जात-पात तोड़क मंडल' (1922) की स्थापना, 'चाँद', 'सुधा', 'क्रांति' जैसी पत्रिकाओं का संपादन और 'हमारा समाज' जैसी 100 से अधिक पुस्तकें व पुस्तिकाएँ लिखीं। वे डॉ. अम्बेडकर के समकालीन और मित्र थे। डॉ. अम्बेडकर को 'जात-पात तोड़क मंडल' के लाहौर सम्मेलन में 1936 में आमंत्रित किया। डॉ. आंबेडकर जो भाषण वहाँ न दे सके, वही किताब के आकार में 'जाति का विनाश' बनकर इतिहास रच गई। संतराम जी का मानना था कि वर्ण-व्यवस्था को ख़त्म करके और अंतरजातीय विवाह को बढ़ावा देकर ही जाति-व्यवस्था को समाप्त किया जा सकता है। वे सांप्रदायिक सौहार्द्र पर ख़ास ज़ोर देते रहे। गाँधी से ख़तोकिताबत में कहा कि 'आप कीचड़ से कीचड़ साफ़ करना चाहते हैं।'

इस दौर के सामाजिक आंदोलनों का एक अहम नाम है- पेरियार ललई सिंह यादव। कानपुर के कठारा गाँव में जन्मे ललई सिंह जी 'बलिदान न सिंह का होते सुना....' लिख रहे थे, 'सच्ची रामायण' का अनुवाद कर रहे थे, दर्जनों किताबों के साथ बहुजन साहित्य के लिए 'सस्ता प्रेस' खोल रहे थे। दरअसल अपने वैचारिक तेवर और जज़्बे के चलते उत्तर भारत के पेरियार के तमग़े से नवाज़े गये, ललई सिंह जी ने नब्बे सैकड़ा आंदोलन को एक बुनियादी आधार दिया। पाखंड, अंधविश्वास के ख़िलाफ़ लड़ते हुए वैज्ञानिक चेतना और तर्कवाद को बल दिया। इनका जुड़ाव कलवार जाति से आने वाले प्रख्यात विद्वान, चंद्रिका

प्रसाद जिज्ञासु से रहा। दोनों मिलकर डॉ. आंबेडकर और ईवी रामास्वामी नायकर पेरियार के विचारों को उत्तर भारत में ले आने की कोशिश कर रहे थे।

चन्द्रिका प्रसाद 'जिज्ञासु' जी ने हिन्दी में कबीर, रैदास, फुले, पेरियार और आंबेडकर के क्रान्तिकारी विचारों से जनता को परिचित कराने में बड़ी भूमिका निभाई। डॉ. आंबेडकर की कई महत्त्वपूर्ण किताबों का उन्होंने अंग्रेज़ी से हिन्दी में अनुवाद करवाया। सबसे बड़ी बात तो यह कि उन्होंने बहुजन के विचारों का प्रचार-प्रसार करने के लिए ख़ुद अपना प्रेस बिठाया। कई सामाजिक संगठनों की स्थापना की और 100 से ज़्यादा किताबें लिखीं। 'जिज्ञासु' ने 'आदि हिन्दू आन्दोलन' के साथ रहकर, जगह-जगह घूमकर और पीड़ितजनों से मिलकर सामन्तवादी और ब्राह्मणवादी व्यवस्था की जो नंगी तस्वीर देखी थी, उसका प्रभावी वर्णन किया। वहीं से उनमें वर्ण-व्यवस्था और जातिभेद के खिलाफ समतामूलक समाज के निर्माण के संकल्प ने जन्म लिया। आदि हिन्दू आन्दोलन का प्रभाव इतना जबरदस्त था कि उसने पिछड़ी जातियों को भी उद्वेलित कर दिया था।

स्वयं 'जिज्ञासु' अति पिछड़ी जाति (कलवार) से थे। उन्होंने 'हिन्दू समाज सुधार' नामक संस्था बनाई और उसके माध्यम से वर्ण-व्यवस्था, जातिभेद, छुआछूत और ब्राह्मणवाद के खिलाफ जनजागरण किया। आदि हिंदू सभा की पिछड़ी-दलित जातियों की मानसिक मुक्ति और सामाजिक क्रांति की धारा का 1940 तक डॉ. आंबेडकर के 'शेड्यूल कास्ट फ़ेडरेशन' तक की यात्रा एक अहम संदर्भ बिंदु है।

देश में पिछड़ा वर्ग आंदोलन को मज़बूती देने के दरम्यान साल 1951 में डॉ. बाबा साहब आंबेडकर बिहार की राजधानी पटना में आये थे। उनको यहाँ बुलाने के लिए 'पिछड़ा वर्ग आंदोलन' के बड़े नेता आर.एल. चंदापुरी 1948 से ही प्रयत्नशील थे। डॉ. आंबेडकर 'पिछड़ा

वर्ग संघ' और 'शोषित जन संघ' नामक संगठन के संयुक्त प्रयास से पटना आये थे। 6 नवम्बर 1951 को पटना के गाँधी मैदान में उनका ऐतिहासिक भाषण हुआ था, जिसका एक अंश देखिए- "मुझे इस बात की ख़ुशी है कि महात्मा बुद्ध की पवित्र भूमि में सामाजिक क्रांति का बीज फिर से अंकुरित हो गया है। यह वही स्थान है, जहाँ से ज्ञान का प्रकाश सारे विश्व में फैला था। देश के शोषितों, संगठित हो और आगे बढ़ो। वर्ण-व्यवस्था और जाति-प्रथा के कारण शूद्र, अतिशूद्र, पिछड़े वर्ग तथा अल्पसंख्यकों को सामाजिक, आर्थिक एवं राजनीतिक सुविधाओं से वंचित रहना पड़ा है। हिन्दुओं की वर्तमान सड़ी-गली सामाजिक व्यवस्था को मूलोच्छेद कर जब तक नये समाज का निर्माण नहीं किया जाता, तब तक समाज के पिछड़े वर्ग के लोगों, पीड़ितों, दलितों तथा आदिवासियों का कल्याण नहीं हो सकता है। मुट्ठी भर लोगों द्वारा परिगणित जाति के लोगों को उनके पैरों के तले दबे रहने का ज़माना लद चुका है।"

आर एल चंदापुरी 'पिछड़ा वर्ग संघ' के बैनर तले पिछड़ी जातियों के तमाम साथियों के साथ संविधान निर्माण के समय से ही संविधान में पिछड़ों के लिए विशेष अवसर और आरक्षण संबंधी धारा 340 जुड़वाने, देश में 'पिछड़ा वर्ग आयोग' के गठन, उसकी सिफ़ारिशों को देश में लागू करवाने एवं बिहार में पिछड़े वर्ग को आरक्षण दिलवाने के लिए आंदोलनात्मक कोशिशें करते आ रहे थे। इसके लिए वे संविधान सभा और डॉ. भीमराव आंबेडकर के सम्पर्क में बराबर रहे। बिहार में पिछड़ी किसान व शिल्पकार जातियों के आरक्षण के लिए वे 1952 से ही प्रयत्नशील थे। पिछड़ों के उग्र आंदोलन के कारण ही साल 1977 में बिहार के तत्कालीन मुख्यमंत्री जननायक कर्पूरी ठाकुर ने ओबीसी आरक्षण लागू किया। दक्षिण भारत में रामासामी नायकर 'पेरियार' पिछड़ों का हक़ दिलाने के लिए अनवरत संघर्षरत थे। 80 के दशक के अंत में गुजरात और तमिलनाडु में आरक्षण के विरोध में सवर्णों के तीव्र आन्दोलन हुए थे। वहीं दूसरी तरफ़ उत्तर भारत में जननायक कर्पूरी ठाकुर, रामनरेश यादव और चौधरी

ब्रह्मप्रकाश के नेतृत्त्व में पिछड़े वर्गों ने अपने वैधानिक अधिकारों के लिए दिल्ली में विशाल प्रदर्शन किया था। पिछड़ी किसान जातियों ने जमात की बात तेज़ कर दी थी।

समाजवाद के अगुआ ध्वजवाहक डॉ. राममनोहर लोहिया ने जाति तोड़ने की बात को एक आंदोलनात्मक वैचारिक आधार दिया। उन्हीं दिनों 'संयुक्त सोशलिस्ट पार्टी' (संसोपा) की तरफ़ से एक नारा निकला, जिसने सामाजिक न्याय के आंदोलन का नया अध्याय शुरू कर दिया -

"संसोपा ने बाँधी गाँठ, पिछड़े पावें सौ में साठ"

एक बार ठहरकर सोचिएगा कि अगर पिछड़ों की आबादी का तनिक भी अंदाज़ा न होता, तो क्या ऐसे किसी भी नारे का अस्तित्व संभव हो पाता? इसका एक ही जवाब है- नहीं। दरअसल साल 1931 की जनगणना ने बाद के सामाजिक और राजनैतिक आंदोलनों में आधारभूत सटीकता और सघनता पैदा कर दी। समाजवादी आंदोलन जैसे-जैसे जनता के बीच लोकप्रिय होता गया, जनवादी नारे बनते गये। हर जनसभा और रैली में ऐसे कई नारे गूँजते हुए सुनाई देते थे, उनकी एक बानगी देखिए-

राजपाट है किसके हाथ, अंग्रेज़ों और ऊँची जात,

ऊँची जात की क्या पहचान, गिटपिट बोले करे न काम,

छोटी जात की क्या पहचान, करे काम और सहे अपमान,

करखनिया दामों की क़ीमत आने ख़र्च से ड्योढ़ा हो,

अन्न के दाम की घटती-बढ़ती आने सेर के भीतर हो,

जो ज़मीन को जोते है, वो ज़मीन का मालिक है,

राष्ट्रपति का बेटा हो या चपरासी की हो संतान,
बिड़ला या ग़रीब का बेटा सबकी शिक्षा एक समान।

इन नारे की भी एक गहरी पृष्ठभूमि है। दरअसल त्रिवेणी संघ, बैकवर्ड क्लासेज़ लीग, अर्जक संघ जैसे संगठनों ने जो ज़मीन तैयार की थी, बाबू जगदेव प्रसाद कुशवाहा ने डॉ. लोहिया के नारे को और अधिक वैचारिक विस्तार देकर मान्यवर कांशीराम के सामाजिक-सांस्कृतिक आंदोलन के बहुजन के लिए एक ज़मीन तैयार कर दी।

बिहार के लेनिन कहे जाने वाले अमर शहीद जगदेव प्रसाद जी ने अपने नाम से 'कुशवाहा' हटाया। उसी दौर में ललई सिंह जी ने अपने नाम से 'यादव' हटाया। मगर सरनेम हटाने से न तो जातियाँ हटीं और न जातिवाद कहीं से कमज़ोर हुआ। सरनेम हटाकर एक जैसा 'न्यूट्रल' टाइटिल लगाकर जातिवाद ख़त्म करने की कोशिश पहले त्रिवेणी संघ ने भी की थी, जब तीस-चालीस के दशक में सभी पिछड़ी दलित जातियों के सरनेम हटाकर 'सिंह' लगाया। बाद में अस्सी-नब्बे के दशक में भी सरनेम हटाने की आंदोलनकारी कोशिशें हुईं। मगर इससे जातिगत उत्पीड़न और हमले नहीं रुके। जगदेव बाबू ने पिछड़ी दलित जातियों को गोलबंद करने के लिए 'श्रमजीवी' शब्द का प्रचलन किया। उनमें सबको जोड़ते हुए क्रांतिकारी नारा दिया था-

सौ में नब्बे शोषित हैं, शोषितों ने ललकारा है,
धन-धरती और राजपाट में, नब्बे भाग हमारा है ।

उन्हीं दिनों उत्तर प्रदेश और आस-पास के इलाक़ों में 'अर्जक संघ' के प्रणेता महामना रामस्वरूप वर्मा सक्रिय थे। उनके साथ जगदेव बाबू ने बाद के दिनों में 'शोषित समाज दल' गठित किया। 1 जून 1968 को उत्तर प्रदेश में अर्जक संघ की स्थापना के पीछे महामना रामस्वरूप वर्मा का मूल उद्देश्य एक तरफ़ पाखंड, अंधविश्वास उन्मूलन और मानववादी, तर्कवादी विज्ञानवाद की स्थापना था; तो दूसरी तरफ़ अर्जक जाति समूहों के नब्बे सैकड़ा को संगठित करते हुए, अनर्जक दस सैकड़ा के ख़िलाफ़ लामबंद कर सत्ता, संसाधन में हिस्सेदारी के सवाल को उठाना था।

रामस्वरूप वर्मा के साथ पश्चिमी यूपी के महाराज सिंह भारती अर्जक संघ के प्रमुख सिद्धांतकार व विचारक थे। दर्ज़नों किताबें लिखकर, अर्जक साप्ताहिक अख़बार निकालकर और अनगिनत कार्यक्रमों के ज़रिये 70-80 के दशक में उन्होंने वह पृष्ठभूमि तैयार करने में बड़ी भूमिका निभाई, जिसकी परिणति मंडल आंदोलन में दिखती है।

जिसमें समता की चाह नहीं, वह बढ़िया इन्सान नहीं,
समता बिना समाज नहीं, बिन समाज जनराज नहीं।
पुनर्जन्म और भाग्यवाद, इनसे जन्मा ब्राह्मणवाद,
मानववाद की क्या पहचान ब्राह्मण भंगी एक समान।

समाजवादी विचार की लड़ाई को डॉ. राममनोहर लोहिया से भी सख़्त ख़्याल से आगे बढ़ाने की मंशा रखते हुए रामस्वरूप वर्मा ने लोहिया का साथ छोड़ दिया। उसी दौर में बिहार के लेनिन जगदेव प्रसाद भी लोहिया से उखड़े हुए थे। सोशलिस्ट पार्टी के नारों में 'सौ में साठ' और टिकट वितरण में 'सौ में सात' जैसे सवालों पर ये मतभेद गहरा गये। दोनों ने राह अलगकर अपने अलग दल बनाए। बाद में इसका विलय करके 'शोषित समाज दल' बनाया गया। रामस्वरूप वर्मा यूपी की चुनावी राजनीति में हस्तक्षेप करते रहे। जगदेव प्रसाद ज़मीनी संघर्ष को भी ललकारते रहे। अपने दल की स्थापना के दिन उन्होंने कहा- 'जिस लड़ाई की बुनियाद आज मैं डाल रहा हूँ, वह लंबी और कठिन होगी। चूंकि मैं एक क्रांतिकारी पार्टी का निर्माण कर रहा हूँ, इसलिए इसमें आने और जाने वाले की कमी नहीं रहेगी, परंतु इसकी धारा रुकेगी नहीं। इसमें पहली पीढ़ी के लोग मारे जाएँगे, दूसरी पीढ़ी के लोग जेल जाएँगे तथा तीसरी पीढ़ी के लोग राज करेंगे। जीत अंततोगत्वा हमारी ही होगी।'

बिहार की पहली ग़ैर-कांग्रेसी सरकार में मंत्री रहते हुए 2 अप्रैल 1970 को जगदेव बाबू ने बिहार विधानसभा में ऐतिहासिक भाषण

दिया था, जिसमें उन्होंने शोषितों-दलितों के लिए नब्बे फ़ीसदी हिस्सेदारी की मांग की थी। उन्होंने कहा था-

'सामाजिक न्याय, स्वतंत्र और निष्पक्ष प्रशासन के लिए सरकारी, अर्द्ध सरकारी और ग़ैर-सरकारी नौकरियों में कम से कम नब्बे सैकड़ा जगह शोषितों के लिए सुरक्षित कर दी जाए।'

याद रखें कि ये नब्बे सैकड़ा की लड़ाई वही है, जिसे बुद्ध के यहाँ 'बहुजन' कहा गया है। फुले, शाहू, डॉ. आंबेडकर, पेरियार और लोहिया के यहाँ भी इसी गोलबंदी की वैचारिकी बुलंद हुई है। त्रिवेणी संघ ने दरअसल पिछड़ी किसान कमेरा श्रमजीवी जातियों की गोलबंदी में इसी नब्बे सैकड़ा की पैरोकारी की। अर्जक संघ से लेकर शोषित समाज दल तक इसी नब्बे सैकड़ा की वैचारिक लड़ाई लड़ी गई। यही वैचारिक धारा पिछड़ी और दलित जातियों के सामाजिक संबंधों के अंतर्विरोधों से भी लड़ती है और वैचारिक आधार देते हुए मंडल आंदोलन तक और पुख़्ता होती जाती है।

किसान-कामगार जातियों में सांस्कृतिक प्रतिरोध का यह नया दौर था, जो जात को जमात तक ले जाने का व्यवस्थित वैचारिक आग़ाज़ साबित हुआ। पिछड़ी जातियों ने दलित जातियों के साथ आदिवासी चेतना से भी रिश्ता क़ायम करते हुए नब्बे फ़ीसदी की बात करनी शुरू कर दी। इस दौर ने सामाजिक न्याय के दूसरे चरण की भूमिका निभाते हुए आगे के सामाजिक और राजनीतिक बदलाव की पटकथा लिख दी।

■

12

आज़ाद भारत में जनगणना

मेरा तेरा मनवा कैसे एक होईं रे

संविधान लागू होने के पहले तक संविधान सभा ही विधायी निकाय की तरह काम करती थी, क़ानून बनाती थी। उसी समय एक बेहद अहम क़ानून बना- जनगणना अधिनियम 1948। तत्कालीन गृह मंत्रालय ने सरदार बल्लभभाई पटेल की अगुआई में इसका मसौदा तैयार किया। जनगणना अधिनियम, 1948 जाति जनगणना को न तो स्पष्ट रूप से निषिद्ध करता है और न ही अनिवार्य बनाता है। यह अधिनियम केंद्र सरकार को यह वैधानिक अधिकार देता है कि वह, जनगणना के दौरान कौन-से प्रश्न पूछे जाएँ, इसका निर्धारण करे। यानी अधिनियम का ढाँचा जनगणना की प्रक्रिया और गोपनीयता तय करता है, न कि विषयवस्तु। इसी कारण जाति से संबंधित जानकारी एकत्र करना क़ानून के विरुद्ध नहीं है; यह पूरी तरह इस बात पर निर्भर करता है कि उस समय की सरकार अपनी नीतिगत प्राथमिकताओं के आधार पर इसे शामिल करना चाहती है या नहीं। इसलिए जाति जनगणना का प्रश्न मूलतः क़ानूनी नहीं, बल्कि राजनीतिक इच्छाशक्ति और नीति-निर्णय का विषय है।

इस समय एक अहम नाम उभर कर सामने आता है- पंजाबराव देशमुख। महात्मा जोतिबा फुले के सत्य शोधक समाज के अन्तर्गत अध्ययन करने वाले बैरिस्टर और प्रख्यात शिक्षाविद पंजाबराव देशमुख समानता और न्याय के पैरोकार व विचारक थे। तत्कालीन अंतरिम संसद में जब सरदार पटेल ने जनगणना का प्रस्ताव पर बहस करवाई, तो अपनी बात कहते हुए पी.एस. देशमुख ने जाति जनगणना कराए जाने का समर्थन किया था। उन्होंने तर्क दिया कि इससे यह पता चलेगा कि जनसंख्या के सभी वर्ग और क्षेत्र कमोबेश समान रूप से प्रगति कर रहे हैं या प्रगति एकतरफा है, जिससे केवल कुछ जातियों को ही लाभ मिल रहा है।

पंजाबराव देशमुख ने उस दौर में जो तर्क और तथ्य दिये, वे जाति जनगणना की अहमियत और ख़ासियत बताने के मौज़ूँ मालूम पड़ते हैं। उन्होंने कहा: "मेरे अपने प्रांत (मुंबई) में, पाँच लाख की आबादी वाले 3 प्रतिशत लोगों के पास 415 राजपत्रित पद हैं, जबकि 30 लाख की अनुसूचित जातियों के पास केवल तीन पद हैं। 12 लाख की आबादी वाले माली समुदाय के पास केवल पाँच पद हैं और 20 लाख की आबादी वाले मराठा और जुआबी समुदाय के पास केवल 12 पद हैं। यदि ऐसी स्थिति बनी रही, तो जाति-व्यवस्था के उन्मूलन के लिए लोगों के सहमत होने की उम्मीद करना अभी बहुत जल्दबाजी होगी।

यही लोग अब जाति-विहीनता के नाम पर अपना शोषण जारी रखना चाहते हैं। जनगणना सभी लोगों के लिए बहुत महत्त्वपूर्ण है, यह समय-समय पर उनकी प्रगति का आकलन करने का एक उत्कृष्ट सूचकांक है। यदि भारत को प्रगति करनी है, तो प्रगति सर्वांगीण होनी चाहिए। यह हमारा कर्तव्य है कि हम यह सुनिश्चित करें कि भारतीय आबादी का प्रत्येक वर्ग उन्नति में भागीदार हो, तभी हम यह दावा कर सकेंगे कि भारत ने प्रगति की है। इसमें कोई संदेह नहीं है कि भारत की

प्रगति असंतुलित है और शीर्ष पर बैठे लोग इस स्थिति का फायदा उठा रहे हैं।”

जाति जनगणना को लेकर, संविधान सभा और उसकी अंतरिम संसदीय भूमिका के बीच- पंजाबराव देशमुख के हस्तक्षेप को और क़ायदे से सामने लाने की ज़रूरत है। जिस समय नेहरू, पटेल जैसे नेताओं का मानना था कि आज़ाद भारत में सभी जातियों को गिनने की कोई ठोस ज़रूरत नहीं है, उस समय पंजाबराव देशमुख इस बात को और प्रभावी ढंग से उठाते हैं कि अगर राज्य को सामाजिक और आर्थिक न्याय की ज़िम्मेदारी लेनी है, तो उसे यह जानना होगा कि समाज किन-किन जातीय और वर्गीय संरचनाओं में बँटा हुआ है। डॉ. पंजाबराव देशमुख ने साफ़ तौर पर कहा कि जाति भारत की जीवित सामाजिक वास्तविकता है, कोई कोरी कल्पना नहीं। और बिना उसके आंकड़ों के समानता व सामाजिक न्याय केवल संवैधानिक घोषणा बनकर रह जाएँगे। उनका तर्क था कि नीति, आरक्षण और प्रतिनिधित्व अंधेरे में नहीं, बल्कि वास्तविक सामाजिक स्थिति और संख्या के आधार पर तय होने चाहिए। हालांकि “राष्ट्रीय एकता” और “जातिवाद बढ़ने” के नाम पर इस सोच का विरोध हुआ। नतीजतन साल 1951 के बाद (SC/ST को छोड़कर) जाति जनगणना बंद कर दी गई, जिससे उनकी चेतावनियाँ अनसुनी रह गईं।

संविधान सभा द्वारा मौलिक अधिकारों, अल्पसंख्यकों तथा जनजातीय और बहिष्कृत क्षेत्रों पर नियुक्त एक सलाहकार समिति ने 30 अगस्त 1947 को विधानसभाओं में अनुसूचित जातियों के लिए आरक्षण की सिफ़ारिश की और संविधान सभा के समक्ष अपना दृष्टिकोण व्यक्त किया। आरक्षण और पिछड़ी दलित जातियों का यह सवाल एक बार फिर संविधान सभा में उठा, तो मई 1949 में विचारों की पुष्टि की गयी। प्रस्ताव को तब संविधान सभा में रखा गया था। मद्रास राज्य विधान सभा के एक निर्वाचित सदस्य और भारत छोड़ो आंदोलन

में प्रमुख भागीदार रहे एस. नागप्पा ने आरक्षण के समर्थन में गंभीर तर्क दिये। उन्होंने कहा कि अनुसूचित जाति 'आर्थिक, राजनीतिक और सामाजिक अल्पसंख्यक' हैं, जिनके लिए आरक्षण के माध्यम से प्रतिनिधित्व सुरक्षित होना चाहिए। उन्होंने कहा था कि 'यहाँ तक कि आज भी, मैं आरक्षण के उन्मूलन के लिए तैयार हूँ, बशर्ते हर 'हरिजन'? परिवार को 10 एकड़ दलदली ज़मीन, बीस एकड़ सूखी ज़मीन मिले, हरिजनों के सभी बच्चों के लिए विश्वविद्यालय स्तर तक की शिक्षा मुफ़्त हो, और नागरिक विभागों या सैन्य विभागों में प्रमुख पदों का पाँचवाँ हिस्सा उन्हें दिया जाए।'

संयुक्त प्रांत विधानसभा से निर्वाचित मोहन लाल गौतम ने हस्तक्षेप करते हुए कहा कि यदि उनके पास ऐसी ज़मीन हो सके तो हर ब्राह्मण ऐसी भूमि के लिए हरिजन के साथ स्थानों की अदला-बदली करने को तैयार होगा। जवाब में, नागप्पा ने तर्क दिया कि एक हिंदू 'हरिजन' में तब तक परिवर्तित नहीं हो सकता, जब तक कि कोई 'दूसरों के लिए मेहतरी करने और झाड़ू लगाने के लिए तैयार न हो।' अस्पृश्यता का यह कलंक डॉ. आंबेडकर द्वारा प्रयुक्त 'मजदूरों के विभाजन' से जुड़ा हुआ है, जो उनके आजीवन सामाजिक, शैक्षणिक और आर्थिक पिछड़ेपन के लिए ज़िम्मेदार है। संविधान सभा में अनुसूचित जातियों के लिए आरक्षण के केंद्र में यही मुद्दा था। यह आरक्षण सामाजिक रूप से हाशिए पर खड़े वर्गों का प्रतिनिधित्व प्राप्त करने के लिए है, राज्य की सेवाओं में आरक्षण पर संविधान सभा में बहस का आधार भी यही था।

आरक्षण के कुछ विरोधियों ने सामाजिक पिछड़ेपन के उपचार के रूप में आरक्षण को लागू करने के खिलाफ तर्क दिया, लेकिन यह विरोध लाभार्थियों की श्रेणी को लेकर नहीं था। अल्पसंख्यकों के बारे में बनी उप-समिति के प्रमुख एच.सी. मुखर्जी की राय थी कि पिछड़े समूहों के लिए उपयुक्त उपाय राजनीतिक सुरक्षा के नहीं बल्कि आर्थिक

हैं। मुस्लिम लीग से संयुक्त प्रांत विधानसभा के एक निर्वाचित सदस्य जेड. एच. लारी ने तर्क दिया कि धार्मिक अल्पसंख्यकों और अनुसूचित जातियों के प्रतिनिधित्व को आनुपातिक प्रतिनिधित्व की प्रणाली, यानी बहु-सदस्य निर्वाचन क्षेत्रों में संचयी वोटों की गिनती करने के माध्यम से सुरक्षित किया जाना चाहिए न की आरक्षण के जरिए।

जाति के आधार पर लाभार्थियों के वर्गीकरण के विरोध में उस समय दो आवाजें थीं, संयुक्त प्रांत के सदस्य महावीर त्यागी और मद्रास के एक प्रोफ़ेसर और धर्मशास्त्री जेरोम डिसूजा। वर्ग-आधारित आरक्षण के मुखर प्रस्तावक त्यागी ने तर्क दिया कि अल्पसंख्यकों का वर्गीकरण आर्थिक आधार पर होना चाहिए। इसका आधार ऐसी 'नौकरी' हो, जिससे जीविका चलाने के लिए पर्याप्त कमाई नहीं होती है। त्यागी ने कहा कि, 'मैं समुदाय के आधार पर अल्पसंख्यकों में विश्वास नहीं करता, लेकिन आर्थिक आधार पर, राजनीतिक आधार पर और वैचारिक आधार पर अल्पसंख्यकों का अस्तित्व होना चाहिए।' 'मैं यह सुझाव दूंगा कि अनुसूचित जाति के स्थान पर, भूमिहीन मजदूर, मोची या इसी तरह का काम करने वाले लोगों को जिनकी कमाई जीवन जीने के लिए अपर्याप्त है, उन्हें विशेष आरक्षण दिया जाना चाहिए ...मोचियों, धोबियों और इसी तरह के अन्य वर्गों को आरक्षण के माध्यम से अपने प्रतिनिधि भेजने दीजिए क्योंकि यही लोग हैं , जिन्हें वास्तव में कोई प्रतिनिधित्व नहीं मिलता है...' आर्थिक आरक्षण के लिए त्यागी का मामला 103वें संविधान संशोधन से भिन्न है, क्योंकि वे पिछड़ेपन के संकेतक के रूप में आय या संपत्ति पर भरोसा नहीं करते थे। उनका विचार व्यवसायिक समुदायों और मजदूरों के वर्गों पर केंद्रित था।

डिसूजा का तर्क था कि किसी व्यक्ति की जाति या धर्म का आरक्षण के लिए विशेष आधार नहीं होना चाहिए। इसके बजाए, 'निस्संदेह सामाजिक परिवेश को ध्यान में रखते हुए, व्यक्तिगत रूप से पिछड़े और ज़रूरतमंद' को दिया जाना चाहिए। डिसूजा ने कहा, "एक आदमी को इसलिए सहायता

दी जानी चाहिए क्योंकि वह ग़रीब है, क्योंकि उसकी पैदाइश और परवरिश ने उसे सामाजिक, राजनीतिक और शैक्षिक रूप से प्रगति करने का अवसर नहीं दिया।' बाद में मंडल आयोग की रिपोर्ट में उल्लेख किया गया है कि पिछड़े वर्गों की पहचान करने में जाति के बजाए आर्थिक मापदंड का उपयोग 'भारतीय समाज में सामाजिक पिछड़ेपन की उत्पत्ति की अनदेखी है।'

सदन का अंतिम वोट जाति के सामाजिक पिछड़ेपन के आधार पर आरक्षण के पक्ष में था। जनवरी 1950 में, संविधान को अपनाया गया था, जिससे सरकार को अनुसूचित जाति, जनजाति और सामाजिक रूप से पिछड़े वर्ग के लोगों के लिए आरक्षण देने की अनुमति मिली, जिनका राज्य की सेवाओं में अपर्याप्त प्रतिनिधित्व था। राज्य को लोक सभा और राज्य विधानसभाओं में अनुसूचित जाति या अनुसूचित जनजाति के उम्मीदवारों के लिए उस राज्य विशेष में रहने वाले अनुसूचित जाति या अनुसूचित जनजातियों की आबादी के अनुपात में भी सीटें आरक्षित करने की आवश्यकता थी। भारतीय संविधान का दृष्टिकोण यह था कि आरक्षण संरचनात्मक, सामाजिक पिछड़ेपन के कारण पीछे रह गए राजनीतिक अल्पसंख्यकों यानी एससी, एसटी और साथ ही साथ नागरिकों के अन्य वर्गों के लिए प्रतिनिधित्व सुनिश्चित करने के लिए एक उपकरण होगा।

अगले साल, पिछड़ेपन की पहचान के रूप में आर्थिक मानदंडों का उपयोग करने का सवाल फिर से उठा। मई 1951 में, संविधान में राज्य को "नागरिकों के किसी भी सामाजिक और शैक्षणिक रूप से पिछड़े वर्गों की उन्नति के लिए या अनुसूचित जाति और अनुसूचित जनजातियों के लिए विशेष प्रावधान" करने की शक्ति प्रदान करने के लिए संशोधन किया गया। सामाजिक पिछड़ेपन को दूर करने के लिए संविधान सभा के विचारों पर ही पूर्व प्रधान मंत्री जवाहरलाल नेहरू ने तर्क दिया कि संशोधन ने "उन सभी अनंत विभाजनों को समाप्त करने की आवश्यकता पर काम किया है जो हमारे सामाजिक जीवन या सामाजिक संरचनाओं में

विकसित हो गए हैं ...हम उन्हें किसी भी नाम से पुकार सकते हैं। आप उसे जाति व्यवस्था या धार्मिक विभाजन, जो कहना पसंद करें।"

वकील और अर्थशास्त्री केटी शाह ने, जो सलाहकार समिति के सदस्य थे, प्रस्तावित संशोधन में पिछड़ेपन को निर्धारित करने के लिए सामाजिक और शैक्षिक मानदंडों पर निर्भर होने और आर्थिक-मापदंड पर निर्भर न होने की आलोचना की। शाह ने लाभार्थियों के रूप में "नागरिकों के वर्ग" को वर्गीकृत करने और व्यक्तिगत नागरिकों को नहीं करने पर सवाल उठाया। उन्होंने कहा कि नागरिकों के सामाजिक और शैक्षणिक रूप से पिछड़े वर्गों की उन्नति के प्रावधान से भारत के ग़रीब नागरिकों के लिए कोई फ़ायदा नहीं होगा। जवाब में, नेहरू ने घोषणा की, कि सामाजिक पिछड़ेपन को दूर किया जाना आर्थिक विचारों सहित संचित कारकों का एक परिणाम था। विशेष रूप से "आर्थिक" पिछड़ेपन को सूचीबद्ध करने से "यह एक तरह की संचयी बात नहीं बनेगी, बल्कि ये कहें कि कोई व्यक्ति, जिसमें इनमें से किसी भी चीज़ की कमी है, उसकी मदद की जानी चाहिए।" इन बहसों में, यह स्पष्ट हो गया कि केवल संरचनात्मक पिछड़ेपन, जिसमें सामाजिक, शैक्षणिक और आर्थिक पिछड़ापन संचयी रूप से शामिल है, संवैधानिक प्रावधानों द्वारा हटाए जाएँगे। लोगों के समूहों द्वारा सामूहिक रूप से अनुभव किए जाने वाले सामाजिक पिछड़ेपन के विपरीत, जो पिछड़ापन एक व्यक्ति से दूसरे व्यक्ति में भिन्न है, केवल आर्थिक पिछड़ेपन के रूप में प्रकट होता है, उसे विशेष प्रावधानों या आरक्षणों द्वारा संवैधानिक रूप से विस्मृत नहीं किया जाना था।

1951 का संशोधन, राज्य द्वारा संचालित या सहायता प्राप्त शैक्षणिक संस्थानों में अनुसूचित जातियों और अनुसूचित जनजातियों के लिए आरक्षण, शुल्क छूट या रियायत के आधार पर किया गया था। इस तरह के उपायों के बारे में सोच यह थी कि सेवाओं और विधानसभाओं में राजनीतिक अल्पसंख्यकों का प्रतिनिधित्व केवल तभी हो सकता है,

जब प्रतिनिधित्व के इसी तर्क से शैक्षणिक संस्थानों तक उनकी पहुँच नियंत्रित होती हो।

दरअसल आज़ाद भारत में जाति जनगणना नहीं होगी; इसके पीछे बुनियादी तर्क यह रहा कि हम जातियाँ गिनेंगे, तो जातिवाद बढ़ जाएगा। नया भारत जातिवाद से मुक्त हो, इसके लिए यह चुन लिया गया कि जातियाँ नहीं गिनेंगे। हालांकि यह अधूरा सच है। केवल पिछड़ी और सवर्ण जातियों की गिनती बंद हुई। दरअसल 1951 की जनगणना से आज़ाद भारत अनुसूचित जाति और अनुसूचित जनजाति की गिनती करता आ रहा है। इसके पीछे यह तर्क दिया गया कि चूँकि हमें अनुसूचित जाति और जनजाति को उनकी आबादी के अनुपात में आरक्षण दिया है, इसके लिए ज़रूरी है कि उनकी जातियाँ गिनी जाएँ। यहाँ विरोधाभास यह है कि कालांतर में जब जाति जनगणना के आधार पर एससी और एसटी की आबादी बढ़ती गई, तो उनका आरक्षण क्यों नहीं बढ़ाया गया? और अगर आरक्षण का आबादी की गिनती से कोई सीधा रिश्ता नहीं है, तो इनकी गिनती क्यों की जाती है? और जिस तर्क से इन्हें गिना जा रहा था, उसी तर्क से कालांतर में ओबीसी की गिनती क्यों नहीं संभव है?

दरअसल जातियों को गिनने से जातिवाद बढ़ता है, यह तर्क ही अपने आप में हास्यास्पद है। 1947 में लाखों लोगों के मारे जाने और विस्थापित होने से लेकर दंगे मारकाट का दंश झेल रहा देश, ये फ़ैसला करता है कि जनगणना में धर्म गिना जाएगा। जिस पहचान से बँटवारे की खाई बढ़ने के अंदेशे ने जातिवार जनगणना को बंद करवाया, वे धार्मिक जनगणना को क्यों नहीं रोक सके? चालीस और पचास के दशक में ही सांप्रदायिक दंगों में मारे गये लोगों की संख्या लाखों में थी। करोड़ों लोगों को विस्थापन और भेदभाव का शिकार होना पड़ा। बावजूद इसके जनगणना में धर्म की गिनती होना इस बात का सबूत है कि जातिवाद और जाति जनगणना का सीधा कोई रिश्ता नहीं था।

उन्हीं दिनों भारत आंतरिक रूप से भाषाई झगड़े में बुरी तरह उलझता जा रहा था। भाषा के आधार पर उत्तर से लेकर दक्षिण तक, पूरब से लेकर पश्चिम तक भारत तनाव में था। आज़ादी के ठीक बाद ही भाषाई आंदोलन तेज़ हो गये थे। तमिल-तेलगू तनाव के बीच पोट्टी श्रीरामुलू की 56 दिनों की भूख हड़ताल के बाद मृत्यु हो गई। इससे तेलुगु भाषी क्षेत्रों में व्यापक दंगे फ़ैल गए। श्रीरामुलु की मृत्यु के बाद विरोध प्रदर्शनों की तीव्रता ने तत्कालीन प्रधानमंत्री जवाहरलाल नेहरू को सिर्फ़ तीन दिनों के बाद आंध्र राज्य बनाने की घोषणा करने के लिए मजबूर कर दिया। संसद ने बाद में सितंबर 1953 में आंध्र राज्य अधिनियम पारित किया, जिससे 1 अक्टूबर, 1953 को आंध्र राज्य का औपचारिक निर्माण हुआ। वहीं दूसरी तरफ़ पश्चिमी भारत से लेकर पूर्वोत्तर तक भाषाई तनाव मौजूद था। बावजूद इसके भाषा का गिना जाना भी इस बात का पुख़्ता सबूत पेश करता है कि गिनने का- बँटवारे या तनाव बढ़ने से कोई रिश्ता नहीं है। फिर ये सवाल जाति पर ही क्यों आरोपित हुआ? पिछड़े वर्गों और सवर्ण तबके की जातियों को गिनना बंद कर दिया गया।

पिछड़ों के न्याय, अधिकार और संपन्नता के लिए आयोग बनाने की बात आप पिछले अध्याय में पढ़ चुके हैं। अब उसके आगे एक बड़ा ऐतिहासिक अध्याय आता है, जब पिछड़े वर्गों को न्याय और अधिकार दिलाने के लिए किए गये वायदे को केंद्र की कांग्रेस सरकार ने मानने में दिलचस्पी नहीं दिखाई। जिससे नाराज़ होकर डॉ. आंबेडकर ने मंत्रिमंडल से इस्तीफ़ा दे दिया। यह कहानी बड़ी दिलचस्प है।

बाबा साहब डॉ. भीमराव आंबेडकर ने 10 अक्टूबर 1951 को नेहरू-मंत्रिमंडल से इस्तीफ़ा देते हुए एक लंबा और बेहद अहम ख़त लिखा था। हिंदू कोड बिल व अनुसूचित जातियों और जनजातियों को लेकर सरकार के रवैये और संसद व सरकार के कामकाज़ से वे बेहद ख़फ़ा थे। उनकी असंतुष्टि न तो निजी थी और न ही आग्रही। वे भारत को

मुकम्मल मुल्क बनाने के उस सपने के लिए ख़फ़ा थे, जिसकी चेतावनी उन्होंने 25 नवम्बर 1949 के संविधान सभा के आख़िरी भाषण में दे दी थी। यह भाषण इस लिहाज़ से बेहद अहम है, क्योंकि इसमें इस्तीफ़े की बड़ी वजहों में पिछड़े वर्गों के लिए जिस आयोग के बनाने की बात संविधान के अनुच्छेद 340 में दर्ज है, उससे वह कहानी शुरू होती है, जिसकी परिणति पिछड़े वर्ग आयोगों की सिफ़ारिशों में होती है कि जाति जनगणना होनी चाहिए। जाति जनगणना की यह लड़ाई इतनी बुलंद होने में जितनी भूमिका पिछले दो तीन सौ वर्षों में हुए संघर्षों ने निभाई, उससे ज़्यादा सघन और तेज़ भूमिका अगले दो तीन दशकों में निभाई जाने की पटकथा लिख दी थी डॉ. आंबेडकर ने अपने इस्तीफ़े वाले इस हिस्से में-

"अब मैं एक और मामले का जिक्र करूँगा, जिसने मुझे सरकार से असंतुष्ट कर दिया था। यह पिछड़े वर्गों और अनुसूचित जातियों के साथ किए जाने वाले व्यवहार से संबंधित है। मुझे इस बात का बहुत दुःख है कि संविधान में पिछड़े वर्गों के लिए कोई सुरक्षा उपाय शामिल नहीं किए गए थे। यह कार्य राष्ट्रपति द्वारा नियुक्त आयोग की सिफ़ारिशों के आधार पर कार्यपालिका सरकार पर छोड़ दिया गया था। संविधान पारित हुए एक वर्ष से अधिक समय बीत चुका है, लेकिन सरकार ने आयोग की नियुक्ति के बारे में सोचा तक नहीं है।"[1]

भारतीय इतिहास के इस सबसे अहम मोड़ पर कुछ अदृश्य-सी वजहों और कुछ ठोस धारणाओं के चलते साल 1951 से नियमित होने वाली जनगणना में सार्वभौमिक जाति जनगणना न कराए जाने का फ़ैसला लिया जा चुका था। ग़ौरतलब है कि आबादी के अनुपात में आरक्षण की संवैधानिक व्यवस्था के चलते अनुसूचित जाति और अनुसूचित जनजाति की जातिवार जनगणना जारी रही। पिछड़ी जातियों को लेकर अभी बहुत

1 अंबेडकर के लेखन, खंड 14, भाग दो, पृष्ठ 1317-1327

कुछ होना बाक़ी था। संवैधानिक प्रावधानों में पिछड़े वर्ग के लिए कई बड़े फ़ैसले होने थे, न हो सके, इसलिए पिछड़ी जातियों की गिनती का प्रश्न स्थगित हो गया। संविधान लागू होने के ठीक बाद से अनवरत आज तक इसकी ज़रूरत बनी हुई है। यह इस बात को साबित करता है कि साल 1951 से जनगणना में जातियों को न गिने जाने का मसला अव्यवहारिक साबित हुआ। किताब के अगले कुछ पन्ने सबूत के बतौर कई कहानियों से इस बात को पुख़्ता करते दिखाई देंगे। पहले पिछड़ा वर्ग आयोग से लेकर राज्य के पिछड़े वर्ग आयोगों ने भी इसके उलट सिफ़ारिशें कीं।

नतीजतन यह तर्क और नज़रिया हवा-हवाई साबित हुआ कि जातियों के न गिनने से जातिवाद ख़त्म हो जाएगा। जबकि हुआ यह कि नीतिगत फ़ैसलों और समावेशी विकास की बुनियाद रखने के आग़ाज़ के समय ही सबसे बड़ी चूक हो चुकी थी। इसके बाद की कहानियाँ इस चूक को साबित करेंगी। भारत की सबसे बड़ी बीमारी को जाँचने-परखने की बजाए कपड़े से ढकने की सोच हानिकारक साबित हुई। आज हम उसका ख़ामियाज़ा इस अर्थ में भुगत रहे हैं कि जातिवाद अपने नये हाथ-पैर पसारता गया और संसाधनों और अवसरों में समता का विचार संविधान के मूल अधिकारों के पन्नों में ही उलझ गया।

■

13

पिछड़ा वर्ग की करवटें

आज़ाद भारत संविधान रुपी नई आँखों से नया सपना देख रहा था। संविधान ने प्रजा को जनता बना दिया था। जनता अपनी पहली लोकतांत्रिक सरकार का अनुभव लेना शुरू कर चुकी थी। भारत का संविधान उन ख़्वाबों की अगुआई कर रहा था कि अब नया भारत सबका बराबर का राष्ट्र बने। मनुस्मृति और मनु के तत्कालीन वारिसों के ख़्वाब को सिरे से ख़ारिज करते हुए संविधान समानता, न्याय और बंधुता की एक उम्मीद बनकर सामने आया था। उसी संविधान के ज़रिये सांप्रदायिकता के दाग पर सेकुलरिज्म का मरहम तैयार किया गया था। सदियों से अंधेरे में क़ैद हाशिए के भारत को रौशनी मिली थी। दुनिया के इस सबसे ख़ूबसूरत संविधान का भी एक ख़ेमा 'विदेशी' और 'अभारतीय' कहकर विरोध कर रहा था। उन्हें न तो तिरंगा क़बूल था और न संविधान। उनके दिल में यह पीड़ा थी कि जनता के राज से मनुस्मृति वाला राज एक दिन ख़ारिज हो जाएगा। उनका सदियों का वर्चस्व दरक रहा था। संविधान सभा के शानदार लोगों ने इतिहास का रुख़ मोड़ दिया था।

डॉ. आंबेडकर के मंत्रिमंडल से इस्तीफे के दो वर्षों बाद ही पिछड़े वर्गों के उत्थान के लिए पहला पिछड़ा वर्ग आयोग काका कालेलकर की

अगुआई में गठित किया गया। राष्ट्रपति द्वारा 29 जनवरी, 1953 को इसकी स्वीकृति प्रदान की गई। सरकार द्वारा आयोग को निर्देश दिया गया कि वह कुछ ऐसी कसौटियों का निर्धारण करे, जिसके द्वारा यह पहचान की जा सके कि सामाजिक एवं शैक्षणिक दृष्टि से वे कौन से जाति समूह हैं, जिन्हें पिछड़े वर्गों में शामिल किया जाए तथा इनकी समस्याओं और कठिनाइयों का भी पता लगाया जाए कि ये किस कारण पिछड़े हुए हैं। इस आयोग में शिवदयाल सिंह चौरसिया जैसे शानदार सदस्य रहे। साथ ही चंद्रिका प्रसाद 'जिज्ञासु' जैसे पिछड़े वर्ग के हिमायती लोगों का गहरा प्रभाव भी रहा। काका कालेलकर आयोग ने दो वर्ष में अपने कार्य को पूरा कर 30 मार्च, 1955 को रिपोर्ट प्रस्तुत की। अपनी रिपोर्ट में आयोग ने 2,399 जातीय समुदायों को 'पिछड़े वर्गों' के अन्तर्गत सम्मिलित किया। आयोग द्वारा सबसे ख़ास और सबसे ज़रूरी सिफ़ारिश की गई कि-

"1961 की जनगणना जाति आधारित होनी चाहिए।"

ध्यान रहे कि 1951 की जनगणना से यह निर्णय लिया गया कि जाति जनगणना नहीं की जाएगी। मगर पहला पिछड़ा वर्ग आयोग ही इस बात को सिरे से ख़ारिज करते हुए 1961 की जनगणना को जाति आधारित करने की सिफ़ारिश करता है। जाति जनगणना अगर वाक़ई जातिवाद को बढ़ाने और खाई पैदा करने वाली होती, तो पहला राष्ट्रीय पिछड़ा वर्ग आयोग उसकी सिफ़ारिश क्यों करता? क्योंकि आँकड़ों के बिना न तो राष्ट्रीय स्तर पर पिछड़ों की पहचान हो सकती है और न ही संसाधन की गणना।

पहले पिछड़े वर्ग की सिफ़ारिशें तो लागू नहीं हुईं, मगर उनका असर बहुत गहरा और व्यापक हुआ। इसके बाद ही केन्द्र सरकार द्वारा राज्यों को यह निर्देश दिया गया कि पिछड़े वर्गों को अपने स्तर पर सर्वेक्षण कराकर वास्तविक संख्या और आवश्यक सुविधाएँ उपलब्ध कराएँ।

इस प्रकार पहले पिछड़े वर्ग आयोग की सिफ़ारिशों को केन्द्र सरकार ने प्रादेशिक राजनीति का मुद्दा बना दिया। केंद्र सरकार ने निर्णय लिया कि पिछड़े वर्गों की कोई अखिल भारतीय सूची तैयार नहीं की जाएगी और न ही अनुसूचित जाति और अनुसूचित जनजाति के अलावा किसी अन्य पिछड़े वर्ग के लिए केंद्रीय सरकारी सेवा में कोई आरक्षण प्रदान किया जाएगा। नतीजतन, 14 अगस्त, 1961 को गृह मंत्रालय ने सभी राज्य सरकारों को संबोधित करते हुए कहा-

"यद्यपि राज्य सरकारों को पिछड़ेपन को परिभाषित करने के लिए अपने मानदंड चुनने का विवेक है, लेकिन भारत सरकार के विचार में जाति के आधार पर निर्णय लेने की बजाए आर्थिक परीक्षण लागू करना बेहतर होगा।"

पिछड़े वर्गों की सूची तैयार करने के संबंध में यह कहा गया, "यदि केंद्र सरकार अनुच्छेद 338(3) के अंतर्गत कुछ समूहों को 'अन्य पिछड़ा वर्ग' के रूप में निर्दिष्ट भी करती है, तब भी प्रत्येक राज्य सरकार अनुच्छेद 15 और 16 के प्रयोजनों के लिए अपनी सूचियाँ तैयार करने के लिए स्वतंत्र होगी। अतः चूंकि राज्य सरकारें अपनी सूचियों का पालन कर सकती हैं, इसलिए केंद्र सरकार द्वारा तैयार की गई किसी भी अखिल भारतीय सूची का कोई व्यावहारिक उपयोग नहीं होगा।"

इसके प्रभाव में भारत के सभी राज्यों ने अपने स्तर पर पिछड़े वर्ग के लिए आयोगों का गठन किया, जिन्होंने राज्य स्तर पर कई जगह जाति जनगणनाएँ करवाकर सिफ़ारिशें दीं या पूर्व की जाति जनगणना के आँकड़े को आधार बनाया। आगे के क़िस्से ये साबित करते हैं कि जाति जनगणना न होने से नीति निर्धारण की बुनियाद कितनी मुश्किल भरी होती चली गई। जाति जनगणना का एक महामार्ग बंद करने के चलते जाने कितनी गलियाँ, चकरोट या कच्चे रास्ते खोदने पड़े। फिर भी मुक़ाम हासिल न हो सका। राज्यों पर थोपकर केंद्र ने जिस ज़िम्मेदारी से पलायन

किया, वह बाद के दिनों में उसे और मुश्किल में डालने वाला साबित हुआ। फ़िलहाल राज्य स्तर पर हुई कई कोशिशों में से कुछ ऐतिहासिक कोशिशों को जान लेते हैं।

आंध्र प्रदेश सरकार ने उन दिनों एक बड़ा फ़ैसला लिया। राज्य के मेडिकल कॉलेजों में पिछड़े वर्गों के लिए आरक्षित सीटों पर उम्मीदवारों के चयन के उद्देश्य से दिनांक 21 जून, 1963 को 139 जातियों को सामाजिक और शैक्षणिक रूप से पिछड़े वर्गों के रूप में चिह्नित किया। इस सूची को न्यायालय ने इस आधार पर ख़ारिज कर दिया था कि पिछड़े वर्गों की गणना केवल जाति के आधार पर की गई थी। तब तक पिछड़ेपन की पहचान के ठोस आधार को लेकर एक भ्रम की स्थिति बन चुकी थी।

सरकार ने एक बार फिर सामाजिक और शैक्षणिक रूप से पिछड़े माने जाने वाले 112 समुदायों की सूची तैयार की और उन्हें सरकारी आदेश के तहत अधिसूचित किया, जिसमें व्यावसायिक कॉलेजों और सरकारी सेवाओं दोनों में आरक्षण का प्रावधान किया गया था। सर्वोच्च न्यायालय ने आंध्र प्रदेश राज्य और अन्य बनाम पी. सागर मामले में इस सरकारी आदेश को इस आधार पर रद्द कर दिया कि तैयार की गई सूची स्पष्ट रूप से जाति और समुदाय पर आधारित थी, जिसमें समाज के सामाजिक और शैक्षणिक रूप से पिछड़े वर्गों को निर्धारित करने के लिए न्यायालयों द्वारा अपनाए गए मानदंडों को ध्यान में नहीं रखा गया था। सर्वोच्च न्यायालय का मत था कि सरकारी सेवाओं में काम कर रहे व्यक्तियों को पिछड़े वर्ग के रूप में वर्गीकृत करने से पहले न तो कोई उचित जाँच की गई और न ही कोई महत्त्वपूर्ण डेटा एकत्र किया गया।

इसके बाद आंध्र प्रदेश सरकार ने सरकारी आदेश द्वारा दिनांक 12 अप्रैल, 1968 को अधिनियम, 1952 के तहत एक जाँच आयोग का गठन किया, जिसका उद्देश्य यह निर्धारित करना था कि आंध्र प्रदेश राज्य में किसी भी वर्ग (अनुसूचित जाति और अनुसूचित जनजाति के अलावा) को सामाजिक और शैक्षिक रूप से पिछड़े वर्ग के रूप में माना जा सकता है

या नहीं। साथ ही निर्धारित मानदंडों के अनुसार पिछड़े वर्ग की एक सूची तैयार करना, जिसमें उनकी अनुमानित संख्या और उनका क्षेत्रीय वितरण भी शामिल हो। आयोग की ज़िम्मेदारी ऐसे सभी सामाजिक और शैक्षिक रूप से पिछड़े वर्गों की स्थिति और उनकी कठिनाइयों की जाँच करना; और सरकार द्वारा उनके उत्थान और उनके शैक्षिक और आर्थिक हितों को बढ़ावा देने के लिए विशेष प्रावधानों के संबंध में सिफ़ारिशें करना थी।

इस आयोग को अनंतरामन आयोग के नाम से जाना जाता था। इस आयोग ने 20 जून, 1970 को अपनी रिपोर्ट पेश की। आयोग ने 93 वर्गों को सामाजिक और शैक्षणिक रूप से पिछड़े वर्गों के रूप में वर्गीकृत करते हुए उनकी एक सूची तैयार की। व्यावसायिक कॉलेजों में 30% सीटों और सरकारी सेवाओं में समान प्रतिशत पदों के लिए उनके पक्ष में आरक्षण की सिफ़ारिश की। सरकार ने इस आयोग की सिफ़ारिशों को स्वीकार कर लिया और 23 सितंबर, 1970 को सरकारी आदेश संख्या 1793 जारी किया। हालांकि, सरकार ने शैक्षणिक संस्थानों और सेवाओं दोनों में आरक्षण का कोटा 25% तक सीमित कर दिया। इस आयोग ने सामाजिक और शैक्षणिक पिछड़ेपन के निर्धारण के लिए उच्च न्यायालयों और सर्वोच्च न्यायालय द्वारा सुझाए गए सामान्य सिद्धांतों का गहन अध्ययन और विश्लेषण किया और यह निर्धारित किया कि सामाजिक पिछड़ेपन और शैक्षणिक पिछड़ेपन के निर्धारण के लिए कुछ ठोस बुनियादी आधार तय होने चाहिए। इसने सामाजिक पिछड़ेपन का आकलन करने के लिए निम्नलिखित मानदंडों को निर्धारित किया-

1. वर्ग या समुदाय की समग्र सामान्य ग़रीबी
2. नागरिकों के उन वर्गों द्वारा किया जाने वाला व्यवसाय जिनकी प्रकृति निम्न या अशुद्ध या अशोभनीय और अलाभकारी हो या जिसमें प्रभाव या शक्ति न हो
3. हिंदुओं के संबंध में जाति।

पिछड़ा वर्ग आयोग को कई मुस्लिम संगठनों और व्यक्तिगत मुसलमानों से अनेक आवेदन मिले, जिनमें मुसलमानों के कुछ उप-समुदायों को पिछड़े वर्गों की सूची में शामिल करने का आग्रह किया गया था। आपको इसे पढ़ते हुए एक बार फिर से मोमिन कॉन्फ्रेंस के अब्दुल क़यूम अंसारी जी और उनके मुहिम की याद आएगी। मुसलमानों में धार्मिक पहचान बनाम जाति का सवाल मौजूँ है, जिसे हम आगे और क़ायदे से समझाने की कोशिश करेंगे।

आंध्र प्रदेश में अनंतरामन आयोग के सामने विधानसभा के एक सदस्य ने दावा किया कि 90% मुसलमान वास्तव में पिछड़े हैं और इसलिए, संपूर्ण मुस्लिम समुदाय को पिछड़ा वर्ग के रूप में वर्गीकृत किया जाना चाहिए। विधानसभा के एक अन्य प्रतिनिधि ने निवेदन किया कि पूरे भारत में मुसलमान सामाजिक और शैक्षिक रूप से पिछड़े हैं और इसलिए, उन्हें सामाजिक और शैक्षिक रूप से पिछड़े वर्गों के रूप में वर्गीकृत किया जाना चाहिए। इन पर विचार करने के बाद आयोग ने पाया कि इस राज्य में मुसलमान एक वर्ग के रूप में सामाजिक और शैक्षिक रूप से पिछड़े नहीं हैं, क्योंकि किसी भी समुदाय से आने वाले सभी मुसलमानों को समान माना जाता है। इसके आधार पर एक यह विश्लेषण सामने आया कि मुसलमानों में पारंपरिक भेद मौजूद नहीं था। कुछ परिवार अपने पूर्वजों द्वारा चुने गए व्यवसाय को जारी रखे हुए हैं, जिन्हें आमतौर पर उनके व्यापारिक नाम जैसे- दुदेकुला, कसाब, दर्जी, मोमिन, मोची आदि से पुकारा जाता है। हालांकि, धीरे-धीरे, ऐतिहासिक और अन्य कारणों से, ऊँच-नीच की भावना मुस्लिम समाज में भी व्याप्त हो गई है। धर्मांतरण की प्रक्रिया के साथ कुछ व्यवसायों को मुसलमानों में भी हीन माना जाने लगा है और आज मुसलमानों में कुछ विशिष्ट वर्ग हैं, जो व्यवसाय और ग़रीबी के कारण सामाजिक हीनता से पीड़ित हैं। इसलिए, मुसलमानों में सामाजिक पिछड़ेपन का निर्धारण उनके वंशानुगत व्यवसाय और ग़रीबी के संदर्भ में किया जाना चाहिए, न कि

जाति के संदर्भ में। हालांकि बाद में इस पर गहरे सवाल खड़े हुए कि मुसलमानों में जाति का प्रश्न इतना इकहरा नहीं है।

उक्त परीक्षण और मानदंड को लागू करते हुए, आयोग ने मुसलमानों के दो वर्गों- पहला, मेहतर (सफ़ाईकर्मी) और दूसरा, दुदेकुला (लद्दाफ पिंजारी या नूरबाश) को सामाजिक और शैक्षिक रूप से पिछड़ा माना। आयोग ने पाया कि इनमें से अधिकांश मुसलमान निचली जाति से धर्म परिवर्तन करके आए हैं। उनका पारंपरिक व्यवसाय कपास की निराई, पलंग और तकिए बनाना, नवार बुनना आदि था। मुसलमानों के इस समुदाय को अन्य वर्गों द्वारा भी नीची दृष्टि से देखा जाता है। यह शैक्षिक रूप से बहुत पिछड़ा हुआ है। अनंतरामन आयोग ने पाया कि उनका मामला पिछड़े वर्गों में शामिल किए जाने योग्य है।

दिनांक 23 सितंबर, 1970 के सरकारी आदेश, पत्र संख्या 1793 की वैधता एक बार फिर चुनौती का विषय बन गई। अंततः इसका परिणाम 'आंध्र प्रदेश राज्य और अन्य बनाम यूएसवी बलराम' के मामले में सर्वोच्च न्यायालय के निर्णय में हुआ। सर्वोच्च न्यायालय ने पाया कि पिछड़ा वर्ग आयोग की रिपोर्ट में उल्लिखित प्रासंगिक आंकड़े और सामग्री उसके निष्कर्ष को उचित ठहराते हैं। सर्वोच्च न्यायालय ने इस बात पर संतुष्टि जताई कि पिछड़ा वर्ग आयोग ने विभिन्न क्षेत्रों का दौरा किया और लोगों की झोपड़ियों और बस्तियों में जाकर उनकी वास्तविक स्थिति का पता लगाया। विस्तृत जाँच के बाद इकट्ठा की गई सामग्रियों को पुष्ट करने के लिए पिछड़ा वर्ग आयोग द्वारा एकत्रित व्यक्तिगत धारणाओं का उपयोग करने में कोई आपत्ति नहीं थी। सर्वोच्च न्यायालय ने पिछड़ा वर्ग आयोग द्वारा किसी विशेष जाति/समूह को सामाजिक और शैक्षिक रूप से पिछड़ा वर्ग के रूप में वर्गीकृत करने के लिए अपनाए गए मानदंडों को बरकरार रखा। पिछड़े वर्गों की पहचान के लिए अपनाए गए मानदंड, एमआर बालाजी बनाम मैसूर राज्य के मामले में सर्वोच्च न्यायालय द्वारा प्रतिपादित परीक्षण के अनुरूप पाए गए।

इस विस्तृत कहानी के ज़रिये हमने तथ्य तर्क और प्रमाणों के साथ ये देखा कि जातिगत पहचान का सवाल कितना गहरा है और आज़ादी के बाद भी इसे लेकर बहस जारी है। पहचान को निर्धारित करना किसी भी नीति नियंता की पहली शर्त है। इसी तर्क को और व्यावहारिक होते हुए हम आगे की कई बहसों और राज्य पिछड़ा वर्ग आयोगों का इतिहास जानेंगे।

गुजरात सरकार ने ए. आर. बख्शी की अध्यक्षता में अगस्त 1972 में पिछड़ा वर्ग आयोग का गठन किया। इसमें 10% सीटों पर आरक्षण की सिफ़ारिश की गई । जम्मू कश्मीर सरकार ने फरवरी 1969 में जे.एन. वजीर की अध्यक्षता में पिछड़ा वर्ग समिति का गठन किया और 42% आरक्षण की सिफ़ारिश की। अगस्त 1972 में कर्नाटक सरकार ने भी एल.जी. इवानूर की अध्यक्षता में पिछड़ा वर्ग आयोग का गठन किया। इसमें 41.67% आबादी के लिए 32% आरक्षण की सिफ़ारिश की गई। केरल सरकार ने अन्य पिछड़े वर्गों के लिए 3 आयोग/समितियों को नियुक्त किया। पहले मूल्यांकन आयोग का गठन वी. के. विश्वनाथन की अध्यक्षता में जून 1961 में किया गया। इसमें ओबीसी विद्यार्थियों के लिए प्रोफेशनल तथा टेक्निकल कॉलेजों में 40% आरक्षण और अनुसूचित जातियों और अनुसूचित जनजातियों के विद्यार्थियों के लिए 10% आरक्षण सिफ़ारिश हुई। यह भी कहा गया कि उपरोक्त आरक्षण राज्य सरकार की सभी नई नियुक्तियों में भी लागू होगा और पिछड़े वर्गों के पुनर्वर्गीकरण के सवाल पर विशेषज्ञों की एक समिति का गठन होगा। महाराष्ट्र सरकार ने नवंबर 1961 में बी.डी. देशमुख की अध्यक्षता में एक पिछड़ा वर्ग आयोग का गठन किया। आयोग ने अनुसूचित जातियों तथा नव बौद्ध, अनुसूचित जनजातियों, डीनोटीफाइड तथा घुमंत जनजातियों और अन्य पिछड़ा वर्ग के लिए 34% आरक्षण की सिफ़ारिश की। पंजाब सरकार ने 1951 में पिछड़ा वर्ग आयोग का गठन किया। इस आयोग की सिफ़ारिशों के आधार पर 14 समुदायों को पिछड़ा माना गया, जिनकी

राज्य में 20% जनसंख्या है। इनके लिए 2% सीटें आरक्षित की गयीं। तमिलनाडु सरकार ने ए.एन. सतनाथन की अध्यक्षता में नवंबर 1969 में पिछड़ा वर्ग आयोग को गठित किया। आयोग का सुझाव था कि 33% पद आरक्षित करना चाहिए।

जून 1971 में बिहार सरकार ने मुंगेरी लाल की अध्यक्षता में पिछड़ा वर्ग आयोग को नियुक्त किया। आयोग ने अपनी रिपोर्ट 1976 में सौंप दी। इस आयोग ने 128 समुदायों को "पिछड़े" के रूप में चिन्हित किया तथा उनमें से 94 को 'अत्यंत पिछड़े- मोस्ट बैकवर्ड' के रूप में वर्गीकृत किया। इस आयोग की मुख्य सिफ़ारिशें इस प्रकार की थीं: "अन्य पिछड़े वर्ग को स्थानीय निकायों, सरकारी विभागों तथा राज्य सरकार के प्रतिष्ठानों की रिक्तियों में 20% आरक्षण दिया जाए। इसके अतिरिक्त ऐसी रिक्तियों में 3% सीटें महिलाओं के लिए आरक्षित की जाएँ तथा इतना ही प्रतिशत आर्थिक रूप से पिछड़े वर्ग के लिए आरक्षित किया जाए।" इन सिफ़ारिशों के ही आधार पर बाद में जननायक कर्पूरी ठाकुर ने आरक्षण का अपना फ़ार्मूला लागू किया।

उत्तर प्रदेश सरकार ने छेदी लाल साथी की अध्यक्षता में अक्टूबर 1975 में "अत्यंत पिछड़ा वर्ग आयोग" का गठन किया। इस आयोग ने 1977 में अपनी सिफ़ारिशें सरकार को सौंपी तथा पिछड़े वर्ग को 3 श्रेणियों में विभाजित करके कुल 29.5% आरक्षण देने की सिफ़ारिश की। इस आयोग के कुछ अंशों को स्वीकार करके 1977 में उ.प्र. के मुख्यमंत्री रामनरेश यादव ने पिछड़ी जातियों को 15 प्रतिशत आरक्षण दिया। छेदी लाल साथी जी ने अति पिछड़ी जातियों के लिए जो काम किया, उसे रामनरेश यादव जी ने नीतिगत फ़ैसले से आगे बढ़ाया। इसमें और अहम भूमिका नब्बे के दशक में बनी सपा और बसपा की सरकारों ने निभाई। मुलायम सिंह यादव जी ने पहली बार त्रिस्तरीय पंचायत चुनावों में अन्य पिछड़ा वर्ग के लिए आरक्षण लागू किया। इससे बड़ी संख्या में

किसान जातियों के लोग पहली बार प्रधान, बीडीसी और जिला पंचायत सदस्य के बने और उन्हें सम्मान मिला। बाद में मुख्यमंत्री मायावती जी ने सामाजिक न्याय के इन फ़ैसलों को और ज़मीनी आधार दिया। साथ ही निजी क्षेत्र में आरक्षण के साथ प्रमोशन में भी आरक्षण के ऐतिहासिक फ़ैसले लिए। इससे पिछड़ी दलित जातियों के प्रतिनिधित्व में क्रांतिकारी छलांग दिखाई दी।

इस दौर का एक अहम वाक़या है, कि जब जननायक कर्पूरी ठाकुर ने बिहार में और रामनरेश यादव ने उत्तर प्रदेश में पिछड़ी जातियों के लिए आरक्षण लागू किया, तो उनका अपमानजनक विरोध किया गया। आरक्षण लागू करने के 'गुनाह' के चलते कर्पूरी ठाकुर और रामनरेश यादव को जातिवादी अपमान सहना पड़ा। जिसकी एक बानगी ऐसे कई स्लोगनों में गूँजती सुनाई दी- "दिल्ली से च#$ भेजा संदेश, बार बनावै करपूरी औ' भैंस चरावै रामनरेस"। ग़ौरतलब है कि समानता और न्याय के लिए जब भी कोशिशें हुईं, वर्चस्वशाली अभिजनों ने उसका निकृष्ट स्तर तक जाकर विरोध किया।

बहरहाल आरक्षण लागू हुआ, तो राजनीतिक से ज़्यादा सामाजिक हलचल तेज़ हो गई। अगर जातियों की तादाद और गोलबंदी से पैदा राजनीतिक दबाव न होता तो बहुसंख्यक आबादी के लिए नीतिगत फ़ैसले लेना असंभव हो जाता। कर्पूरी ठाकुर ने बिहार में वही भूमिका निभाई और बिहार में कर्पूरी फ़ार्मूला लागू हुआ।

ज़ुल्म करो मत ज़ुल्म सहो मत,
जीना है तो मरना सीखो
क़दम-क़दम पर लड़ना सीखो।

अपनी हर रैली में इन पंक्तियों को नारे की तरह ललकारने वाले जननायक कर्पूरी ठाकुर की प्रतिबद्धता कमाल की थी। अति पिछड़ी जातियों के लिए किए गये उनके विशेष प्रावधान ने बिहार ही नहीं, भारत में अति पिछड़ी कामगार शिल्पकार जातियों में राजनीतिक चेतना और सामाजिक आत्मविश्वास भर दिया। जो काम त्रिवेणी संघ और अर्जक संघ जैसे सामाजिक संगठनों ने शुरू किया था, उसे एक मुक़ाम देने की भूमिका कर्पूरी ठाकुर, छेदीलाल साथी जैसे लोगों के यहाँ बलवती हुई।

जननायक कर्पूरी ठाकुर ने स्पष्ट और दृढ़ शब्दों में कहा कि उन्होंने आरक्षण के नाम पर कोई नया प्रयोग नहीं किया, बल्कि केवल संविधान में निहित प्रावधानों और निर्देशों का ईमानदारी से पालन किया। समाजवादी दलों और तत्कालीन जनता पार्टी की यह घोषित नीति थी कि हरिजन, आदिवासी, पिछड़े वर्ग, महिलाएँ और सामाजिक-आर्थिक रूप से पिछड़े मुसलमान सरकारी नौकरियों में प्रतिनिधित्व के स्वाभाविक हक़दार हैं, और संविधान के अनुच्छेद 15(4) व 16(4) इसी सामाजिक न्याय की संवैधानिक गारंटी देते हैं। अपने चुनावी घोषणा-पत्र और संवैधानिक दायित्वों को लागू करना वे किसी भूल या दुस्साहस के रूप में नहीं, बल्कि उदार, साहसिक और न्यायपूर्ण नीति के रूप में देखते थे। उनके लिए यह 'पिछड़ापन' को बढ़ावा देने का नहीं, बल्कि सदियों के सामाजिक अन्याय को संतुलित करने का प्रयास था, इसीलिए वे इसे 'पिछड़ावाद' नहीं, बल्कि 'न्यायवाद' कहते थे।

■

14

इज़्ज़त और ज़मीन का सवाल

हमनी के होई रे बिहान !

17 फरवरी, 1967 को मतदान वाले दिन जगदीश मास्टर अपना वोट डालने मतदान केंद्र पर पहुँच थे। वहाँ के दबंग सवर्ण वोटों की गड़बड़ी करने का विरोध करने पर वहाँ के प्रत्याशी और उनके मित्र कॉमरेड रामनरेश राम को वे बेरहमी से पीट रहे थे। जगदीश मास्टर बीच में कूद पड़े। वे पहली बार बिहार के भोजपुर इलाक़े के एकवारी गाँव में पिछड़ी जाति को यह आत्मविश्वास देने के लिए वोट डालने आए थे, कि हम भी वोट डालेंगे। उन्हें ऐसा करते देख चारों ओर से सामंती जातिवादी सवर्णों ने उनपर हमला कर दिया। दोनों को इतना पीटा गया कि उन्हें अस्पताल में भर्ती होना पड़ा। अपमान और क्षोभ से आक्रोशित जगदीश मास्टर ने उसी दिन संकल्प किया कि 1930-40 के दशक में जो सामाजिक संघर्ष कमज़ोर पड़ गया था, अब उसे आगे बढ़ाना ही होगा।

10 जून 1977 को बिहार के औरंगाबाद ज़िले की गोह विधानसभा के सागरपुर बूथ पर बमों की गड़गड़ाहट और गोलियों की तड़तड़ाहट ने पहली बार वोट डालने आए आठ पिछड़े तबके के लोगों की जान ले ली। 56 लोग घायल हुए थे। मताधिकार के लिए यह देश की सबसे बड़ी चुनावी हिंसा थी। दरअसल आठ गाँवों के पिछड़े-दलित लोगों ने टोली

बनाकर पहली बार वोट डालने की हिम्मत जुटाई। सामंती समूह को ये नागवार गुज़रा। उन्होंने बूथ लूटने की कोशिश की। बम फटे, गोलियाँ चलीं। नतीजा? आठ यादव शहीद थे। इनमें से चार गोविंदपुर गाँव के ही थे। दुसाध, पासवान, कुशवाहा बिरादरी के कई लोग घायल हुए।

ये दो कहानियाँ हैं आज़ाद भारत के दो तीन दशक बाद की। दोनों में एक बात कॉमन है- जाति आधारित भेदभाव और हिंसा। आज़ादी के बाद होने वाली जनगणनाओं में जाति गिनने को हम बंद कर चुके थे। फिर ये जाति के नाम पर दो तीन दशक बाद भी इतनी भयावह क्रूरताएँ कैसे हो रही थीं? जातिगत हिंसा के ये दो उदाहरण केवल संविधान और लोकतंत्र के सबसे बुनियादी आधार चुनाव और वोट डालने की जातीय हिंसा के सन्दर्भ में लिए गए हैं। अन्यथा जाति के नाम पर, हिंसा और दमन की कहानियाँ- बस्तियों के फूँक डालने से लेकर दर्जनों के नरसंहार की भी बहुत-सी हैं। मगर फ़िलवक़्त संविधान और लोकतंत्र के बरक्स हम वोट डालने पर हुई जातीय हिंसा के ज़रिये ये समझें कि गिनने का भेदभाव से सीधा कोई रिश्ता नहीं है।

बिहार सामाजिक और राजनीतिक रूप से ज़्यादा हलचल वाला राज्य था। बीसवीं सदी में सबसे ज़्यादा जातिगत दमन और उसका उतना ही कड़ा प्रतिकार बिहार को इस पूरे विमर्श में संदर्भ बिंदु बना देता है। हालांकि, उत्तर प्रदेश से लेकर कर्नाटक, तमिलनाडु तक और महाराष्ट्र से लेकर पंजाब तक भी ऐसी कई दमन और प्रतिरोध की कहानियाँ मिलती हैं। मगर बिहार के उदाहरणों से हम जातिगत भेदभाव और जाति केंद्रित विद्रोह में जाति जनगणना की भूमिका को बेहतर समझ सकते हैं।

उन दिनों पिछड़ी किसान जातियों को भी सामंती ज़मींदारों के अमानवीय शोषण को सहना पड़ता था। ज़मीन का सवाल, इज़्ज़त का सवाल और हिस्सेदारी की चेतना से यह वामपंथी संघर्ष का गहरा रिश्ता बनता गया, जो आगे चलकर अमर शहीद जगदेव प्रसाद कुशवाहा के

यहाँ इस नारे में तब्दील हो गया- **'दो बातें हैं मोटी-मोटी, सबको इज़्ज़त सबको रोटी'**। मास्टर जगदीश महतो किसान जातियों में अपनी कोइरी जाति के इलाक़े से पहले मास्टर बने थे। सामंती ताक़तों के निशाने पर आने के लिए इतना पर्याप्त है। मगर जगदीश मास्टर अपने समाज को जगाने और किसान कमेरा जातियों के सवालों पर मुखर होने लगे, जिसने इन्हें ख़ासा चर्चित बना दिया। उन दिनों गाये जाने वाले जनगीतों ने वामपंथी लड़ाई को जातीय संघर्षों के साथ गहरे जोड़ दिया। एक जनगीत के बोल देखिए-

ले-ले करमजरुआ रे सूद मलगुजरिया में,
सस्ता बाटे हमनी के जान।
बाकी जमींदारी तोर अब न सहाई बाबू,
हमनी के होई रे बिहान !

जगदीश मास्टर को त्रिवेणी संघ के संघर्ष और वामपंथी आंदोलन के उभरते वैचारिक आधार की विरासत मिली। उनका मानना था कि हज़ारों वर्षों से चली आ रही जातिवादी सामंती व्यवस्था को मात्र दलगत राजनीति के माध्यम से समाप्त नहीं किया जा सकता। समान विचारधारा वाले रामेश्वर यादव उर्फ साधुजी, रामायण चमार, फागू महतो और नारायण कवि जैसे लोगों के साथ मिलकर मास्टर जगदीश ने वामपंथी राजनीति को विस्तार देना शुरू किया। इन गतिविधियों का केंद्र मास्टर जगदीश का गाँव एकवारी था और एकवारी के आसपास के इलाक़े भी प्रभावित हुए। जगदीश मास्टर और उनके साथियों की लड़ाई हिंसक होती चली गई, जिसकी गिरफ़्त में वे ख़ुद 1972 में मारे गये। कॉमरेड रामनरेश राम सदन पहुँचे और लड़ाई जारी रखी।

उन्हीं दिनों संसाधन और सम्मान के ज़मीनी सवाल पर वामपंथी धारा का एक ऐसा संगठन अस्तित्व में आया, जिसका मानना था कि वर्ग

के साथ वर्ण और जाति भी भारत में आर्थिक विषमता के आधार हैं। भाकपा माले ने ज़मीनी लड़ाई में इन जातियों के संघर्ष को मज़बूती दे दी। बाद के दिनों में उसी बिहार में सामंती जातिवादी समूहों द्वारा सवर्ण सेनाओं का भी दौर आया। सबसे शुरुआती संकेत सवर्ण जातिवादी सामंती सेनाओं के मिलते हैं, जिनमें 1970–80 के दशक में 'कुँवर सेना' का नाम मिलता है, जो मुख्यतः राजपूत भूमिधर जाति की निजी सेना थी। 1980 के दशक में भूमिहार जाति की सेना 'ब्रह्मर्षि सेना' का उल्लेख मिलता है। साल 1994 के आस-पास भूमिहार बाभनों की सबसे कुख़्यात सेना बनी, जिसका नाम था- 'रणवीर सेना'। इस समय तक किसी भी पिछड़ी या दलित जातियों की कोई भी निजी सेना का ज़िक्र नहीं मिलता है। यानी सबसे पहले निजी सेनाएँ बनाकर सामंती ताक़तों ने बिहार को लहुलुहान किया। हिंसा-प्रतिहिंसा का दौर चल पड़ा। इन जनसंहारों के केंद्र में इज़्ज़त, ज़मीन, संसाधन और सम्मान की ही लड़ाई थी। एक छोटी-सी सूची पर ग़ौर कीजिए, कहानी बिल्कुल साफ़ समझ आ जाएगी-

बथानी टोला (भोजपुर)	11 जुलाई 1996	21दलित मारे गए	आरोपः रणवीर सेना
हैबसपुर (पटना)	23 मार्च 1997	10 दलित/ मज़दूर	आरोपः रणवीर सेना
लक्ष्मणपुर-बाथे	1 दिसंबर 1997	58 दलित	आरोपः रणवीर सेना
शंकरबीघा (जहानाबाद)	25 जनवरी 1999	23 दलित	आरोपः रणवीर सेना
नारायणपुर (जहानाबाद)	फरवरी 1999	12 दलित	आरोपः रणवीर सेना
मियापुर (औरंगाबाद)	16 जून 2000	22–34 (दलित/OBC)	आरोपः रणवीर सेना

बिहार में साल 2022-23 के बीच हुई जाति आधारित गणना के आबादी और ज़मीन के मालिकाना हक़ के आँकड़े इस बात के सबूत हैं कि आज भी सामाजिक के साथ आर्थिक ग़ैर बराबरी मौजूदा है। भूस्वामित्व जैसे सवाल पर ही उदाहरण से देखें कि सवर्ण जातियों और पिछड़ी दलित जातियों के बीच यह असमानता कितनी त्रासद है:

जाति	संख्या %	ज़मीन %
ब्राह्मण	3.6	16
राजपूत	3.4	19
भूमिहार	2.8	39
कायस्थ	0.6	4
यादव	14	7
पासवान	5.2	1
मुसहर	3.9	0.2

यानी सत्ता और सम्मान के साथ जनगणना की लड़ाई सीधे संसाधन से जुड़ती है। अगर ज़मीन के मालिकाना हक़ में आज ये स्थिति है, तो एक सदी दो सदी पहले क्या स्थिति रही होगी?

सत्ता, संसाधन और सम्मान- सामाजिक न्याय की लड़ाई के ये तीन ठोस केंद्र बनते चले गये हैं। समानता और न्याय केंद्रित सामाजिक न्याय का ये संघर्ष पूरे देश में हज़ारों साल से इन्हीं तीन माँगों पर टिका है। सत्ता यानी सामाजिक और राजनीतिक बराबरी। सम्मान यानी इज़्ज़त का सवाल। ग़ैरबरबारी की यह एक ज़रूरी शुरुआत बनी कि सब बराबरी की पायदान पर होंगे। और तीसरा संसाधन, यानी सबको सबके हिस्से का संसाधन मिले। संसाधन में सबसे पहली और बुनियादी लड़ाई ज़मीन की लड़ी गई। एक ज़माने में पिछड़ी और ख़ासकर दलित जातियों के बीच एक नारा लगा करता था कि-

जो ज़मीन सरकारी है, वो ज़मीन हमारी है।

भूमि सुधार इस देश में क़ायदे से हुआ ही नहीं। बिना भूमि सुधार के संसाधनों में समानता अर्थहीन है। जाति जनगणना से प्राप्त आँकड़ों से ये सवाल मज़बूत होता है। बिहार की तरह अगर पूरे देश में जाति जनगणना क़ायदे से हुई होती तो ग़ैर-बराबरी के ये बुनियादी आधार खाई पाटने की दिशा में आगे बढ़ते। मगर हुआ इसके ठीक उलट।

कालांतर में मंडल आयोग की रिपोर्ट और सिफ़ारिशों में सत्ता, संसाधन और सम्मान की लड़ाई का एक निर्णायक उल्लेख मिलता है।

■

15

मंडल आयोग के बाद का भारत

समानता केवल समान लोगों के बीच होती है।
असमान को समान के बराबर रखना
असमानता को स्थिरता प्रदान करना है।
(मंडल आयोग)

आपातकाल के ठीक बाद जनता पार्टी का गठबंधन चुनाव जीतता है। पहले ग़ैर कांग्रेसी प्रधानमंत्री बनते हैं- मोरारजी देसाई। इस सरकार में समाजवादियों का ख़ासा प्रभाव था। उनके दबाव और सामाजिक आंदोलनों के बढ़ते असर ने दूसरे पिछड़े वर्ग आयोग की माँग तेज़ कर दी थी। जनता पार्टी में इस बात को लेकर पहले से एक सहमति और प्राथमिकता का माहौल था। नतीजतन जनता पार्टी सरकार द्वारा 1 जनवरी, 1979 को बिहार के पूर्व मुख्यमंत्री और प्रख्यात समाजवादी नेता बिन्देश्वरी प्रसाद मंडल यानी बी. पी. मंडल की अध्यक्षता में दूसरा पिछड़ा वर्ग आयोग गठित किया। इस आयोग ने दिसम्बर 1980 को राष्ट्रपति को अपनी रिपोर्ट सौंपी।

आयोग का अनुमान था कि भारत में तक़रीबन 52 प्रतिशत जनसंख्या 'पिछड़े वर्ग' की है और लगभग 3,743 समुदायों को 'पिछड़े वर्ग' में सम्मिलित किया जाना चाहिए। यह एक क्रांतिकारी दस्तावेज़

साबित हुआ। मगर सबसे अहम बात यह है कि मंडल आयोग ने आँकड़ों को लेकर 'अपर्याप्तता' का हवाला देते हुए तत्काल जाति जनगणना करवाने की बात कही।

आयोग ने बहुत ही वैज्ञानिक और तार्किक प्रक्रिया के तहत काम किया। आम जनता, स्वयंसेवी संगठनों, सामाजिक कार्यकर्ताओं, राजनेताओं, विधायकों आदि से व्यापक साक्ष्य एकत्र किए। आयोग ने देश भर का दौरा भी किया, राज्य और जिला मुख्यालयों तथा आंतरिक गाँवों में व्यापक बैठकें आयोजित कीं ताकि अधिक से अधिक लोगों के विचार और राय प्राप्त की जा सके। एकत्रित साक्ष्यों को विभिन्न वर्गों में वर्गीकृत किया गया है। मंडल आयोग के कार्यक्षेत्र इस प्रकार थे-

1. सामाजिक और शैक्षिक रूप से पिछड़े वर्गों को परिभाषित करने के लिए मानदंड निर्धारित करना।
2. सामाजिक और शैक्षिक रूप से पिछड़े वर्गों के नागरिकों की उन्नति के लिए उठाए जाने वाले कदमों की सिफ़ारिश करना।
3. संघ या किसी राज्य के मामलों से संबंधित सार्वजनिक सेवाओं और पदों में पर्याप्त रूप से प्रतिनिधित्व न करने वाले पिछड़े वर्गों के नागरिकों के पक्ष में नियुक्तियों या पदों के आरक्षण के लिए प्रावधान करने की वाँछनीयता या अन्यथा की जाँच करना।
4. राष्ट्रपति को एक रिपोर्ट प्रस्तुत करना, जिसमें उनके द्वारा पाए गए तथ्यों को बताया गया हो और ऐसी सिफ़ारिशें की गई हों जिन्हें वे उचित समझते हों।

मंडल कमीशन, पहले राष्ट्रीय पिछड़ा वर्ग आयोग के संदर्भ में एक बेहद अहम बात कहता है कि-

"सम्पूर्ण भारत में हमारे व्यापक दौरे के आधार पर जनसामान्य की स्पष्ट प्रतिक्रिया हमें प्राप्त हुई। मैं यह कहना चाहूँगा कि इस देश का

पिछड़ा वर्ग हमारी सिफ़ारिशों पर सरकार की अनुकूल प्रतिक्रिया के प्रति बहुत आशावान हैं। परन्तु हमारे समक्ष समुचित रूप से यह शंकाएँ व्यक्त की गई हैं कि यदि मेरे आयोग की रिपोर्ट का भविष्य भी वैसा ही होता है, जैसा कि काका कालेलकर आयोग का हुआ है; तो सामाजिक तथा शैक्षणिक रूप से पिछड़े हुए वर्गों की, जो हमारी जनसंख्या का विशाल समूह हैं, समूचित आशाएँ और आकांक्षाएँ धूल में मिल जाएँगी।"

मंडल कमीशन ने इसी पहले अध्याय के दसवें बिंदु में साफ़ तौर पर जाति जनगणना की ज़रूरत पर बल देते हुए लिखा कि- "1931 की जनगणना में जाति गणना के आंकड़े उपलब्ध न होने के कारण हमें अनेक कठिनाइयों का सामना करना पड़ा। भविष्य में ऐसी कठिनाइयों का सामना न करना पड़े, इसलिए मैंने 15 जून 1979 और 18 अगस्त, 1979 को क्रमशः एच० एम० पटेल और वाई० वी० चव्हाण को पत्र लिखा। मैंने गृह मंत्री ज्ञानी जैल सिंह जी को भी इस बारे में 31 मार्च 1980 को एक पत्र लिखा था। मुझे सूचित किया गया- यह निर्णय किया गया है कि 1981 की जनगणना के दौरान जाति की गणना नहीं की जाएगी। और भारतीय जनगणना में भी जाति की गणना न करने की वर्तमान नीति को जारी रखा जाएगा, जिस पर पुनर्विचार की आवश्यकता है।"

मंडल आयोग ने सामाजिक और शैक्षिक पिछड़ेपन को निर्धारित करने के लिए ग्यारह 'संकेतक' या 'मानदंड' विकसित किए। इन ग्यारह संकेतकों को तीन व्यापक शीर्षकों, अर्थात् सामाजिक, शैक्षिक और आर्थिक, के अंतर्गत वर्गीकृत किया गया था; वे इस प्रकार हैं-

(क) सामाजिक:

1. अन्य लोगों द्वारा सामाजिक रूप से पिछड़े माने जाने वाली जातियाँ/ वर्ग।
2. वे जातियाँ/वर्ग जो मुख्यतः अपनी आजीविका के लिए शारीरिक श्रम पर निर्भर हैं।

3. वे जातियाँ/वर्ग जहाँ ग्रामीण क्षेत्रों में राज्य के औसत से अधिक कम से कम 25% महिलाएँ और 10% पुरुष 17 वर्ष से कम आयु में विवाह करते हैं तथा शहरी क्षेत्रों में कम से कम 10% महिलाएँ और 5% पुरुष ऐसा करते हैं।

4. वे जातियाँ/वर्ग जहाँ कार्य में महिलाओं की भागीदारी राज्य औसत से कम-से-कम 25% अधिक है।

(ख) शैक्षिक:

5. वे जातियाँ/वर्ग जहाँ 5-15 वर्ष आयु वर्ग के उन बच्चों की संख्या जो कभी स्कूल नहीं गए, राज्य औसत से कम-से-कम 25% अधिक है।

6. वे जातियाँ/वर्ग जहाँ 5-15 वर्ष आयु वर्ग में विद्यार्थियों के स्कूल छोड़ने की दर राज्य औसत से कम-से-कम 25% अधिक है।

7. वे जातियाँ/वर्ग जिनमें मैट्रिक उत्तीर्ण लोगों का अनुपात राज्य औसत से कम-से-कम 25% कम है।

(ग) आर्थिक:

8. वे जातियाँ/वर्ग जहाँ पारिवारिक परिसंपत्तियों का औसत मूल्य राज्य के औसत से कम-से-कम 25% कम है।

9. वे जातियाँ/वर्ग जहाँ कच्चे घरों में रहने वाले परिवारों की संख्या राज्य औसत से कम-से-कम 25% अधिक है।

10. वे जातियाँ/वर्ग जहाँ 50% से अधिक परिवारों के लिए पेयजल का स्रोत आधा किलोमीटर से अधिक दूर है।

11. वे जातियाँ/वर्ग जहाँ उपभोग ऋण लेने वाले परिवारों की संख्या राज्य औसत से कम-से-कम 25% अधिक है।

मंडल आयोग ने यह देखते हुए कि ग़ैर-हिंदू समुदायों में सामाजिक और शैक्षिक पिछड़ापन कमोबेश हिंदू समुदायों के समान ही है, ग़ैर-हिंदू ओबीसी की पहचान के लिए निम्नलिखित मानदंड विकसित किए-

I. सभी अछूत जिन्होंने किसी ग़ैर-हिंदू धर्म में धर्मांतरण कर लिया हो;

II. ऐसे व्यावसायिक समुदाय जो अपने पारंपरिक वंशानुगत व्यवसाय के नाम से जाने जाते हैं और जिनके हिंदू समकक्षों को हिंदू ओबीसी की सूची में शामिल किया गया है। (उदाहरण: धोबी, तेली, धीमर, नाई, गुजर कुम्हार, लोहार, दर्जी, बढ़ई, आदि)

मंडल आयोग ने 11 सूचकांकों वाला सामाजिक, शैक्षणिक और आर्थिक सूचकांक बनाया; पर सामाजिक सूचकांक को ज़्यादा अहमियत मिलने के कारण पिछड़ा वर्ग का आधार अंततः जातिगत ही परिभाषित हुआ। मंडल आयोग की यह कोशिश इतनी विधिवत, तथ्य, तर्क और वैज्ञानिक पद्धति पर आधारित रही कि जाति आधारित पिछड़ेपन की दलील सुप्रीम कोर्ट की संविधान पीठ के सामने टिकी रही। नतीजतन इंदिरा साहनी मामले में मंडल कमीशन की सिफ़ारिशों के आधार पर दिया गया जातिगत आरक्षण सही साबित हुआ।

प्रसिद्ध समाजशास्त्री प्रो. आन्द्रे बेतेई का मत है कि कृषक जाति अन्य पिछड़े वर्गों के केन्द्र में है। इस श्रेणी का महत्त्व केवल इसके आकार और विस्तार से ही नहीं, बल्कि विशिष्ट भारतीय पद्धति से इसे परिभाषित करने की इसकी सीमाओं से भी जुड़ा है। भारत में पिछड़ापन व्यक्तियों की नहीं, बल्कि समुदायों की ख़ासियत है, जो अपनी प्रकृति के अनुसार स्वसंचालित होती रहती हैं। पिछड़े कोई 'वर्ग' नहीं है, बल्कि समुदायों के समूह हैं। इनके अन्तर्गत बड़ी संख्या में व्यक्तियों की मिश्रित श्रेणियाँ आती हैं, जो असम्बद्ध व लचीली होती हैं। इस रूप में 'अन्य पिछड़े वर्ग' (OBC) अविशिष्ट एवं अस्पष्ट श्रेणी है।

मंडल आयोग की रिपोर्ट में ओबीसी को 27 फीसदी आरक्षण देने का सुझाव दिया। इसकी वजह समझाते हुए उन्होंने लिखा- 'सामाजिक पिछड़ेपन को दूर करने की जंग को पिछड़ी जातियों के ज़हन में जीतना ज़रूरी है। भारत में सरकारी नौकरी पाना सम्मान की बात है। ओबीसी वर्ग की नौकरियों में भागीदारी बढ़ने से उन्हें यक़ीन होगा कि वे सरकार में भागीदार हैं। पिछड़ी जाति का व्यक्ति अगर कलेक्टर या पुलिस अधीक्षक बनता है, तो ज़ाहिर तौर पर उसके परिवार के अलावा किसी और को लाभ नहीं होगा, पर वह जिस समाज से आता है, उन लोगों में गर्व की भावना आएगी, उनका सिर ऊँचा होगा कि उन्हीं में से कोई व्यक्ति 'सत्ता के गलियारों' में है।'

मंडल आयोग की रिपोर्ट को पिछड़ी जातियों का सबसे अहम दस्तावेज माना जाता है। मगर समग्रता में देखा जाए तो यह रिपोर्ट राष्ट्र निर्माण की अधूरी परियोजना का मुकम्मल रास्ता सुझाती है। मंडल आयोग ने अपनी रिपोर्ट में सामाजिक न्याय को व्यापक अर्थों में परिभाषित करते हुए कहा कि भारत में सत्ता, संसाधन और अवसरों पर कुछ सीमित जातियों का ऐतिहासिक वर्चस्व रहा है। इसलिए सामाजिक और शैक्षणिक रूप से पिछड़े वर्गों की स्पष्ट पहचान कर उन्हें अलग श्रेणी के रूप में मान्यता देना ज़रूरी है। आयोग ने सिफ़ारिश की कि केंद्र सरकार की नौकरियों, सार्वजनिक क्षेत्र के उपक्रमों और केंद्रीय शैक्षणिक संस्थानों में पिछड़े वर्ग के लिए, उनकी आबादी के मुताबिक़ आरक्षण दिया जाए। परन्तु सर्वोच्च न्यायालय द्वारा एमआर बालाजी बनाम मैसूर राज्य मामले में अधिकतम सीमा की बात की। इसके चलते आयोग ने पिछड़े वर्गों को 27% आरक्षण का प्रावधान किया। बाद में इंदिरा साहनी मामले में SC और ST के आरक्षण के साथ कुल आरक्षण 50% की संवैधानिक सीमा निर्धारित कर दी गई।

मंडल आयोग ने अपने विश्लेषण में यह साफ़ तौर पर माना कि 'आरक्षण दर्द की दवा है, बीमारी का इलाज नहीं है।' आयोग का मानना

था कि केवल नौकरी और शिक्षा में आरक्षण से सामाजिक असमानता समाप्त नहीं होगी। इसलिए शिक्षा सुधारों के अंतर्गत पिछड़े वर्गों के लिए निःशुल्क और अनिवार्य प्राथमिक शिक्षा, छात्रवृत्तियाँ, फ़ीस में छूट, हॉस्टल, कोचिंग और तकनीकी–व्यावसायिक शिक्षा की विशेष सुविधाओं की सिफ़ारिश की गई। ड्रॉपआउट दर कम करने और उच्च शिक्षा तक पहुँच बढ़ाने को सामाजिक सशक्तिकरण का केंद्रीय माध्यम माना गया। साथ ही, भूमि सुधारों पर ज़ोर देते हुए आयोग ने कहा कि भूमिहीन और अल्पभूमिधारी पिछड़े वर्गों को भूमि वितरण में प्राथमिकता मिलनी चाहिए। भूमि सुधार क़ानूनों का सख़्ती से क्रियान्वयन होना चाहिए, ताकि जातिगत और सामंती वर्चस्व को तोड़ा जा सके।

आर्थिक सुधारों के संदर्भ में मंडल आयोग ने पिछड़े वर्गों के लिए सस्ते ऋण, सब्सिडी, स्वरोज़गार योजनाओं और कुटीर व ग्रामीण उद्योगों को बढ़ावा देने की सिफ़ारिश की। आयोग का मानना था कि आर्थिक आत्मनिर्भरता के बिना सामाजिक समानता संभव नहीं है। इसलिए प्रशासन, नीति-निर्माण और आर्थिक अवसरों में पिछड़े वर्गों की भागीदारी बढ़ाने के लिए सकारात्मक भेदभाव को राज्य नीति का स्थायी आधार बनाया जाना चाहिए, ताकि लोकतंत्र केवल राजनीतिक नहीं बल्कि सामाजिक और आर्थिक रूप से भी समावेशी बन सके।

मंडल कमीशन ने अपनी रिपोर्ट के अध्याय 13 में कुल 40 बिन्दुओं में सिफ़ारिशें की हैं। सिर्फ़ 2 बड़ी सिफ़ारिशों पर ही अमल हो सका। रिपोर्ट के पहले बिंदु में ही कहा गया है कि सामाजिक और शैक्षणिक रूप से पिछड़ापन और ग़रीबी, जाति आधारित बाधाओं की वजह से है। ये बाधाएँ हमारे सामाजिक ढाँचे से जुड़ी हुई हैं। इन्हें ख़त्म करने के लिए ढाँचागत बदलाव की ज़रूरत होगी। देश के शासक वर्ग के लिए ओबीसी की समस्याओं की अनुभूति में बदलाव कम महत्त्वपूर्ण नहीं होगा। मंडल आयोग की सिफ़ारिशों को देखें तो इसके सिर्फ़ दो बड़े बिंदुओं पर ही कुछ

हद तक काम हुआ है। पहला है केंद्र सरकार की नौकरियों में ओबीसी को 27 फीसदी आरक्षण और दूसरा केंद्र सरकार के उच्च शिक्षा संस्थानों के एडमिशन में ओबीसी का 27 फीसदी आरक्षण। बाकी तक़रीबन तीन दर्जन सिफ़ारिशें अब भी धूल फाँक रही हैं। मगर इन दो सिफ़ारिशों से हुई इस हलचल से सबसे बड़ा बदलाव यह हुआ, कि जाति जनगणना का सवाल, और मज़बूती से केंद्रीय विमर्श का हिस्सा बन गया। अगले दो तीन दशकों में इन बहसों ने इतनी गति पकड़ी कि दो दशक बाद ही देश की संसद में सर्वसम्मति से जाति जनगणना कराने का दृश्य देश ने देख लिया।

दरअसल आँकड़ों और नीतियों का ये रिश्ता ही राष्ट्र निर्माण का आधार है। इसे जब भी देर से समझा गया, नुक़सान हुआ। जितनी देर से समझा जाएगा, नुक़सान उतना ही ज़्यादा होता जाएगा। असमानता की खाई बढ़ती ही जाएगी, जो एक सीमा से आगे जाकर नई चुनौतियों को जन्म देगी। **मंडल आयोग की रिपोर्ट जितनी क्रांतिकारी थी, उसे क़ायदे से लागू न करके एक ऐतिहासिक चूक हुई, जिसका मूल्यांकन अभी होना बाक़ी है। एक दो सिफ़ारिशों को लागू करने के लिए हुई कोशिशों ने नब्बे के बाद के भारत में आमूलचूल क्रांति की पटकथा तैयार कर दी।**

■

16

समाजवादी ख़ेमा : मंडल आंदोलन की बुनियाद में ईंट

मंडल आयोग की सिफ़ारिशें ज़िल्द में बंद पड़ी हुई थीं। समय के साथ उन्हें लागू करने के लिए अखिल भारतीय स्तर पर आवाज़ें उठने लगीं। उत्तर भारत में समाजवादी ख़ेमा इसके लिए मुखर होने लगा था, तो वहीं कांशीराम का बहुजन संघर्ष भी इसमें एक अहम अध्याय बनता है। दक्षिण भारत में तमिलनाडु के करुणानिधि के संघर्ष इसे और ज़रूरी आंदोलन में तब्दील करते जाते हैं। अनगिनत कोशिशों के इस किस्से को हम क़ायदे से अगले अध्यायों में देखेंगे, मगर जनता दल की अगुआई में राष्ट्रीय मोर्चा की सरकार बनने के बाद मंडल की सिफ़ारिशों का पिटारा अंततः खोल दिया गया।

वीपी सिंह इरादों के पक्के थे, मगर उन्हें हिम्मत देने का काम उनकी सरकार को समर्थन दे रहे समाजवादी और संविधानवादी नेताओं ने किया। शरद यादव का नाम इसमें सबसे पहले आता है। बिहार से रामविलास पासवान को वीपी सिंह ने बड़ी ज़िम्मेदारी दे रखी थी, साथ में लालू प्रसाद यादव, नीतीश कुमार का अहम योगदान रहा। मुलायम सिंह यादव उस समय उत्तर प्रदेश के मुख्यमंत्री थे, जो मंडल समर्थक आवाज़

को और मज़बूत कर रहे थे। साल 1990 में, जब प्रधानमंत्री वी.पी. सिंह ने मंडल आयोग की एक सिफ़ारिश को लागू करने की घोषणा की, तब मुलायम सिंह यादव ने इस फैसले का खुले तौर पर समर्थन किया और इसे लागू करने में महत्त्वपूर्ण भूमिका निभाई। साथ ही मान्यवर कांशीराम की भूमिका ने इसे एक जनआंदोलन बनाने में मदद की।

साल 1988 में लोकदल, जनमोर्चा व जनता पार्टी के विलय से एक नया दल बना- जनता दल। जनता दल के गठन में चौधरी देवीलाल, वीपी सिंह, चंद्रशेखर व शरद यादव जैसे कई नेताओं की अहम भूमिका थी। जनता दल का अध्यक्ष वीपी सिंह को और महासचिव शरद यादव को बनाया गया। शरद यादव साल 1989 में उत्तर प्रदेश के बदायूँ से लोकसभा के लिए सांसद चुने गये। वे 1989 से 90 तक विश्वनाथ प्रताप सिंह की सरकार में कपड़ा और फूड प्रोसेसिंग इंडस्ट्रीज विभाग के मंत्री बने। इन्हीं दिनों वे मंडल कमीशन की एक अहम सिफ़ारिश लागू कराने वाले सूत्रधार भी बने। सियासी मुश्किलों के दौर में शरद यादव ने बिहार के मधेपुरा में स्थित बीपी मंडल के जन्मस्थान मुरहो से मंडल रथ निकाल कर उत्तर भारत में लोगों की सुषुप्त चेतना को जाग्रत किया। इसमें रामविलास पासवान के साथ वीपी सिंह ख़ुद भी शामिल हुए। रथ को पूरे उत्तर भारत में समाजवादियों का भरपूर सहयोग मिला। शरद यादव अपनी इस भूमिका के चलते मंडल मसीहा कहलाये।

प्रधानमंत्री वीपी सिंह समेत भारत सरकार के कई मंत्रियों की मौजूदगी में आठ अक्टूबर 1990 को पटना के गाँधी मैदान में जनता दल की रैली में शरद यादव ने कहा था, 'जनता दल ने अपने वायदे के मुताबिक हज़ारों सालों के शोषित-पिछड़ों को आरक्षण देकर न केवल अवसरों में भागीदारी दी है, बल्कि हमने उनकी सुषुप्त चेतना और स्वाभिमान को भी जगाया है। जो हाथ अकलियतों के खिलाफ उठे, उन्हें थाम लो। तुम्हारे इस आंदोलन में अकलियतों का साथ कारगर साबित होगा।'

उसी रैली में लालू प्रसाद यादव ने ज़ोरदार भाषण देते हुए कहा था, 'चाहे आसमान धरती पर गिर जाए या धरती आसमान में लटक जाए, मंडल कमीशन लागू होकर रहेगा। इस पर हम कोई समझौता करने वाले नहीं।'

यही तेवर उत्तर प्रदेश में मुलायम सिंह यादव ने भी अख़्तियार कर रखे थे। एक भाषण में नेताजी कहते हुए सुनाई देते हैं कि-

'जब तक ये (हाशिये के लोग) बराबरी पर खड़े नहीं हो जाते, तब तक आरक्षण की यह नीति, जो विशेष अवसर की नीति है, लागू रहेगी- चाहे वह सामाजिक आधार पर हो या शैक्षणिक आधार पर। इसके लिए चाहे जान कुर्बान करनी पड़े, चाहे सरकार कुर्बान करनी पड़े! हम समाजवादी लोग पीछे नहीं हटेंगे।'

शरद यादव का मंडल रथ घूम रहा था। विरोध तो हुआ, मगर इस रथ ने न तो खाई खोदी, न दंगा भड़काया और न किसी के ख़िलाफ़ नफ़रत बोई। यह रथ समता, न्याय, बंधुता और सामाजिक न्याय का रथ था। उन्हीं दिनों उत्तर भारत के कोने-कोने में उनका दार्शनिक भाषण हुआ। उसकी एक बानगी इस तक़रीर में देखिए-

"जितने लोग यहाँ आए हो, अब लड़ाई महाविद्यालय में नहीं, अब लड़ाई ले जाना है हल पर, लड़ाई ले जाना है खेत पर, खलिहान पर। लड़ाई ले जाना है हिन्दुस्तान के बाज़ार में, झुग्गी और झोपड़ी में। वहीं है आपका आदमी, वहीं है इस देश का मालिक। मालिक को सड़क पर उतारने का काम करना है हक़ के लिए, और शांति के साथ करना है, ये मैंने उस दिन आपसे कहा था। आजकल बहस चली हुई है कि वीपी सिंह ने इस देश को जाति में बाँट दिया। हम पार्लियामेंट से बाहर इस बहस को लाना चाहते हैं। महात्मा बुद्ध और महावीर, ये दो महापुरुष पैदा हुए जिन्होंने कहा– .जाति तोड़ो, जाति गुनाह है, जाति पाप है। वो भगवान थे इस देश के। कबीर और नानक जिन्होंने कहा कि जाति

तोड़ो। आंदोलन करने वाले लोगों , महात्मा फूले, बाबा साहेब अम्बेडकर, पेरियार, लोहिया, जयप्रकाश, गाँधी, ये वो शानदार लोग हैं, जिनको दुनिया और देश की जनता मानती है कि ये महापुरुष हैं। स्वामी दयानंद, इन सारे लोगों का सपना और अरमान, स्वामी विवेकानंद, इन सब लोगों का अरमान था कि हिन्दुस्तान की जाति व्यवस्था मिटे! मैं पूछना चाहता हूँ कि दुनिया की सबसे लम्बी गुलामी किसकी है? हम हिन्दुस्तानियों की है, हम भारतीयों की है। सबसे लम्बी उम्र की गुलामी हमने पार की है। दुनिया में एक हमलावर नहीं है, जिसके सामने हम जीतने का काम किये हैं। कोई कारण नहीं है, मुट्ठी भर लोगों ने कहा, हम राज करेंगे!"

रामविलास पासवान, शरद यादव और वीपी सिंह ओबीसी आरक्षण के अग्रदूत बन गए- एक दलित, एक पिछड़ा वर्ग और एक राजपूत। हालांकि, कांशीराम और मुलायम सिंह यादव जैसों की भूमिका के बिना ये सफ़र मुक़ाम पर पहुँचना संभव नहीं होता। 14 अगस्त को शरद यादव और रामविलास पासवान ने दिल्ली में मंडल समर्थक विशाल रैली को संबोधित किया। यह उनके द्वारा इस निर्णय के समर्थन में आयोजित कई सार्वजनिक सभाओं और प्रस्तुतियों में से एक थी।

वीपी सिंह ने सिफ़ारिशें लागू करने की तैयारी के लिए पहले चौधरी देवीलाल को ज़िम्मेदारी सौंपी थी। मगर सियासी हालात बदले तो उन्होंने तत्कालीन सामाजिक न्याय एवं श्रम मंत्री रामविलास पासवान को चुना। रामविलास पासवान के नेतृत्व में सामाजिक न्याय मंत्रालय में सचिव रहे तेज तर्रार आईएएस अधिकारी पीएस कृष्णन ने सिफ़ारिशें लागू करने के लिए ज़मीन तैयार की।

वीपी सिंह ने सिफ़ारिशें लागू करने की घोषणा करते हुए 7 अगस्त, 1990 को संसद में डेढ़ पेज के बयान में कहा, "मेरा मानना है कि किसी भी वर्ग का उत्थान सिर्फ़ आर्थिक सहयोग से नहीं हो सकता। उनका विकास तभी हो सकता है, जब उनके साथ शक्तियाँ साझा की जाएँ। हम शक्तियों में उनका हिस्सा देने को तैयार हैं। नौकरशाही शक्ति के ढाँचे में

अहम है। यह निर्णय लेने में अहम भूमिका निभाती है। हम चाहते हैं कि देश को चलाने में वंचित और पिछड़े तबकों को जगह मिले।”

रामविलास पासवान लगातार पिछड़े वर्ग के लिए संघर्ष करते रहे। मंडल कमीशन की सिफ़ारिशें लागू होने के बाद जब मामला उच्चतम न्यायालय में चला गया, तब भी वह सक्रिय रहे। पासवान ने आयोग की सिफ़ारिशें पूर्ण रूप से लागू करने में सरकार को विफल करार दिया। उन्होंने आयोग की कई अन्य सिफ़ारिशों को लागू करने की माँग करते हुए जंतर-मंतर पर विरोध प्रदर्शन किया और 8 अगस्त, 1991 को वह गिरफ्तार हो गए। वहीं दक्षिण भारत में समाजवादी मिज़ाज के सामाजिक न्याय के एक बड़े हस्ताक्षर द्रमुक के नेता करुणानिधि मंडल आयोग के लिए तमिलनाडु से लेकर दिल्ली तक अपनी आवाज़ को बुलंद करते हुए शामिल रहे।

उन्हीं दिनों ‘मंडलनामा’ लिखने वाले पसमंदा कार्यकर्ता और नेता शब्बीर अहमद अंसारी ने मंडल कमिशन को पूरे देश में लागू करने के लिए चौधरी ब्रह्मप्रकाश, जननायक कर्पूरी ठाकुर, रामविलास पासवान, शरद यादव, कांशीराम, वीरमणी, जनार्दन पाटिल और शांति नायक के नेतृत्व में लंबा संघर्ष किया।

यह अपने आप में इतनी बड़ी कोशिश थी कि अगर मंडल न आता, तो जाति और जनगणना का सवाल आने वाले दो दशकों में भारत निर्माण का सबसे निर्णायक सवाल नहीं बन पाता।

■

17

बहुजन की बनती हुई जमात

जिसकी जितनी संख्या भारी,
उसकी उतनी हिस्सेदारी

साल 1990 के सितंबर महीने की 15 तारीख़ का वाक़या है। उत्तर प्रदेश गाजीपुर ज़िले की मुहम्मदाबाद तहसील में हलचल है। करैल क्षेत्र में आने वाले गाँव जोगा मुसाहिब में मंच सज रहा है। एक माइक पर गाना बज रहा है। दो-तीन छोटी-छोटी टोलियाँ आस-पास के इलाक़े में नारे लगाते हुए उस कार्यक्रम में आने के लिए न्यौता देते हुए गुज़र रही हैं। अंत में सारी टोलियाँ एक हो गईं। आसमान इन नारों से गूँज उठा-

- जिसकी जितनी संख्या भारी, उसकी उतनी हिस्सेदारी !
- मंडल कमीशन लागू करो, वरना कुर्सी ख़ाली करो !

शिवबली राम बसपा के क़द्दावर कार्यकर्ता हैं। वे अपने साथियों धरमराज राम, कमलेश राम और रामप्यारे राम के साथ सबसे आगे आगे नारे लगाते हुए चल रहे हैं। अभी मुख्य कार्यक्रम शुरू भी नहीं हुआ है कि अचानक सामने से हमला हो जाता है। आगे चल रहे इन चारों लोगों

की हत्या हो जाती है। बाक़ी लोग अचानक हुए हमले से तितर-बितर हो जाते हैं। कहते हैं कि इस जघन्य हत्याकांड के बाद लाशों को तालाब में फेंक दिया गया था। जातिवादी, सामंती और फ़िरक़ापरस्त ताक़तों ने इस हत्याकांड को इस मंशा से अंजाम दिया था कि इलाक़े में दहशत फ़ैल जाए। आगे फिर से, कभी कोई ऐसी 'हिम्मत' न करे।

एक कार्यक्रम के सिलसिले में मेरा एक बार ग़ाज़ीपुर जाना हुआ। वहाँ के बहुजन समाज के लोग मुझे शहीदों की याद में बने 'शहीद स्तंभ' दिखाने ले गये। मुझे महसूस हुआ कि जोगा मुसाहिब के हृदय पर मौजूद यह स्तंभ आज भी अपने लोगों को जोड़ने की उसी हसरत में जातियों के जमात में बदलने के इंतज़ार में खड़ा है।

पिछड़े वर्ग को हक़ अधिकार दिलाने के लिए, मंडल कमीशन को लागू करवाने में इन चार लोगों की शहादत ने भूचाल ला दिया। पिछड़ी जातियों के लिए दलित समाज ने जान दी, इतना पर्याप्त था 'काँटे से काँटा निकालने' की "फूट डालो और राज करो" की जातिवादी राजनीति के लिए। उन्हें ये बर्दाश्त ही नहीं हुआ कि चार दलितों ने शहादत दे दी कि मंडल की सिफ़ारिशें लागू हो जाएँ! दलितों और पिछड़ों की यह एका त्रिवेणी संघ, अर्जक संघ और समाजवादी आंदोलनों के रास्ते अब कांशीराम के 'बहुजन' तक ऐतिहासिक गठजोड़ के साथ आगे बढ़ रही थी।

यह बात उन दिनों की है, जब मंडल कमीशन के प्रस्तावों को अभी लागू नहीं किया गया था। मगर पिछले कुछ समय से सामाजिक और राजनीतिक हलकों में इसे लेकर बहस तेज़ थी। उन्हीं दिनों मान्यवर कांशीराम अपने 'बहुजन' नामक एक क्रांतिकारी ख़्वाब को 85 बनाम 15 को हक़ीक़त में बदलने के लिए अप्रत्याशित संघर्ष में लगे हुए थे। डीएस-4, BAMCEF और बाद में चलकर बसपा के मार्फत अपने आन्दोलन को आगे बढ़ा रहे थे। मान्यवर कांशीराम अन्य पिछड़ा वर्ग और अनुसूचित जातियों को एक साथ लाकर बनने वाले 'बहुजन' समूह

के लिए मंडल आंदोलन को ताक़त देने का फ़ैसला कर चुके थे।

बसपा बनने के बाद 1989 के चुनाव में कांशीराम ने वीपी सिंह सरकार को सशर्त समर्थन दिया था, उनकी 3 मुख्य शर्तें थीं। पहली, देश में मंडल कमीशन लागू किया जाना। दूसरी, बाबा साहब आँबेडकर को भारत रत्न दिया जाना और तीसरी शर्त, संसद भवन के सामने आँबेडकर की प्रतिमा लगाया जाना। इन शर्तों के पूरे न होने पर 45 दिनों तक कांशीराम की अगुवाई में दिल्ली के बोट क्लब पर धरना दिया गया। उसके बाद पार्टी के निर्देश पर अगले 6 महीनों तक सभी जिला मुख्यालयों पर केंद्र सरकार की इस उदासीनता को देखते हुए धरना प्रदर्शन होता रहा।

कहानी उसके पहले से शुरू हो चुकी थी, जब साल 1984 के जून महीने में दिल्ली के ऐतिहासिक लालकिले में कांशीराम जी ने बड़ा सम्मेलन किया। जातिवादी मीडिया और प्रशासन के ना चाहते हुए भी लाखों का हुजूम दिल्ली में दिखाई दे रहा था। बसपा ने फ़ैसला लिया कि वह मंडल आंदोलन के लिए बड़ा आंदोलन खड़ा करेगी। नई दिल्ली के बोट क्लब से 01 से 14 अगस्त, 1984 के बीच 'जेल भरो आन्दोलन' की शुरुआत कर दी, जिसमें बसपा के हजारों कार्यकर्ता, जिसमें महिलाएँ भी शामिल थीं, गिरफ्तार हुए। मंडल लागू कराने के लिए कांशीराम की अगुआई में पिछड़ी दलित जातियों की गोलबंदी तेज़ हो चुकी थी।

ग़ौरतलब है कि साल 1984 में ही कांशीराम ने सत्ता की गुरु किल्ली हासिल करने के महती उद्देश्य से, DS-4 से लेकर बामसेफ तक के अपने सामाजिक-सांस्कृतिक आंदोलन को राजनीतिक मिशन के बतौर बसपा में बदला था। 'बहुजन' यानी पचासी फ़ीसदी को जोड़कर सत्ता का हुक्मरान बनाने का कांशीराम का ख़्वाब मंडल आंदोलन में उनकी सक्रियता की बुनियाद में था। कांशीराम को उत्तर भारत में त्रिवेणी संघ, अर्जक संघ से लेकर समाजवादी आंदोलन से बनी ज़मीन का लाभ मिला, तो वहीं दक्षिण में एंटी कास्ट मूवमेंट को फुले, शाहू, पेरियार का लाभ

मिला। इसीलिए आज़ाद भारत की एक बड़ी हलचल पैदा करते हुए बहुजन आंदोलन को खड़ा करने में कांशीराम कामयाब हुए थे। इतना ही नहीं इसके पश्चात मंडल कमीशन की सिफ़ारिशों को लागू कराने के लिए 10-11 अगस्त 1985 से 1993 तक मा. कांशीराम के नेतृत्व में बामसेफ, डीएस-4 और बसपा ने मिलकर पूरे भारत में पाँच बड़े सेमिनार और 500 से ज़्यादा सिंपोज़ियम किए।

'कांशीराम की नेक कमाई, तूने सोती क़ौम जगाई' जैसे भाव के साथ आज भी मान्यवर कांशीराम के साथी भावुक हो जाते हैं। दरअसल उन्हीं दिनों, कांशीराम जी की समाजवादी ख़ेमे के साथ भी एक नज़दीकी सियासत में भूचाल लाने की अदृश्य कोशिशें कर रही थी। मंडल के विरोध में जब कमंडल की ताक़तों ने पूरे देश को झुलसाने के लिए रथ घुमाना शुरू कर दिया, उन्हीं दिनों उत्तर भारत में समाजवादी और सेकुलर ताक़तों ने उस रथ के पहिए को रोका था। बिहार के समस्तीपुर में लालू यादव ने रथ रोक दिया। यूपी में मुलायम सिंह यादव मुख्यमंत्री थे, तो उन्होंने संविधान की हिफ़ाज़त करने की अपनी ज़िम्मेदारी निभाने के क्रम में कारसेवकों के ग़ैर-क़ानूनी कृत्यों को रोका। प्रशासन ने गोली चलाने का आदेश दिया। अफ़वाहों ने इसे इतना बढ़ा-चढ़ाकर दिखाया कि सरयू का पानी लाल हो गया। विश्व हिंदू परिषद ने मारे गये लोगों की सूची जारी की, जिसकी पड़ताल करते हुए पत्रकार शीतल पी सिंह जब मथुरा पहुँचे, तो सूची के पहले दसों मरे हुए लोग ज़िंदा पाए गये। ऐसी तमाम साज़िशों के बीच, करवट लेते देश में उस वक़्त पिछड़ी, दलित, किसान और कमेरा अवाम ने मंडल के सामने चले कमंडल-मंदिर आंदोलन के छींटों से भारत को लहुलुहान होने से बचा लिया।

साल 1992 में समाजवादी पार्टी बनाकर नेताजी के नाम से देश के सियासी गलियारों में मशहूर हो चुके मुलायम सिंह यादव का उभार हो चुका था। उन्हें जमात का साथ ही अपने दम पर सत्ता तक पहुँचा सकता

था। वहीं मान्यवर कांशीराम भी बहुजन नाम के सपने को साकार करने के बड़े उद्देश्य से जमात की एक बड़ी एका की दरकार महसूस कर रहे थे। दोनों की जोड़ी ने पिछड़े और दलित वर्ग के मतदाताओं को एक साथ लाने का प्रयास किया। दरअसल ग़ैर-क़ानूनी कारसेवकों को रोकने के संवैधानिक फ़र्ज़ को निभाने के चलते देश भर में नेताजी की ख्याति हो चुकी थी। वहीं इटावा के चुनाव में अपने दल से इतर जाकर की गई नेताजी की परोक्ष मदद के साथ मान्यवर कांशीराम संसद पहुँच चुके थे। इस तरह सपा-बसपा के बीच तालमेल के कई अध्याय लिखे जा चुके थे।

उसी दौर में सांप्रदायिक ताक़तों ने एक पिछड़ी जाति के लोधी समाज से आने वाले कल्याण सिंह को आगे करके बाबरी मस्जिद पर हमला करवा दिया। सुप्रीम कोर्ट ने साल 2019 के अपने फ़ैसले में, जिसे ग़ैर-क़ानूनी कृत्य बताया, वह संविधान पर कुछ गहरे ज़ख़्म दे गया। ऐसा लगा कि उत्तर भारत सांप्रदायिकता की आग में बुरी तरह झुलसने जा रहा है। उसी बीच में जात को जमात में तब्दील करने का एक बड़ा दृश्य देश की उम्मीद बनकर सामने आ गया।

नतीजतन साल 1993 तक आते-आते उत्तर भारत के बहुजन समाज के बीच से एक नारा गूँज उठा था- “मिले मुलायम कांशीराम, हवा हो गये....”। इस नारे ने दंगाई भीड़ से लहुलुहान संविधान को मरहम लगाया था। इस एकजुटता ने नया इतिहास रच दिया। यह गठबंधन उत्तर प्रदेश में ही नहीं, देश की राजनीति में बड़ा ‘गेमचेंजर’ साबित हुआ। इस गठबंधन ने भाजपा के बढ़ते प्रभाव को रोकने के लिए रणनीति बनाई थी। भाजपा और उसके समर्थकों द्वारा जोर-शोर से धार्मिक नारे राजनीति में लगाये जाने लगे, जबकि मुलायम-कांशीराम का गठबंधन सामाजिक न्याय और धर्मनिरपेक्षता की बातें कर रहा था। इसीलिए उन्होंने सोचा कि एक ऐसा संगठन बनाना ज़रूरी है जो कि दलित-शोषित समाज की ग़ैर राजनीतिक जड़ें मजबूत कर सके। यह रास्ता उत्तर प्रदेश में कामयाबी की मंज़िलें हासिल करने लगा।

यह वह वर्तमान था, जिसकी तैयारी इतिहास में पिछले कई सौ सालों से चल रही थी। ये वह जमात का बनता हुआ आकार था, जिसे बनाने में पिछड़ी दलित जातियों ने जाने कितनी कुर्बानियाँ दी थीं और संघर्ष किए थे। इसी दिन के लिए जाने कितनों ने शहादत दी, जाने कितनों ने पूरी ज़िंदगी आंदोलन में खपा दी थी। यही वह एका थी, जो भारत के हाशिये पर धकेले गये लोगों को सत्ता, संसाधन और सम्मान का हिस्सा दिलाकर राष्ट्र निर्माण की परियोजना को पूरा करती। यही भारत को विश्वगुरु बनाती। अफ़सोस कि 'बहुजन' का यह ऐतिहासिक गठजोड़ **'काँटे से काँटा निकालने'** वाली मनुवादी साज़िश का शिकार हो गया। ये गठबंधन एक बड़ी गहरी साज़िश के चलते तुड़वा दिया गया। सदियों से समानता और न्याय के बाधक काँटे एक बार फिर धर्म का चोला पहनकर आए थे। जातियों के जमात में बदलने के ऐन वक़्त पर उन्होंने साज़िश कर दी।

केवल उत्तर प्रदेश ही नहीं, समग्र उत्तर भारत में उस ख़्वाब को गहरा धक्का पहुँचा, जिससे पूरे देश के सामाजिक न्याय के आंदोलन को ऊर्जा मिली थी। सियासी तौर पर आने वाला वक़्त इस बात के इम्तेहान का था कि क्या इस देश की पिछड़ी, दलित जातियों ने काँटे से काँटा निकालने वाली साज़िशों को पहचाना या नहीं।

■

18

मंडल की मूक क्रांति और कमंडल की चुनौती

क्रिस्टोफ़ जैफ्रेलॉट अपनी किताब 'इंडियाज़ साइलेंट रिवॉल्यूशन' में मंडल आंदोलन को आज़ाद भारत की विभाजन रेखा मानते हुए इसे सबसे बड़ी "मूकक्रांति" कहते हैं। क्रिस्टोफ़ का मानना है कि मंडल कमीशन के गठन से लेकर मंडल कमीशन की एक सिफ़ारिश लागू होने के दो ध्रुवों के बीच भारत में सबसे बड़ा सत्ता हस्तांतरण हुआ। सवर्ण वर्चस्व की राजनीति के बीच सत्ता का संतुलन क्रमशः पिछड़ी दलित जातियों के हाथ में हस्तांतरित हो रहा था। सत्ता का यह हस्तांतरण कुल मिलाकर अपेक्षाकृत शांतिपूर्ण रहा। हालांकि, नब्बे के बाद मंडल आंदोलन पर कुछ लहू के छींटे भी पड़े, मगर वक़्त करवट ले चुका था। जाति जनगणना न हुई होती तो जातियों के बीच सत्ता हस्तांतरण के एक सदी पुराने आंदोलन न मज़बूत हुए होते। मंडल आंदोलन ने भारत की तस्वीर बदल दी। हालांकि, उसे कमंडल और भूमंडल के चक्रव्यूह में उलझाया गया। वीपी सिंह के शब्दों में कहें तो 'राजनीति का व्याकरण बदल चुका है। अब एक ऐसे बच्चे का जन्म हो चुका है, जिसे वापस माँ की कोख में नहीं डाला जा सकता।'

समाजवादी मिज़ाज के एक खरे सियासतदाँ विश्वनाथ प्रताप सिंह यानी वीपी सिंह को समाजवादियों और फुले, शाहू, आँबेडकर, लोहिया के विचार वालों का साथ मिल चुका था। वीपी सिंह ने नाज़ुक वक़्त में ही सही, चुनावी घोषणापत्र का अपना वायदा पूरा करने का मन बना लिया था।

तत्कालीन पीएमओ में सचिव पी. कृष्णन बताते हैं कि "6 अगस्त 1990 को देर रात इस विषय पर दो हिस्सों में श्री वी.पी. सिंह ने मंत्री श्री रामविलास पासवान और मेरे साथ लंबी चर्चा की और ओबीसी को आरक्षण देने का निर्णय किया। मैंने उनके उस जोशीले, मर्मस्पर्शी और गरिमापूर्ण भाषण को तैयार किया, जो उन्होंने 7 अगस्त 1990 को लोकसभा और 9 अगस्त 1990 को राज्यसभा में सरकार के निर्णय की घोषणा करते हुए दिया। उनके भाषण के दौरान विपक्ष द्वारा उठाए गए प्रश्नों और आपत्तियों का जवाब देने के लिए आवश्यक जानकारी मैंने अधिकारी दीर्घा से उन्हें उपलब्ध करवाई। ओबीसी को केन्द्र सरकार के अंतर्गत सेवाओं और केन्द्रीय संस्थानों में 27 प्रतिशत आरक्षण प्रदान करने का औपचारिक आदेश ऑफिस मेमोरेंडम दिनांक 13 अगस्त 1990 को जारी किया गया।"

मंडल कमीशन की एक सिफ़ारिश लागू करने के समय की राजनीति भी बेहद दिलचस्प थी। साल 1989 के लोकसभा चुनाव में जनता दल ने मंडल आयोग की सिफ़ारिशों को लागू करना अपने चुनावी घोषणापत्र में शामिल किया था। जब वीपी सिंह ने कैबिनेट की मीटिंग में खड़े होकर अपने मैनिफेस्टो में कहे के मुताबिक मंडल कमीशन की रिपोर्ट लागू करने की बात कही, तब इसे सुन कई मंत्री चुप्पी साध गए थे। लेकिन उन्हें पता था कि देश भर के समाजवादियों और आंबेडकरवादियों का नेतृत्व उनके साथ होगा। शरद यादव, कांशीराम, लालू प्रसाद यादव, मुलायम सिंह यादव, नीतीश कुमार, करुणानिधि, देवगौड़ा, रामविलास पासवान जैसे

बड़े नेता इसका खुलकर समर्थन कर रहे हैं। यों कहें कि असली वजह बने हुए हैं। परन्तु मंडल के विरोध में सवर्ण जातियों की अगुआई में देश में अराजकता के हालात पैदा हो गये।

मंडल विरोध में ओडिशा में भी प्रदर्शन हुए। पुलिस फायरिंग में कई प्रदर्शनकारी मारे गये, तो कायस्थ यानी वैश्य समाज से आने वाले उड़ीसा के तत्कालीन मुख्यमंत्री बीजू पटनायक सबसे पहले अपनी ही सरकार के विरोध में आ गये। उन्होंने अपनी ही पार्टी के प्रधानमंत्री पर जातीय हिंसा को बढ़ावा देने का आरोप मढ़ दिया। भारत के इतिहास में यह भी अद्भुत विरोधाभास देखने को मिला।

बीजू पटनायक के अलावा वीपी सिंह के करीबियों में यशवंत सिन्हा और हरमोहन धवन ने भी उनके फैसले की सार्वजनिक तौर पर आलोचना की। चंद्रशेखर का मानना था कि सरकार का इसे लागू करने का तरीक़ा ग़लत है। वीपी सरकार में मंत्री अरुण नेहरू और आरिफ मोहम्मद खां भी मंडल विरोधी नेताओं की कतार में खड़े नज़र आए। इस समय कईयों के प्रगतिशीलता और आधुनिकता के लिबास उतर गये। विश्वविद्यालयों से लेकर मीडिया में बैठे तक़रीबन सभी सवर्णों ने मंडल के विरोध में प्रत्यक्ष-परोक्ष भूमिका निभाई। जो डी-कास्ट होने की कोशिश में थे, वे अमूमन ख़ामोश थे। जो थोड़े वैचारिक तौर पर समर्पित सवर्ण थे, वे तब भी मंडल के समर्थन में लड़ाई लड़ रहे थे। आज भी मंडल विरोधियों द्वारा लिखे गये जातिवादी कुंठा ग्रस्त लेख और बयान उनकी जातिवादी सोच के सबूत के तौर पर मौजूद हैं, जिस पर अलग से काम किए जाने की ज़रूरत है। मंडल विरोध की आग में देश भर में आरक्षण के ख़िलाफ़ आंदोलन तेज़ हो गया था।

कहने वाले उन दिनों कहा करते थे कि वीपी सिंह को देखकर लगता है कि जाति नहीं विचार इंसान को बदल देता है। वहीं बीजू पटनायक से लेकर बाद के दिनों में अरुण नेहरू सरीखे वीपी सिंह सरकार के भीतर

सबसे प्रभावी 'साइलेंट एंटी-मंडल' चेहरे देखकर लोगों को यही समझ में आया कि जाति क्यों नहीं जाती। लालकृष्ण आडवाणी सरीखे लोगों का प्रकारांतर का विरोध आश्चर्यचकित नहीं करता। मगर इनमें से कुछ नेता तो समाजवादी थे, लेकिन प्रत्यक्ष-परोक्ष तौर पर विरोध में थे। लोहिया के कई वारिस इस 'डी-कास्ट' होने की कठिन, व्यावहारिक परीक्षा में लोहिया की तरह पास नहीं हो सके।

दिल्ली विश्वविद्यालय के एक कॉलेज में एक शाम उग्र आंदोलन चल रहा है। साल 1990 के सितंबर महीने की 19 तारीख़ को डीयू के आस-पास गूँजते नारे सुनाई दे रहे हैं कि- 'वीपी सिंह मुर्दाबाद', मंडल कमीशन वापस लो' और लालू, मुलायम, शरद, रामविलास पासवान, करुणानिधि जैसे नेताओं के नामों के साथ कुछ ऐसे शब्द भी तैर रहे थे, जिन्हें उन्हीं शहरी, कुलीन लोगों ने अपनी डिक्शनरी में गाली कहकर वर्जित कर रखा था। तभी अचानक आग की लपटों में एक नौजवान घिर जाता है। सामने कई कैमरे हैं। थोड़ी ही दूर पर पुलिस भी मुस्तैद है।

एक सरदार जी लपटों से घिरे राजीव को बचाने सामने आए। फिर दो चार लोग और दौड़े। मगर जब तक सरदार जी बचाते, राजीव बुरी तरह जल चुका था। राजीव अस्पताल पहुँचा और देश मंडल विरोधी आंदोलन के अगले पड़ाव में। राजीव गोस्वामी को बाद में किसी ने बताया कि तुम तो ओबीसी में आ गये थे। मगर राजीव के जानने वाले आज भी कहते हैं कि राजीव जब तक ज़िंदा था, बस एक सवाल करता था कि जब बात हुई थी कि तेल डालकर हम सत्ता को डराएँगे, फिर ये माचिस किसने जला दी?'

उस दौर में एक और माचिस जली, देश झुलसना शुरू हो गया। कमंडल लेकर कुछ लोग रथ पर बैठकर घर से निकल गए। वे कभी अपने घर वापस नहीं लौटे। जब रथ अपने 'मुक़ाम' पर पहुँचा, तो वे दिल्ली में बड़ी-बड़ी कुर्सियों तक जा पहुँचे। जो झुलसे, सब मारे गये। जैसे राजीव कुछ दिनों बाद दिल्ली में दम तोड़ गया।

वीपी सिंह, जो 1989 से पहले 'राजा नहीं फ़क़ीर हैं, देश की तक़दीर है' के नारे से राष्ट्रीय नायक की तरह सराहे जा रहे थे, अब जातिवादी सवर्ण उन्हें 'राजा नहीं रंक है, देश का कलंक है' कह कर कोसने लगे थे। ये इस देश की हक़ीक़त है। बाद में वीपी सिंह की जिस दिन मृत्यु हुई, उन्हें उस दिन भी गालियाँ दी गईं। भारतीय परंपरा और संस्कृति का हवाला देने वालों के लिए यह एक लिटमस टेस्ट है।

लगभग 2 हफ्तों तक कई विश्वविद्यालयों में छात्रों का विरोध प्रदर्शन जारी रहा, मगर इसका कोई ख़ास असर नहीं हुआ। मंडल विरोधियों को लगा कि उनके अनशन और आंदोलन को गंभीरता से नहीं लिया जा रहा है। इसके चलते 24 अगस्त 1990 को संसद घेरने की तैयारी की गई। हजारों की संख्या में छात्र हॉस्टल और यूनिवर्सिटीज से निकलकर संसद की तरफ़ बढ़े। आंदोलनकारी बसों पर बैठकर, सड़कों पर हाथ में स्लोगन लेकर चले जा रहे थे। जब इसकी भनक प्रशासन को हुई, तो पुलिस फौरन छात्रों को रोकने पहुँच गई। पुलिस ने इससे पहले तक पूरे आंदोलन में छात्रों पर बल प्रयोग नहीं किया था। पुलिस के व्यवहार और अधिकारियों की भूमिका पर भी कई बार शंका उठी। आंदोलन में छात्र पुलिस के सामने बार-बार दोहराते 'अंदर की बात है, पुलिस हमारे साथ है'।

मगर संसद के बाहर इतनी बड़ी संख्या में छात्रों को देखकर पुलिस ने लाठियाँ उठा लीं। पहली बार आंदोलनकारियों पर लाठी, डंडे और आँसू गैस के गोले बरसाए गए। छात्रों को पकड़कर बसों में भरा गया और दिल्ली के छत्रपाल स्टेडियम ले जाया गया। ये ख़बर अगले दिन के सभी बड़े अख़बारों के फ्रंट पेज पर थी। उन दिनों अधिकाँश संपादक उसी सोच के थे, जिस सोच के लिए उमा चक्रवर्ती ने अपनी किताब 'जेंडरिंग कास्ट' में लिखा कि सवाल मंडल के जरिए समानता और न्याय का था, मगर दिल्ली विश्वविद्यालय की लड़कियाँ तख्ती लेकर विरोध कर

रही थीं कि हमें बेरोज़गार पति नहीं चाहिए। जाति की लैंगिक समझ के लिए भी मंडल आन्दोलन एक नज़ीर का काम करता है।

15 अक्टूबर 1990 को इंडिया टुडे में छपी एक ख़बर के अनुसार, दिल्ली में आंदोलनकारी छात्रों ने एक बड़े चौराहे को बंद कर दिया। इसे कुर्बानी चौक का नाम दिया। दिल्ली विश्वविद्यालय के छात्रों ने कई दिनों तक ट्रैफिक जाम कर रखा। आखिरकार भारी संख्या में पहुँचे पुलिसकर्मियों ने चौक को खाली कराया और लगभग एक हजार छात्रों को गिरफ्तार कर लिया। अगले दिन छात्रों ने चौक पर दोबारा कब्जा करने की कोशिश की तो पुलिस से उनकी तीखी झड़प हुई। जब लाठीचार्ज और आँसू गैस से भी छात्र नहीं हटे, तो पुलिस ने गोलियाँ चला दीं। इसमें दो लोग मारे गए।

चंडीगढ़ में भी आंदोलन कर रहे छात्रों ने सैकड़ों सरकारी गाड़ियों, इमारतों और दफ़्तरों में आग लगा दी। छात्र इतने बेकाबू हो गए कि सेना को बुलाना पड़ा। ऑपरेशन ब्लू स्टार के बाद ये पहला मामला था जब सेना को बुलाया गया। फौज को अंबाला, सिरसा, कुरुक्षेत्र और रोहतक सहित लगभग एक दर्जन अन्य शहरों में तैनात किया गया था।

आरक्षण विरोधियों ने वीपी सिंह और राष्ट्रीय मोर्चा सरकार को संकेत दिया था कि उनका इरादा पीछे हटने का नहीं है। किताब 'द डिसरप्टर' में देबाशीष मुखर्जी लिखते हैं कि इस आंदोलन में 152 छात्रों ने आत्महत्या करने की कोशिश की और 65 छात्र मारे गए।

मंडल कमीशन की रिपोर्ट लागू होने के विरोध में प्रदर्शन कर रहे सवर्ण युवा तत्कालीन भाजपा नेता लालकृष्ण आडवाणी को घेर सरकार के ख़िलाफ़ नारेबाजी कर रहे थे। दरअसल भाजपा वीपी सिंह सरकार को बाहर से समर्थन दे रही थी। आडवाणी ने एक रणनीति बनाई। उन्होंने मंडल से सबका ध्यान हटाने के लिए कमंडल की राजनीति शुरू कर दी। लालकृष्ण आडवाणी ने 12 सितंबर 1990 को राम मंदिर के लिए रथ यात्रा करने की घोषणा कर दी। उसी साल 25 सितंबर को गुजरात के

सोमनाथ से अयोध्या के लिए रथ यात्रा शुरू कर दी। लहुलुहान पहियों के साथ यात्रा बढ़ती गई। सनद रहे कि मंदिर आंदोलन अभी तक राजनीतिक सवाल नहीं था। एक मशहूर मरहूम भाजपा नेत्री ने एक बार कहा था कि मंदिर आंदोलन का सीधा फ़ायदा भाजपा को मिला। हमने एक तीर से कई निशाने लगा दिये हैं। और धूर्त नेताओं ने इस राजनीति को भी धार्मिक काज कहकर प्रचारित किया। वक़्त इन सब का विश्लेषण ज़रूर करेगा।

रथयात्रा जब बिहार होते हुए उत्तर प्रदेश पहुँचने को थी, तब यूपी के मुख्यमंत्री मुलायम सिंह यादव ने बयान दिया, 'अयोध्या में कोई परिंदा भी पर नहीं मार पाएगा।' ऐसा कह कर मुलायम ने आडवाणी को अयोध्या आकर दिखाने की चुनौती दी। कहते हैं कि यूपी के मुख्यमंत्री मुलायम सिंह ने सीमा प्रवेश के समय ही आडवाणी की गिरफ़्तारी की तैयारी कर रखी थी। हालांकि यूपी पहुँचने से पहले ही 23 अक्टूबर 1990 को बिहार के तत्कालीन मुख्यमंत्री लालू प्रसाद यादव ने आधी रात को रथ यात्रा रोक ली और आडवाणी को समस्तीपुर से गिरफ्तार कर नज़रबंद कर दिया। दक्खिन ख़ेमे में हड़कंप मच गया। सांप्रदायिक राजनीति के रथ को रोकना कितनी बड़ी घटना थी, इसे आप लालू प्रसाद यादव के बाद के राजनीतिक करियर में हुई साज़िश से समझ सकते हैं।

उधर 30 अक्टूबर 1990 के दिन अयोध्या में क़ानून और संविधान की हिफ़ाज़त के लिए यूपी की मुलायम सिंह यादव की सरकार ने सुप्रीम कोर्ट के आदेश का पालन किया। अगले दिन के अख़बार ख़बरों की बजाय अफ़वाहों से भरकर छापे गये। सरयू का पानी लाल करने का झूठ बोला गया। संविधान और क़ानून व्यवस्था की हिफ़ाज़त भी एक तबके को क़बूल न हुई।

वक़्त ने करवट ली। यूपी में समाजवादी सरकारों को गिराकर भाजपा की सरकार बनी। पिछड़ी जाति के लोधी समाज से आने वाले

नेता कल्याण सिंह को भाजपा ने मुख्यमंत्री बनाकर 6 दिसंबर 1992 को बाबरी मस्जिद गिरवा दी। केंद्र की नरसिम्हा राव की सरकार की भी इस सबमें सहमति की बात कही जाती है। नुकीले पत्थरों को समतल करने का भाषण देने वालों तक को उस दिन अफ़सोस हो रहा था, मगर उन्हीं का ख़ेमा जश्न मना रहा था। हिन्दी के एक मशहूर साहित्यकार बताते हैं कि जब गांधी की हत्या के बाद मिठाइयाँ बाँटी गईं, तो मैंने संघ हमेशा के लिए छोड़ दिया। उसी संघ ने फिर दाग लगा दिया। आज भाजपा की सांप्रदायिक राजनीति ने इसे मंडल से भटका कर कमंडल और मंदिर में उलझा दिया। इस्तीफ़ा देकर वीपी सिंह की सरकार गिराने और मंदिर को मंडल पर हावी करने की भाजपा के सवर्ण वोट भी सधे रहे और मंडल की राजनीति कमंडल की ओर मुड़ने लगी।

वीपी सिंह ने 7 नवंबर 1990 को पीएम पद से इस्तीफ़ा दे दिया। भाजपा चाहती तो थी कि मंडल विरोध में ही समर्थन वापस ले ले, मगर पिछड़ा विरोधी घोषित हो जाने से सत्ता से हमेशा के लिए दूर हो जाने का ख़तरा था। भाजपा की रणनीति 'मंडल बनाम कमंडल' के रूप में सामने आई। इसमें पिछड़ी जातियों की सामाजिक न्याय की राजनीति को धार्मिक पहचान के भीतर समाहित करने की कोशिश की गई। भाजपा नेतृत्व का एक बड़ा हिस्सा मानता था कि मंडल से जाति-आधारित सत्ता संतुलन बदलेगा और उसका सवर्ण–मध्यवर्गीय आधार कमज़ोर होगा। इसलिए उसने सीधे विरोध के बजाय धार्मिक ध्रुवीकरण के ज़रिये मंडल के जातिगत ध्रुवीकरण को कमज़ोर करने का रास्ता चुना। इस तरह भाजपा का स्टैंड मंडल के प्रति रणनीतिक चुप्पी और राजनीतिक प्रतिरोध का था, जिसने सामाजिक न्याय की बहस को पीछे धकेलने में अहम भूमिका निभाई। भाजपा ने एक तरफ़ कमंडल और मंदिर की आड़ में पिछड़ों को भ्रमित कर दिया, वहीं रथयात्रा रोकने का बहाना बनाकर समर्थन वापस लेकर धर्म की राजनीति को जाति पर हावी करने की साज़िश भी कर दी।

कांग्रेस की तरफ़ से ख़ुद राजीव गांधी ने मंडल कमीशन का जमकर विरोध किया, संसद में लंबा भाषण दिया। संसद और सार्वजनिक मंचों पर इसे "योग्यता यानी मेरिट को कमज़ोर करने वाला" और "राष्ट्रीय एकता के लिए ख़तरनाक" क़दम बताया। इससे सवर्ण मध्यवर्ग के मंडल-विरोधी आंदोलनों को वैचारिक वैधता मिली। कांग्रेस नेतृत्व का बड़ा हिस्सा मानता था कि जाति-आधारित आरक्षण से उसका पारंपरिक शहरी–सवर्ण आधार खिसक जाएगा। उसने मंडल को सामाजिक न्याय के बजाय विभाजनकारी राजनीति के रूप में प्रस्तुत किया।

वामपंथी दलों में सीपीआई ने सतही समर्थन किया, मगर सीपीएम को इस मसले पर स्टैंड लेते-लेते काफी वक़्त लग गया। भाकपा (माले) ने मंडल आयोग के लागू होने को भारतीय समाज में ब्राह्मणवादी–सामंती वर्चस्व पर एक ज़रूरी और ऐतिहासिक प्रहार माना तथा इसे सामाजिक न्याय की दिशा में अहम क़दम कहा। पार्टी के अनुसार पिछड़ी जातियों को आरक्षण देना कोई तुष्टीकरण नहीं, बल्कि ऐतिहासिक अन्याय की आंशिक भरपाई है। साथ ही भाकपा (माले) ने यह स्पष्ट किया कि मंडल को केवल सरकारी नौकरियों और शिक्षा तक सीमित रखना पर्याप्त नहीं है; जब तक इसे ज़मीन सुधार, समान शिक्षा और राजनीतिक सत्ता में वास्तविक हिस्सेदारी से नहीं जोड़ा जाएगा, तब तक सामाजिक बराबरी अधूरी रहेगी। पार्टी ने सवर्ण मध्यवर्ग के मंडल-विरोधी आंदोलनों और "मेरिट बनाम आरक्षण" के विमर्श को सामाजिक विशेषाधिकार की रक्षा का प्रयास बताया तथा भाजपा–आरएसएस के राम मंदिर आंदोलन को मंडल की राजनीति को निष्प्रभावी करने की सांप्रदायिक रणनीति के रूप में चिन्हित किया। कुल मिलाकर, भाकपा (माले) मंडल को अंतिम मंज़िल नहीं, लेकिन अपूर्ण शुरुआत मानता था।

8 अगस्त 1991 को रामविलास पासवान ने तत्कालीन केंद्र सरकार पर मंडल आयोग की सिफ़ारिशों को लागू न करने की साज़िश का गंभीर

आरोप लगाते हुए जंतर-मंतर पर विरोध प्रदर्शन किया। रामविलास पासवान को इस प्रदर्शन के दौरान गिरफ़्तार कर लिया गया। दलित समाज की पासवान जाति से आने वाले नेता का पिछड़ी जातियों के लिए इस दर्जे का समर्पण उस दौर की ख़ासियत थी, जिसे कांशीराम जी ने भी निभाया। कांशीराम, रामविलास पासवान और मंडल आंदोलन! क्या कमाल का अतीत है जमात का! लेकिन अफ़सोस कि राजनीति के चक्रव्यूह में नाज़ुक वक़्त में सारे मौसम बदल गए। जमात का सफ़र काँटों का शिकार होता चला गया।

24 सितंबर 1990 को पटना में आरक्षण विरोधी छात्रों ने पुलिस पर ही आक्रामक रुख़ अख़्तियार कर लिया। हालात बेकाबू होने पर पुलिस ने फायरिंग कर दी। चार छात्रों की मौत हो गई। 25 सितंबर 1991 को दक्षिण दिल्ली में आरक्षण का विरोध कर रहे छात्रों पर पुलिस फायरिंग में दो लोगों की जान चली गई।

25 सितंबर 1991 को ही नरसिंह राव सरकार ने सामाजिक और शैक्षणिक रूप से पिछड़े वर्गों की पहचान से जुड़े अहम फ़ैसले किए। सरकार ने आरक्षण की सीमा बढ़ाकर 59.5 प्रतिशत करने का निर्णय लिया और ऊँची जातियों के अति पिछड़े वर्गों को भी आरक्षण के दायरे में शामिल करने का प्रावधान किया। 1 अक्टूबर 1991 को सुप्रीम कोर्ट ने केंद्र सरकार से आरक्षण में आर्थिक आधार से जुड़े पहलुओं का विस्तृत ब्यौरा माँगा। अगले दिन यानी 2 अक्टूबर 1991 को आरक्षण के विरोधियों और समर्थकों के बीच कई राज्यों में झड़पें हुईं। गुजरात में हालात बिगड़ने पर शैक्षणिक संस्थान बंद कर दिए गए। 30 अक्टूबर 1991 को मंडल आयोग की सिफ़ारिशों के ख़िलाफ़ दायर याचिकाओं की सुनवाई कर रही सुप्रीम कोर्ट की संविधान पीठ ने इस मामले को नौ न्यायाधीशों की बड़ी पीठ को सौंप दिया।

17 नवंबर 1991 को राजस्थान, उत्तर प्रदेश, मध्य प्रदेश और उड़ीसा में एक बार फिर उग्र विरोध प्रदर्शन हुए। उत्तर प्रदेश में लगभग एक सौ लोगों को गिरफ़्तार किया गया और गोरखपुर में प्रदर्शनकारियों ने 16 बसों में आग लगा दी। 19 नवंबर 1991 को दिल्ली विश्वविद्यालय के उत्तरी परिसर में पुलिस और छात्रों के बीच झड़प हुई, जिसमें बड़ी संख्या में छात्र घायल हुए। इसी दिन मुरादाबाद में दो छात्रों ने आत्मदाह करने का प्रयास भी किया। 16 नवंबर 1992 को सुप्रीम कोर्ट ने अपने ऐतिहासिक फ़ैसले में मंडल आयोग की सिफ़ारिशों को लागू करने के निर्णय को वैध ठहराया। साथ ही अदालत ने आरक्षण की अधिकतम सीमा 50 प्रतिशत निर्धारित की और पिछड़ी जातियों के उच्च तबके को आरक्षण के लाभ से बाहर रखने का निर्देश दिया।

8 सितंबर 1993 को केंद्र सरकार ने नौकरियों में पिछड़े वर्गों को 27 प्रतिशत आरक्षण देने की अधिसूचना जारी की। इसके विरोध में 20 सितंबर 1993 को दिल्ली के क्रांति चौक पर राजीव गोस्वामी ने एक बार फिर आत्मदाह का प्रयास किया। 23 सितंबर 1993 को इलाहाबाद की एक इंजीनियरिंग छात्रा मीनाक्षी ने आरक्षण व्यवस्था के विरोध में आत्महत्या कर ली। 20 फरवरी 1994 को मंडल आयोग की सिफ़ारिशों के तहत वी. राजशेखर आरक्षण के ज़रिए नौकरी पाने वाले पहले अभ्यर्थी बने। समाज कल्याण मंत्री सीताराम केसरी ने उन्हें नियुक्ति पत्र सौंपा। 1 मई 1994 को गुजरात सरकार ने राज्य सरकार की नौकरियों में मंडल आयोग की सिफ़ारिशों के तहत आरक्षण लागू करने का फ़ैसला किया।

2 सितंबर 1994 को मसूरी के झुलागढ़ इलाके में आरक्षण विरोधी प्रदर्शनकारियों और पुलिस के बीच हुए संघर्ष में दो महिलाओं समेत छः लोगों की मौत हो गई और लगभग 50 लोग घायल हुए। 13 सितंबर 1994 को उत्तर प्रदेश में सत्तारूढ़ समाजवादी पार्टी और बहुजन समाज पार्टी द्वारा घोषित राज्यव्यापी बंद के दौरान भड़की हिंसा में पाँच लोगों

की जान चली गई। 15 सितंबर 1994 को बरेली कॉलेज के छात्र उदित प्रताप सिंह ने आत्महत्या करने का प्रयास किया। इसके बाद 11 नवंबर 1994 को सुप्रीम कोर्ट ने कर्नाटक सरकार द्वारा राज्य की नौकरियों में 73 प्रतिशत आरक्षण देने के फ़ैसले पर रोक लगा दी।

हालांकि एक बात बेहद दिलचस्प है कि मंडल आंदोलन के समर्थकों के तर्क और तेवर मीडिया में कम दिखाए गये और विरोध ज़्यादा हावी रहा। आज भी आर्काइव से इसकी पुष्टि की जा सकती है। टीवी अख़बार और कथित कुलीन अंग्रेज़ीदाँ प्रभुत्ववादी वर्ग ही सब जगह सत्ता में था, इसलिए विरोध ऐसा दिखाया गया कि पूरा देश इसके ख़िलाफ़ खड़ा है। इसे ख़ुद वीपी सिंह के बाद के साक्षात्कारों से समझा जा सकता है, जब उन्होंने ख़ुद कहा-

'मेरे पास पिछड़े वर्ग के बच्चे आए। बोलने लगे कि अख़बार लिखता है कि देश के सभी युवा वीपी सिंह के ख़िलाफ़ हैं, मंडल के ख़िलाफ़ हैं। क्या हम इस देश के युवा नहीं हैं? हम उनमें से 80% का प्रतिनिधित्व करते हैं, जिनमें ओबीसी और अल्पसंख्यक भी शामिल हैं, फिर भी हमें उनमें गिना नहीं जाता। जब चीन और पाकिस्तान ने हमारी ज़मीन छीनी, तब किसी ने आत्मदाह नहीं किया, लेकिन अब जब पिछड़े वर्ग के छात्रों को आखिरकार सम्मानजनक आजीविका और सकारात्मक कार्रवाई का अवसर मिला है, तो वे विरोध प्रदर्शन कर रहे हैं? हम भी सड़कों पर उतरकर उनका मुकाबला करना चाहते हैं,' उन्होंने कहा।

इस पर वीपी सिंह ने जवाब दिया, **'हिंसा का रास्ता चुनकर तुम अपने उत्पीड़कों का ही रूप धारण करोगे, इसलिए हिंसा का कोई काम मत करो, बल्कि पढ़ाई करो और अपना जीवन बनाओ। चाहे वे मुझे सूली पर चढ़ा दें, लेकिन न्याय और सत्य के मार्ग से मत भटको।'**

वीपी सिंह पर लिखी पत्रकार देबाशीष मुखर्जी की किताब 'द डिसरप्टर : हाउ विश्वनाथ प्रताप सिंह शुक इंडिया' में यह दावा किया गया है। किताब के मुताबिक, प्रधानमंत्री बनने के कुछ ही हफ्तों के भीतर सिंह ने मंडल आयोग की रिपोर्ट को लागू करने के लिए ग्राउंडवर्क शुरू कर दिया था। वीपी सिंह प्रधानमंत्री बनते ही ओबीसी आरक्षण पर आगे बढ़ने की प्रक्रिया शुरू कर दी। 25 दिसंबर 1989 को उन्होंने इसके लिए एक 'ऐक्शन प्लान' का ऐलान किया और पूरी प्रक्रिया की निगरानी के लिए देवीलाल की अगुआई में एक कमेटी का गठन किया। सियासी हालात बदलनें पर देवीलाल वाला काम सामाजिक कल्याण मंत्री रामविलास पासवान ने निभाई। मंत्रालय के सेक्रटरी पीएस कृष्णन ने वीपी सिंह के इस क़दम में बड़ी मदद की।

मंडल आंदोलन की ये कहानियाँ उस ऐतिहासिक विकासक्रम का सबसे ज़रूरी अध्याय हैं, जो जाति के सवाल को गिनती से जोड़कर पहले उसे सांस्कृतिक विरोध और जातीय गोलबंदी में जनेऊ के पास ले गयीं। फिर जमात की गोलबंदी से ये एक वृहत्तर फ़लक पर अपना वैचारिक दायरा फैला रही होती हैं। मंडल आंदोलन ने उसे वैचारिक आधार दे दिया। जाति जनगणना की माँग यहीं से एक देशव्यापी आंदोलन बनती चली गई।

'मसावात की जंग' के लेखक और पत्रकार अली अनवर अंसारी एक क़िस्सा सुनाते हुए कहते हैं, कि 1996 में पटना के गांधी मैदान में मेरी किताब के विमोचन पर वीपी सिंह ने मुझसे कहा था- 'मंडल अब वायुमंडल बन गया है और चारों तरफ़ फैल गया है। मैंने अपनी टांग टूटने पर भी गोल कर दिया है, लेकिन मुझे लगता है अभी सेमीफाइनल हुआ है, फाइनल हो सकता है मेरे बाद हो।'

सनद रहे, फ़ाइनल होना अभी बाकी है।

■

19

पसमांदा पहलू : दर्द का रिश्ता

दलित पिछड़ा एकसमान,
हिंदू हो या मुसलमान

पूर्वांचल में एक ज़िला है- मऊ। हाजी अब्दुल नेसार अपने विधानसभा चुनाव का एक बड़ा रोचक क़िस्सा सुनाते हैं। उन्हें एक राष्ट्रीय पार्टी से टिकट मिल गया। मगर उस पार्टी से एक प्रबल दावेदार शेख़ साहब बग़ावत करके यूपी के बाहर की एक क्षेत्रीय पार्टी से टिकट लेकर आ गये। फिर एक दिन शेख़ साहब ने नेसार अहमद को अपने यहाँ बुलवाया। सब बारामदे में बैठ गये। बात होने लगी। फिर उधर से आवाज़ आई, 'अब्दुल नेसार! देख नहीं रहे कि यहाँ एक मुसलमान चुनाव लड़ रहा है, आप कहाँ से आ गये। जाओ बुनाई तनाई करो।'

हाजी नेसार समझ न सके कि हुआ क्या। ख़ामोशी से लौट आए। मगर उनके भीतर के 'मुसलमान' को ऐसा धक्का लगा था, कि क्या हम सब मुसलमान बराबर नहीं? कुछ दिनों बाद किसी ने अब्दुल नेसार को बताया कि उनके लौटने के बाद वहाँ ये सब बोला गया कि 'जुलाहे अब हमारे बराबर में बैठने लगे। अब हमारे इतने बुरे दिन आ गये कि जुलाहे हमारी क़ौम की रहनुमाई करेंगे?'

आज अब्दुल नेसार साहब 'पसमांदा आंदोलन' के बड़े क़द्दावर कार्यकर्ता हैं। 'पसमांदा' का अर्थ है 'पीछे छूटे हुए लोग'। पसमांदा आंदोलन के पैरोकार अपने आंदोलन का इतिहास संत कबीर से शुरू मानते हैं। संत कबीर वह पहले शख़्स हैं, जिन्होंने इस्लाम/मुसलमान में व्याप्त जातिवाद, ऊँच-नीच पर मुखरता से आवाज़ उठाई। पूरे भारतीय समाज में व्याप्त जातिवाद की बुराई पर चोट करते है इस प्रकार वो सिर्फ़ इस्लाम/मुसलमान समाज के ही नही वरन पूरे भारतीय समाज के लिए जाति उन्मूलन के कार्यक्रम को आगे बढ़ाते हैं।

जाति जुलाहा नाम कबीरा, बनि बनि फिरौं उदासी।
आसि पासि तुम्ह फिरि फिरि बैसो, एक माउ एक मासी॥

पसमांदा विचारकों का एक आरोप यह भी है कि अगर कबीर जुलाहा न होकर अशरफ़ होते, तो उर्स से लेकर जलसे तक गुलज़ार रहते। हालांकि, कबीर हिंदुओं के बीच भी उपेक्षित रहे। कबीर के कहे पर चलने वाले हैं, मगर थोड़े। अपनी हक़ीक़ी तवारीख़ से कबीर दिलों में गुलज़ार हैं। कबीर जैसे समावेशी, विश्वदृष्टि और मानव बोध के महानायक दुनिया में कम ही हुए। आयरनी ये है कि कबीर अपने ही देश में उपेक्षित होते चले गये। कबीर ने दोनों तरफ़ के पाखंड, अंधविश्वास और वर्चस्व को चुनौती दी। इसीलिए नायाब हैं कबीर कि दोनों ख़ेमों के जातिवाद की आइरनी को अच्छे से समझते हैं। कबीर के यहाँ बड़ी साफ़गोई है कि -

अरे इन दोहुन राह न पाई।
हिंदुन की हिंदुवाई देखी तुरकन की तुरकाई।
कहैं कबीर सुनों भाई साधो कौन राह ह्वै जाई॥

विभाजन के वक़्त मशहूर अफ़साना निगार सआदत हसन मंटो से उनके एक दोस्त ने पूछा 'यार तुम तो कोई बहुत बड़े मुसलमान भी नहीं, शराब पीते हो, नमाज़ नहीं पढ़ते, रोज़ा नहीं रखते और अश्लील लिखते हो, तुम क्यों जा रहे हो? मंटो ने खामोशी से जवाब दिया, 'इतना मुसलमान तो हूँ कि दंगे में मारा जा सकूँ'।

एक क़िस्सा ये भी मिलता है कि ग़दर की धर-पकड़ में मिर्ज़ा ग़ालिब को भी पेश होना पड़ा। टोपी और दाढ़ी देखकर अंग्रेज़ कर्नल ने पूछा कि क्या आप भी मुसलमान हैं? मिर्ज़ा बोले-आधा मुसलमान हूँ। कर्नल हैरत में पड़ गया - आधा मुसलमान? माने? मिर्ज़ा - जी शराब पीता हूँ, सुअर नहीं खाता।

हम जानते हैं कि जिस दौर में दाढ़ी टोपी ही पर्याप्त हो लिंचिंग के लिए, अख़लाक़, पहलू, जुनैद, रकबर जैसे जाने कितने सिर्फ़ इसलिए मार दिये गये, क्योंकि वे मुसलमान थे। उस दौर में मुसलमानों के भीतर जाति का सवाल उठाना मुनासिब नहीं। मगर इसका जवाब देते हुए एक बार अली अनवर अंसारी साहब ने एक गुफ़्तगू में बोला कि 'हम मज़लूमों के लिए सही वक़्त फिर आएगा कब? मारे भी हमीं तो जा रहे हैं दोनों तरफ़ से।' बस यही है इस अध्याय की बुनियाद। पसमांदा तसव्वुर की मानें तो सांप्रदायिक तनाव रोकने में भी ये सवाल कारगर व मौज़ूँ हैं।

लेखक ख़ालिद अनीस अंसारी मानते हैं कि भारतीय मुसलमानों को एक समरूप 'अल्पसंख्यक' मानने की धारणा समुदाय के भीतर मौजूद जातिगत पदानुक्रम और पसमांदा मुसलमानों के बहिष्करण को अदृश्य कर देती है। अपने लेखन में वे दिखाते हैं कि अशराफ़-प्रधान मुस्लिम राजनीति की 'एकता' दरअसल जाति के प्रश्न को दबाने का उपकरण है। इसी कारण ख़ालिद अनीस पसमांदा आंदोलन को पहचान की कोई अलग राजनीति की बजाय आँबेडकर–लोहिया परंपरा से जुड़ी जाति-विरोधी सामाजिक न्याय की परियोजना के रूप में देखते हैं। उनके अनुसार सांप्रदायिक हिंसा या लिंचिंग का असमान बोझ सबसे अधिक पसमांदा मुसलमानों पर पड़ता है, मगर हिस्सेदारी में यह समुदाय नदारद है। जिससे पसमांदा विमर्श मुस्लिम राजनीति के 'माइनॉरिटी' की पारंपरिक कल्पना को मूलतः चुनौती देता है।

पसमांदा आंदोलन ने इस देश के सामने एक नायाब सवाल खड़ा किया कि ब्राह्मणवाद और सैयदवाद एक दूसरे के खाद पानी हैं। दोनों ही जन्म-आधारित श्रेष्ठता, शुद्धता, सामाजिक पदानुक्रम और जातिगत

भेदभाव पर आधारित हैं। इनका मानना है कि इस्लामिक मान्यताऐं भले जाति को नहीं मानतीं लेकिन भारतीय उप-महाद्वीप में इस्लाम जातियों में बँटा हुआ है। इक़बाल का शे'र जैसे बयानात इसकी गवाही में दिये जाते हैं कि-

एक ही सफ़ में खड़े हो गए महमूद ओ अयाज़,
न कोई बंदा रहा और न कोई बंदा-नवाज़।

बंदानवाज़ के सामने सवाल उठा कि वज़ूख़ाने से लेकर क़ब्रिस्तान तक किसने और क्यों बाँट दिये। मौजूदा विमर्श के तहत भारतीय मुस्लिम समाज में तीन खाँचे हैं- अशराफ़ यानी सैयद, शेख, पठान और मुगल आदि विदेशी मूल के या उच्च हिंदू जातियों से धर्मांतरित हुए उच्चवर्गीय मुसलमान। अजलाफ़ यानी मध्यवर्ती जातियों से धर्मांतरित और पारंपरिक रूप से 'स्वच्छ' व्यवसायों में संलग्न मुसलमान। अरज़ाल यानी सबसे निचली श्रेणी के माने जाने वाले या 'अछूत' समझे जाने वाले मुसलमान। सामाजिक अपमान के कुछ सबूत भी देख लीजिए- 'सब जाति से हारा, नाम पड़ा भटियारा', 'खेत खाए गदहा, मार खाए जोलहा', 'कोदो महुआ अन्न नहीं, जोलहा धुनिया जन नहीं' इत्यादि। इन कहावतों से मुझे कुछ और कहावतें भी याद आ गयीं- 'अहीर गड़रिया पासी, तीनों सत्यानाशी', 'कोइरी क लइका जनम से हीन, हाथ में खुरपी मोथा बीन', या ऐसी ही अनगिनत कहावतें। यानी हिंदू और मुस्लिम समुदायों के उत्पीड़ितों या पीछे छूट गये लोगों के बीच इस एकता का कारण उनका साझा दुःख, 'दर्द का रिश्ता', साझा अहसास, व्यवसाय और कथित उच्च जातियों के द्वारा किए गए 'अपमान' और हक़मारी पर आधारित है।

'मसावात की जंग' के लेखक वरिष्ठ पत्रकार और पूर्व राज्यसभा सांसद अली अनवर जी ने हाल के दिनों में इस मसले पर बहुत काम किया है। तथ्य, तर्क, आँकड़ों के साथ ही ज़मीनी संघर्ष और आंदोलन तक पसमांदा आवाज़ को ले चलने वाले लोगों की सक्रियता ने जितना इस मुद्दे को बुलंद किया, सांप्रदायिक दंगाई राजनीति और लिंचिंग से

लेकर बुलडोज़र के हमलों ने उसे उतनी ही चुनौती दी। हालांकि, लंबे समय से इस सवाल पर चर्चा होती चली जा रही है। संपूर्ण दलित साहित्य में संकलित अपने लेख में लेखक हिलाल अहमद बताते हैं कि 'तुज़ुक-ए-फ़िरोज़शाही' से लेकर 'आईन-ए-अकबरी' जैसे ग्रंथों के मुताबिक़ मुस्लिम समुदाय में भी जाति और कबीलों की पहचान के कुछ पैमानों का उल्लेख मिलता है।

अली अनवर बताते हैं कि मुसलमानों के बीच मनु और संहिताएँ ऐसी है, जिनसे जात-बिरादरी, आला-अदना, हक़ीर, फ़क़ीर, रजील के फ़र्क़ का वर्णन मिलता है। जियाउद्दीन बरनी की 'तारीख़-ए-फ़िरोज़शाही' तथा 'फ़तवा-ए-जहाँदारी' में इस तरह की बातें भरी हुई हैं। सिर्फ़ बादशाहों और नवाबों ने ही ऐसा नहीं किया, बल्कि आधुनिक युग के कई उलेमा, शिक्षाविद् और दानीश्वरों की इस तरह की सोच वाली किताबें मिलती हैं। भारत के मुस्लिम समुदाय की जटिल स्थिति है। 2011 की जनगणना के अनुसार, भारत की कुल जनसंख्या का 14.2% हिस्सा मुसलमानों का है, जो लगभग 18-20 करोड़ के बीच है।

मुसलमानों को शिक्षा, रोजगार, राजनीतिक प्रतिनिधित्व और धार्मिक भेदभाव जैसी कई सामाजिक व आर्थिक चुनौतियों का सामना करना पड़ता है। बढ़ती जा रही सांप्रदायिक हिंसा, लिंचिंग और सामाजिक असुरक्षा, हक़मारी की यूँ तो पूरी क़ौम ही शिकार हो रही है, मगर पसमांदा का यह आरोप है कि लिंचिंग व सांप्रदायिक दंगों का शिकार सबसे ज़्यादा (95% से ज़्यादा) पसमांदा ही हो रहा है। मगर अमृतकाल तक के सफ़र में सत्ता की छिटकी बूँदें सब की सब अशराफ़ की झोली में ही गिरीं। इस ग़ैर बराबरी को मिटाने का एक मुकम्मल ज़रिया है- जाति जनगणना। क़ौम के भीतर हर क़िस्म के आँकड़े जुटाए जाएँ, ताकि पता चले कि कैसे किनका कब, कहाँ विकास करना है।

स्वतंत्रता से पहले 'पसमांदा' आंदोलन के प्रमुख नेता अब्दुल कय्यूम अंसारी और मौलाना अली हुसैन असीम बिहारी थे, जो जुलाहा

(बुनकर) समुदाय से थे। इन्होंने साल 1910 के बाद शुरू हुए इस सुधारवादी आंदोलन में 'मुस्लिम लीग' की सांप्रदायिक राजनीति और उसके मुस्लिमों के सम्पूर्ण प्रतिनिधित्व के दावे का विरोध किया। फिर इस शब्द को 1998 में अली अनवर अंसारी द्वारा पहली बार राजनीतिक रूप से प्रयोग में लाया गया जब उन्होंने 'पसमांदा मुस्लिम महाज़' की स्थापना की। बहुत सालों बाद बाबा कबीर की परंपरा को आगे बढ़ाते हुए मौलाना अली हुसैन आसिम बिहारी ने बाजाब्ता सांगठनिक रूप में एक अंतरराष्ट्रीय संगठन (जमीयतुल मोमिनीन/ मोमिन कांफ्रेंस) की स्थापना की जो भारत के अलावा नेपाल, श्रीलंका और बर्मा तक फैला हुआ था।

बंगाल में हाजी शरीयतुल्लाह के नेतृत्व में फरायज़ी आंदोलन उभर कर सामने आता है, फरायज़ी आंदोलन मुख्यतः कामगार जातियों और किसानों का आंदोलन था। इस आंदोलन में हिन्दू और मुस्लिम समाज के निचले तबके के लगभग सभी कामगार जातियों के लोग सम्मिलित थे। फरायज़ी आंदोलन हाजी शरीयतुल्लाह के बाद दादू मियाँ और नोया मियाँ के नेतृत्व में आगे बढ़ते हुए देश के विभाजन तक किसी न किसी रूप में सक्रिय रहा। हाजी शरीयतुल्लाह के जातीय उन्मूलन के इस आंदोलन में एक बड़ा वर्ग बुनकर समाज से था जिस कारण अशराफ़ लोगो ने उन्हें "जुलाहों का पीर" कह कर बदनाम किया।

आसिम बिहारी भारत के पहले ऐसे व्यक्ति थे जिन्होंने प्रौढ़ शिक्षा को योजनाबद्ध रूप में पंचवर्षीय कार्यक्रम बनाकर लागू किया। उन्होंने पसमांदा मुस्लिम महिलाओं के लिए स्कूल खुलवाए, जातिवाद के ख़िलाफ़ व्यक्तिगत और सांगठनिक संघर्ष किया, स्वतंत्रता आंदोलन में सक्रिय भूमिका निभाई और मुस्लिम साम्प्रदायिकता व भारत विभाजन का पुरज़ोर विरोध किया। पसमांदा जातियों की एकता को व्यवहार में उतारते हुए उन्होंने विभिन्न छोटे-बड़े संगठनों को वैधता दी और "बोर्ड ऑफ मुस्लिम वोकेशनल एंड इंडस्ट्री क्लासेज" की स्थापना कर एक संयुक्त आंदोलन खड़ा किया।

इसी दौर में अब्दुल क़यूम अंसारी बिहार प्रांतीय जमीयत-उल-मोमिनीन के अध्यक्ष रहे। ख़िलाफ़त आंदोलन के दौरान सासाराम में अली बंधुओं से संपर्क के बाद वे स्वतंत्रता संग्राम से जुड़े और 1930–40 के दशक में मुस्लिम लीग व दो-राष्ट्र सिद्धांत के मुखर विरोधी बने। ग़ौरतलब बात है कि पसमांदा आंदोलन के विचारकों का दावा है कि जब साल 1931 की जनगणना में मुस्लिम लीग की तरफ़ से लोगों को "केवल मुस्लिम लिखो, जाति मत बताओ" जैसी लाइन पर प्रेरित किया गया, तो इसके जवाब में मोमिन कॉन्फ्रेंस/मोमिन आंदोलन "अपनी जाति पहचान बताइए" कहते हुए घर-घर पहुँचा। याद रखें, उस दौर में यही भूमिका हिन्दुवादी संगठनों की तरफ़ से निभाई गई थी।

असम की बराक घाटी में फैय्याजुद्दीन अहमद ने सत्तर के दशक में "निखिल कछार मुस्लिम फिशरमैन फेडरेशन" बनाकर क्षेत्रीय पसमांदा जातियों को संगठित किया। वहीं राईन (कुंजड़ा/कबाड़ी) समुदाय से डॉ. एजाज़ अली ने बैकवर्ड मुस्लिम मोर्चा (बाद में यूनाइटेड मुस्लिम मोर्चा) की स्थापना की, जिसका प्रभाव बिहार सहित देश के कई हिस्सों में पड़ा।

महाराष्ट्र में शब्बीर अंसारी ने महाराष्ट्र राज्य मुस्लिम ओबीसी आर्गेनाइजेशन (बाद में ऑल इंडिया मुस्लिम ओबीसी आर्गेनाइजेशन) बनाकर पसमांदा आंदोलन को नया नेतृत्व दिया। मंडल आयोग के बाद भी महाराष्ट्र में पसमांदा जातियाँ ओबीसी सूची से बाहर थीं। अंसारी ने देशभर में आंदोलनों के जरिए यह लड़ाई लड़ी, जिसमें विलास सोनवाने और अभिनेता दिलीप कुमार का सहयोग रहा। अंततः सरकार को अधिकांश पसमांदा जातियों को ओबीसी सूची में शामिल करना पड़ा।

इसी क्रम में पत्रकार अली अनवर की पुस्तक 'मसावात की जंग' प्रकाशित हुई, जो पसमांदा आंदोलन का एक महत्वपूर्ण दस्तावेज बनी। उन्होंने "पसमांदा आवाज़" पत्रिका का भी लंबे समय तक प्रकाशन किया। बाद में उनके नेतृत्व में 'पसमांदा' शब्द को वैचारिक पहचान देते हुए पसमांदा मुस्लिम महाज़ की स्थापना हुई, जो आगे चलकर ऑल इंडिया पसमांदा मुस्लिम महाज़ बना।

2007 में मौलाना मसूद आलम फलाही की किताब 'हिंदुस्तान में जात-पात और मुसलमान' ने इस्लाम के भीतर मौजूद जातिवाद की धार्मिक पृष्ठभूमि को उजागर किया। उर्दू में होने के बावजूद यह किताब पसमांदा समाज में व्यापक रूप से लोकप्रिय हुई और जातिवाद पर सवाल उठाने की भाषा दी।

आज भी यूनाइटेड मुस्लिम मोर्चा, ऑल इंडिया मुस्लिम ओबीसी आर्गेनाइजेशन और ऑल इंडिया पसमांदा मुस्लिम महाज़ तमाम उतार-चढ़ाव के बावजूद सक्रिय हैं। साथ ही फ़ज़ल सिद्दीकी और अब्दुल्लाह मंसूर जैसे युवाओं ने "द पसमांदा" और "पसमांदा डेमोक्रेसी" जैसे डिजिटल प्लेटफॉर्म के जरिए पसमांदा विमर्श को मुख्यधारा में पहुँचाया है।

दिलचस्प यह है कि सच्चर समिति (2006) और रंगनाथ मिश्रा आयोग (2007) ने भी मुस्लिम समाज के भीतर जातियों की मौजूदगी को स्वीकार किया। सच्चर रिपोर्ट के अनुसार लगभग 40% मुसलमान ओबीसी और एससी/एसटी वर्ग से आते हैं, जबकि पसमांदा कार्यकर्ता यह संख्या 80–85% मानते हैं। इसके बावजूद राजनीतिक, शैक्षिक और आर्थिक प्रतिनिधित्व नगण्य है। पसमांदा आंदोलन की प्रमुख मांगें हैं- जातिगत जनगणना में स्पष्ट पहचान, कारीगरों व श्रमिकों के लिए सरकारी सहायता और मुस्लिम समाज के भीतर संसाधनों के असमान वितरण का अंत।

अगस्त 10, 1950 को राष्ट्रपति द्वारा जारी अध्यादेश के माध्यम से अनुच्छेद 341(3) के अंतर्गत तथाकथित ग़ैर-हिंदू दलितों को अनुसूचित जातियों (SC) की सूची से बाहर कर दिया गया, जिसके परिणामस्वरूप उन्हें आरक्षण के अधिकार से वंचित कर दिया गया। बाद में वर्ष 1956 में सिख दलितों को, और 1990 में बौद्ध दलितों को, पुनः अनुसूचित जातियों की सूची में शामिल किया गया। आज केवल इस्लाम और ईसाई धर्म के अनुयायी दलित ही अब भी इस सूची से बाहर हैं।

तेलंगाना और बिहार की जातिगत जनगणनाओं में यह स्पष्ट हुआ कि क्रमशः 81% और 73% मुसलमान 'पसमांदा' श्रेणी में आते हैं। इस जनगणना से 'पसमांदा' मुसलमानों के सामाजिक-आर्थिक पिछड़ेपन को मान्यता मिलने की संभावना है, जो नीति निर्धारण और आरक्षण व्यवस्था को अधिक न्यायपूर्ण बनाने में सहायक होगा।

कुछ मुस्लिम संगठनों और नेताओं को यह आशंका है कि 'पसमांदा' मुसलमानों को अलग श्रेणी में दर्ज करना समुदाय को विभाजित करने का प्रयास हो सकता है। उनका कहना है कि यदि यह प्रक्रिया पारदर्शी और न्यायसंगत नहीं हुई तो इससे मुस्लिम समाज के भीतर और विभाजन पैदा हो सकता है। कुछ हिंदू संगठनों का तर्क है कि आज़ादी के समय हैदराबाद, भोपाल, रामपुर जैसी 10-12 रियासतों में मुस्लिम शासक थे, इसलिए मुस्लिम समुदाय के पिछड़ेपन का दावा अनुचित है। उनका मानना है कि इन रियासतों में मुस्लिमों की सत्ता और प्रभाव को देखते हुए, उनके सामाजिक-आर्थिक पिछड़ेपन का तर्क तथ्यात्मक रूप से कमज़ोर है।

पसमांदा आंदोलन का साफ़ तौर पर ये मानना है कि जाति जनगणना एक अत्यंत आवश्यक क़दम है, जो 1931 के बाद भारत के विविध सामाजिक ताने-बाने को बेहतर ढंग से समझने में मदद करेगा। 'पसमांदा' मुसलमानों की गिनती और पहचान यदि सही ढंग से की जाती है, तो यह उनके ऐतिहासिक वंचन को पहचानने और सामाजिक न्याय सुनिश्चित करने की दिशा में महत्वपूर्ण प्रयास होगा। यह न केवल मुस्लिम समाज के भीतर समावेशी विकास को प्रोत्साहित करेगा, बल्कि भारत में सभी कमज़ोर वर्गों के लिए एक समान अवसर सुनिश्चित करने की दिशा में मील का पत्थर साबित हो सकता है। पिछले कई दशकों से पसमांदा आंदोलन की सबसे अहम माँगों में से एक है 'जाति जनगणना'। जनाब अली अनवर ने इस संबंध में सड़क से सदन तक आवाज़ बुलंद की। दो बार राज्यसभा मे माँग की और कई सेमिनार करके, पर्चे बुकलेट छापकर अपनी इस माँग को एक जनआंदोलन में बदलने की कोशिश करते हुए

इसे ही सांप्रदायिकता और सामाजिक न्याय की सबसे बुनियादी शर्त के तौर पर उठाते रहे हैं।

पसमांदा आंदोलन ने सामाजिक न्याय की वैचारिकी में एक अहम कड़ी जोड़ी जब मंडल आंदोलन और उसके बाद के संघर्षों में शामिल होकर उसने इसे एक वृहत्तर आयाम दिया। उसी दौर में एक नारा लोकप्रिय हुआ, तो उसे एक दार्शनिक और वैचारिक आधार देकर व्यवस्थित करते हुए नारा लगाया गया कि-

जिसकी जितनी संख्या भारी, उसकी उतनी ज़िम्मेदारी

यूपीए सरकार द्वारा वर्ष 2011 में कराई गई सामाजिक-आर्थिक और जाति जनगणना (SECC) दरअसल पारंपरिक जनगणना से आगे बढ़कर भारत में ग़रीबी और वंचना की वास्तविक सामाजिक बनावट को समझने का एक वैकल्पिक और महत्वपूर्ण प्रयास थी। इसी उद्देश्य से इस सर्वेक्षण में धर्म को भी एक विश्लेषणात्मक श्रेणी के रूप में शामिल किया गया, ताकि यह स्पष्ट हो सके कि सामाजिक-आर्थिक पिछड़ापन केवल हिंदू समाज की जातीय संरचना तक सीमित नहीं है, बल्कि मुस्लिम समाज के भीतर मौजूद दलित और पिछड़े तबकों में भी समान रूप से व्याप्त है। मुस्लिम दलितों और पिछड़े समुदायों की गणना इसलिए की गई ताकि नीति-निर्माण में यह तथ्य सामने आ सके कि वंचना का आधार सिर्फ़ धर्म नहीं, बल्कि धर्म के भीतर मौजूद सामाजिक पदानुक्रम, पेशागत असमानता और ऐतिहासिक बहिष्करण है।

मुस्लिम जातियों की गणना को किसी भी तरह से सांप्रदायिक गतिविधि कहना न तो तथ्यसम्मत है और न ही ईमानदार बौद्धिक रुख। भारत में धर्म के आधार पर जनसंख्या के आँकड़े जारी करने को लेकर हमेशा से ही आधिकारिक स्तर पर असाधारण उत्साह रहा है। प्रत्येक जनगणना में हिंदू, मुस्लिम, सिख, ईसाई, बौद्ध, जैन आदि की संख्या को न केवल संकलित किया जाता है, बल्कि बड़े ज़ोर-शोर से सार्वजनिक भी किया जाता है। दिलचस्प विरोधाभास यह है कि एक ओर राज्य खुद को

धर्मनिरपेक्ष सार्वजनिक नीति का अनुयायी घोषित करता है, वहीं दूसरी ओर सभी सरकारें–बिना किसी हिचक के– धर्म आधारित जनसंख्या के आँकड़ों को सार्वजनिक करके सांप्रदायिक आधार पर राजनीतिक बहसों और विमर्श का मार्ग प्रशस्त करती रही हैं। ऐसे में जब बात मुस्लिम समाज के भीतर मौजूद जातीय और सामाजिक पिछड़ेपन को समझने के लिए आँकड़े इकट्ठा करने की आती है, तो उसे अचानक 'सांप्रदायिक' करार देना दरअसल सामाजिक यथार्थ से मुँह मोड़ने और असमानता को अदृश्य बनाए रखने की राजनीतिक रणनीति ही कही जाएगी।

मौजूदा दौर बेहद नाजुक है। जिस दौर में संदिग्ध इंसानियत वालों के सामने मुसलमानों को नागरिकता सिद्ध करने को मजबूर किया जा रहा हो। उनके धार्मिक पहचान केंद्रित हमले बढ़ते जा रहे हों। ऐसे दौर में सांप्रदायिक ताक़तों के ख़िलाफ़ एक बड़ी लड़ाई लड़ने के लिए बड़ी एका भी ज़रूरी है, ताकि असंवैधानिक बुलडोज़र को संविधान से रोका जा सके। जेल में क़ैद बेगुनाहों के लिए निर्णायक लड़ाई लड़ी जा सके। इसके लिए भी ज़रूरी है कि पीछे छूट गए मुसलमानों को भी उनका हक़ अधिकार और सम्मान दिलाने की आवाज़ उठाई जाए। ताकि वृहत्तर लड़ाई में पीछे छूटे लोग भी इसे अपनी लड़ाई मानकर शामिल हों। सामाजिक न्याय का तक़ाज़ा है कि विचार में ईमानदारी हो।

■

20

अति पिछड़ों के साथ खड़े होने की ज़रूरत

'औद्योगीकरण के परिणामस्वरूप पुश्तैनी काम करने वाले व्यावसायिक समुदाय के लोग ख़ासे प्रभावित हुए हैं। मशीनी उत्पादन और सिंथेटिक सामग्री ने गाँवों में बर्तन बनाने वालों, तेल निकालने वालों, लोहार, बढ़ई आदि का काम छीन लिया। यह काम समुदाय विशेष के लोग पीढ़ियों से करते थे, जिससे उनकी रोजी रोटी चलती थी। देश भर में इन वर्गों का काम छिन जाने के बारे सबको जानकारी है।' 'ऐसे में यह बहुत ज़रूरी हो गया है कि गाँवों में रहने वाले ऐसे वर्गों के लोगों की उचित संस्थागत वित्तीय व तकनीकी सहायता और व्यावसायिक प्रशिक्षण मुहैया कराई जानी चाहिए, जिससे वे अपने दम पर छोटे उद्योगों की स्थापना कर सकें। इसी तरह की सहायता उन ओबीसी अभ्यर्थियों को भी मुहैया कराई जानी चाहिए, जिन्होंने विशेष व्यावसायिक प्रशिक्षण प्राप्त कर लिया है।'[1]

'जाति जनगणना होनी चाहिए' – यह कोई क्षणिक नारा नहीं, बल्कि दोनों राष्ट्रीय पिछड़ा वर्ग आयोगों की सोची-समझी सिफ़ारिश थी, जिसे मंडल आयोग ने सामाजिक यथार्थ की कठोर ज़मीन पर और अधिक

---

1 मंडल आयोग की सिफ़ारिशें, अध्याय 13.27, 28

तीखेपन के साथ रखा। आँकड़े अपने-आप में तक़दीर नहीं बदलते, लेकिन उनके सही इस्तेमाल से बदलाव की दिशा तय होती है। उसकी चिंता देश की उस आधी से अधिक आबादी को लेकर थी– शिल्पकार, कामगार और मेहनतकश जातियाँ– जो अलग-अलग गिनी जाएँ तो छोटी दिखती हैं, मगर मिलकर सबसे बड़ा और सबसे उपेक्षित समाज बन जाती हैं।

मंडल की समझ साफ़ थी कि अगर बदलाव सबसे निचली पायदान तक नहीं पहुँचा, तो ऊपर की हर कोशिश दिखावा ही रहेगी। इसलिए उसकी सिफ़ारिशें आरक्षण से आगे बढ़कर शिक्षा, अर्थव्यवस्था और भूमि जैसे मूल सवालों तक जाती हैं। विडंबना यह है कि आज मंडल को याद तो किया जाता है, लेकिन उसकी सबसे निर्णायक चिंताओं को चुपचाप भुला दिया गया– जबकि मंडल की लड़ाई हिस्सेदारी मात्र की ही नहीं, सम्मान, संसाधन और न्याय की बुनियाद बदलने की थी। उसने शिक्षा सुधार की बात की, ताकि ज्ञान पर कुछ गिने-चुने वर्गों का एकाधिकार टूटे। उसने आर्थिक सुधार पर ज़ोर दिया, ताकि मेहनतकश तबकों की ज़िंदगी स्थायी असुरक्षा से बाहर आ सके। उसने भूमि सुधार जैसे बुनियादी सवाल उठाए, ताकि उत्पादन के साधनों पर सदियों से जमी असमानता को चुनौती दी जा सके।

सामाजिक न्याय को 'आरक्षण' तक ही सीमित कर देना एक क़िस्म की साज़िश है। सामाजिक न्याय का अर्थ है सामाजिक, आर्थिक, राजनैतिक, लैंगिक, भाषिक, सांस्कृतिक सभी तरह का न्याय। क्योंकि इन सबकी जड़ें एक हैं। मंडल कमीशन ने आरक्षण को बीमारी का इलाज नहीं, मात्र दर्द की दवा बताया। सामाजिक, शैक्षणिक, आर्थिक और राजनीतिक बदलाव के लिए कई तरह के समानांतर कार्यक्रम चलाने थे। ये काम नहीं हुआ। शिल्पकार कामगार जातियों तक न तो पर्याप्त आरक्षण ही पहुँच सका और न सुधार की कोशिशें। इसलिए वे पिछड़ते गये।

आज आपको कितने कुलपति, प्रोफ़ेसर, कैबिनेट सचिव, डॉक्टर, इंजीनियर, डीएम-एसपी, मीडिया के संपादक, उद्योगपति के नाम के आख़िर में चौरसिया, बंजारा, प्रजापति, केवट, बिंद, चूड़ीहारा, दर्ज़ी, मोची, बढ़ई, लुहार, कुम्हार, जुलाहा मिलता है? मंडल कमीशन ने ऐसी तमाम शिल्पकार कामगार जातियों के लिए आरक्षण के साथ कुछ बुनियादी उपाय सुझाए थे, उन पर काम ही नहीं हुआ। जो बात आपने शुरू में देखी, उसी अध्याय के दो और बिन्दु देखें-

'निश्चित रूप से ज़्यादातर राज्य सरकारों ने विभिन्न वित्तीय व तकनीकी एजेंसियाँ स्थापित की हैं जिससे छोटे और मझोले उद्योगों को बढ़ावा मिल सके। लेकिन यह सबको पता है कि सिर्फ़ प्रभावशाली तबके के सदस्य ही इन एजेंसियों का लाभ उठा पाने में सक्षम हैं। इसे देखते हुए यह बहुत ज़रूरी है कि पिछड़े वर्ग की वित्तीय व तकनीकी सहायता के लिए अलग वित्तीय संस्थान की व्यवस्था की जाए व तकनीकी सहायता के लिए अलग वित्तीय निगमों आदि की व्यवस्था की जाए।'

'पेशेगत समूहों की सहकारी समितियाँ भी बहुत मददगार होंगी। अगर इनकी देखभाल व प्रबंधन करने वाले सभी पदाधिकारी और सदस्य वंशानुगत पेशे से जुड़े लोगों में से हों और बाहरी लोगों को इसमें घुसने और शोषण करने की अनुमति नहीं होगी तभी इसका फायदा होगा।'

कमंडल और भूमंडल तक़रीबन साथ आए। मंडल ने हाशिये पर पड़े समुदायों को सामाजिक और राजनीतिक चेतना और दिशा दी। कमंडल ने धर्म को जाति की बहस पर आरोपित कर राजनीतिक चाल चल दी। भूमंडल सबके लिए संभावनाएँ और साज़िशें लेकर आया। एक तरफ़ LPG यानी उदारीकरण, निजीकरण और भूमंडलीकरण एक कॉम्बो बनकर आया। विकास की नई परिभाषाएँ आईं। मशीनों ने नई संभावनाएँ पैदा कीं। इसका सबसे बड़ा असर शिल्पकार जातियों पर पड़ा। कामगार, शिल्पकार और मेहनतकश जातियों के हाथों के हुनर मुनाफ़े की गुणा-गणित में हारते चले गये।

कुम्हार, लुहार, बढ़ई, नाई, मोची, चुड़िहारा, बंजारा, जुलाहा, दर्जी, कसाई, निषाद, मल्लाह, चौरसिया, चौहान, कोली जैसी दर्जनों मेहनतकश शिल्पकार जातियों के काम धंधे बर्बाद होते गये, मगर वैकल्पिक रोज़गार उन तक पहुँच न सका। ऐसे में नब्बे के बाद कामगार शिल्पकार जातियों में भयानक बेरोज़गारी और विपन्नता आई। मंडल आंदोलन ने इन जातियों में राजनीतिक चेतना और ताक़त तो दी, मगर बाकी नीतिगत काम नहीं हुए। उस पर जितनी गंभीर नज़र और इरादे होने चाहिए थे, वे उस दौर की सीमा के चलते नहीं हो सके। आरंभिक चरण की ये सीमाएं होती हैं। वहीं इन तबकों के सवालों की विविधता ने भी इसमें भूमिका निभाई। नतीजतन ये अंतर्विरोध गहराते गए।

मंडल कमीशन के पाँच सदस्यीय आयोग में चार सदस्य पिछड़े वर्ग के थे, वहीं एक सदस्य श्री एल. आर. नायक अनुसूचित जाति से आते हैं। मंडल कमीशन में पिछड़ेपन के आधार और सूची बनाने पर सभी सदस्य एकमत थे। मगर आख़िरी में नायक जी ने अपना असहमति नोट दिया। एल. आर. नायक ने अपने नोट ऑफ़ डिसेंट में लिखा कि ओबीसी कोई एकसमान सामाजिक समूह नहीं हैं; उनमें गहरी आंतरिक असमानताएँ मौजूद हैं। यदि 27% आरक्षण को बिना उप-वर्गीकरण के लागू किया गया, तो अपेक्षाकृत सशक्त मध्यम पिछड़ी जातियाँ ही अधिकांश लाभ ले जाएँगी और अत्यंत पिछड़े समुदाय हाशिये पर रह जाएँगे। उन शिल्पकार, कामगार जातियों को भी लाभ मिल सके, जिनकी आबादी बहुत कम हैं, मगर ऐसी जातियों की संख्या ज़्यादा है, इसलिए उन्होंने ओबीसी को उप-श्रेणियों में बाँटकर आरक्षण देने की सिफ़ारिश की, ताकि सामाजिक न्याय का वास्तविक उद्देश्य– सबसे वंचित तक अवसर पहुँचाना– पूरा हो सके।

इस पर मंडल कमीशन की रिपोर्ट के पहले अध्याय में ही एक टिप्पणी है, जिसे मौजूदा संदर्भ में ज़रूर स्पष्ट समझना होगा। अध्याय एक के ग्यारहवें और बारहवें बिंदु में लिखा है कि-

“हमें यह आशा थी कि हम आपको सर्वसम्मत रिपोर्ट पेश करेंगे और आयोग के सभी सदस्य इस बात पर सहमत थे परन्तु अन्तिम क्षण में जबकि रिपोर्ट पर हस्ताक्षर किए जाने थे, एक सदस्य श्री एल० आर० नायक ने विमत की टिप्पणी देने का निर्णय किया, जो इस रिपोर्ट के खंड सात में है। श्री नायक का मुख्य रूप से यह विचार है कि अन्य पिछड़े वर्गों की राज्यवार सूचियों को दो भागों में बाँट दिया जाए अर्थात् पहले में माध्यमिक पिछड़े वर्ग हों तथा दूसरे में दलित पिछड़े वर्ग। दलित पिछड़े वर्गों के अन्तर्गत उन्होंने उन जातियों को रखा जो उनके अनुसार पिछड़े वर्ग के सर्वाधिक वंचित एवं शोषित वर्ग रहे हैं। उनका विचार है कि इस रिपोर्ट में सिफ़ारिश की गयी सुविधाओं और रियायतों के लिए उन्हें एक अलग इकाई के रूप में माना जाए। इन दोनों वर्गों को एक साथ रखकर वह यह महसूस करते हैं कि इससे इन दोनों ग्रुपों को समान लाभ नहीं मिल सकेंगे।”

इस पर आयोग ने अपनी एक छोटी सी टिप्पणी दी है कि किन वजहों से पिछड़े वर्ग में विभाजन की श्री नायक की माँग मानी नहीं गई। अध्याय एक के तेरहवें बिंदु में लिखा है कि-

“चूंकि आयोग श्री नायक के विवाद का अभिप्राय समझता है और उनके दृष्टिकोण को स्वीकार करने से वह स्थिति उत्पन्न हो जायेगी, जो संविधान के अनुच्छेद 15(4) के प्रतिकूल है। बालाजी बनाम मैसूर राज्य के मामले में उच्चतम न्यायालय ने स्पष्ट रूप से माना है कि “पिछड़ा वर्गों को दो श्रेणियों में विभाजित करने से, उक्त विचारगत आदेश में यह अभिप्राय व्यक्त किया गया है कि राज्य में अत्यधिक उन्नत वर्गों की तुलना में कम उन्नत नागरिकों के सभी वर्गों के लिए उपाय ढूंढ़ने होंगे, तथा हमारे विचार में यह अनुच्छेद 15(4) का विषय नहीं है।” इसी विचार को अन्य मामलों में अनेक बार माना गया है, और यह एक प्रमाणित निर्णय- विधि बन गई है। इसको दृष्टि में रखते हुए, आयोग ने

अन्य पिछड़ा वर्गों को दो वर्गों में विभाजित करने के श्री नायक के विचार से सहमत होना संभव नहीं समझा।"

आयोग ने इसी अध्याय के इसके अगले बिंदु चौदह और पंद्रह में लिखा कि- "इसके अतिरिक्त तथाकथित दलित पिछड़ा वर्ग की जनसंख्या के संबंध में श्री नायक द्वारा प्रस्तुत किये गए आँकड़े भी बहुत ही मनमाने हैं और विशुद्ध कल्पनाओं पर आधारित हैं। यह भी उल्लेखनीय है कि श्री नायक ने इस तथ्य के बावजूद उपर्युक्त दृष्टिकोण अपनाना उपयुक्त समझा कि पहले 10 से 14 नवम्बर 1080 तक उन्होंने अन्य पिछड़ा वर्गों की राज्यवार सूचियों के प्रत्येक पृष्ठ पर हस्ताक्षर किए थे, जिनमें सभी अन्य पिछड़ा वर्गों को एक साथ वर्गीकृत किया गया था।"

इंद्रा साहनी व अन्य बनाम भारत सरकार व अन्य (1992) मामले में अपने फैसले में सुप्रीम कोर्ट की 9 जजों की संविधान पीठ ने यह स्वीकार किया कि ओबीसी श्रेणी में शामिल कुछ जातियाँ अन्य जातियों से अधिक या कम पिछड़ी हैं। अदालत ने इस अंतर के चलते राज्य सरकारों को यह अधिकार दिया कि वे ओबीसी का उपवर्गीकरण कर सकती हैं। साल 2014 में एनडीए की सरकार के सत्ता में आने के बाद केंद्रीय सामाजिक न्याय व अधिकारिता मंत्रालय ने राष्ट्रीय पिछड़ा वर्ग आयोग से केंद्रीय सूची में शामिल ओबीसी के उपवर्गीकरण की संभावनाओं का अध्ययन करने के लिए कहा। न्यायमूर्ति (सेवानिवृत्त) वी. ईश्वरैया की अध्यक्षता वाले पिछड़ा वर्ग आयोग ने यह सिफ़ारिश की कि ओबीसी का अति पिछड़ा वर्गों, अधिक पिछड़े वर्गों और पिछड़े वर्गों में उपवर्गीकरण किया जाए। लेकिन उनकी इस सिफ़ारिश को स्वीकार नहीं किया गया।

साल 2006 में राष्ट्रीय पिछड़ा वर्ग आयोग (NCBC) की रिपोर्ट ने यह स्पष्ट किया कि मंडल आयोग द्वारा पहचानी गई 3,743 जातियों के मुक़ाबले ओबीसी की केंद्रीय सूची में पिछड़े वर्गों की संख्या बढ़कर 5,013 हो चुकी है– और यह आँकड़ा अधिकांश केंद्र शासित प्रदेशों को शामिल किए बिना है। इसी पृष्ठभूमि में 2 अक्टूबर 2017 को केंद्र

सरकार ने न्यायमूर्ति जी. रोहिणी की अध्यक्षता में चार-सदस्यीय आयोग गठित किया, ताकि ओबीसी के भीतर उपवर्गीकरण की ज़रूरत और उपयोगिता की पड़ताल हो सके। आयोग का कार्यकाल 13 बार बढ़ाया गया और अंततः जुलाई 2023 में रिपोर्ट सरकार को सौंप दी गई। मगर आज तक वह न संसद में रखी गई, न सार्वजनिक की गई।

यह गोपनीयता सत्ता की मंशा पर सवाल खड़े करती है। अगर रिपोर्ट सामान्य प्रशासनिक प्रकृति की है, तो उसे दबाकर क्यों रखा गया? और अगर वह राजनीतिक रूप से विस्फोटक है, तो लोकतंत्र में उसकी सार्वजनिक समीक्षा से परहेज़ क्यों? रोहिणी आयोग से जुड़ी चर्चाओं में यह बात प्रमुखता से उभरती है कि केंद्र सरकार के पास ओबीसी समुदायों की आबादी और प्रतिनिधित्व की तुलनात्मक पड़ताल के लिए पर्याप्त, समेकित और भरोसेमंद डेटा ही उपलब्ध नहीं है। कार्मिक एवं प्रशिक्षण विभाग द्वारा 2020 में NCBC को दिए गए आँकड़ों के अनुसार केंद्र सरकार की नौकरियों में ओबीसी प्रतिनिधित्व– ग्रुप-A में 16.51%, ग्रुप-B में 13.38%, ग्रुप-C (सफ़ाई कर्मचारियों को छोड़कर) में 21.25% और ग्रुप-C (सफाई कर्मचारी) में 17.72%– संवैधानिक आरक्षण की सीमा (27%) से लगातार कम दिखता है। यह तथ्य अपने-आप में "समान अवसर" के दावों पर प्रश्नचिह्न लगाता है।

आयोग की जाँच-पड़ताल भी मामूली नहीं थी। 2018 में उसने पिछले पाँच वर्षों में ओबीसी कोटे से दी गई लगभग 1.3 लाख केंद्रीय नौकरियों का विश्लेषण किया; साथ ही विश्वविद्यालयों, IIT, NIT, IIM और AIIMS जैसे प्रमुख केंद्रीय शैक्षणिक संस्थानों में ओबीसी प्रवेशों के आँकड़े खंगाले। मीडिया में तैरते अनाधिकृत निष्कर्ष यह संकेत देते हैं कि मुट्ठीभर जातियाँ ही आरक्षण के लाभ का बड़ा हिस्सा समेट ले गईं– हालांकि आधिकारिक पुष्टि के अभाव में यह दावा अप्रमाणित है। 2019 के मध्य में मसौदा रिपोर्ट तैयार होने की सूचना स्वयं आयोग ने दी थी, और तभी से यह माना जा रहा है कि इसके नतीजे गहरे राजनीतिक

प्रभाव डाल सकते हैं तथा न्यायिक समीक्षा का सामना कर सकते हैं। मगर पाँच साल से अधिक समय बीत जाने के बावजूद रिपोर्ट का सार्वजनिक न होना इस आशंका को बल देता है कि समस्या तकनीकी कम, राजनीतिक अधिक है– और शायद यही कारण है कि सच्चाई को लोकतांत्रिक बहस के हवाले करने से सत्ता कतरा रही है।

सामाजिक न्याय का अर्थ किसी अमूर्त नारे से नहीं, बल्कि सत्ता, संसाधन और सम्मान की उस ठोस पहुँच से तय होता है जो समाज के आख़िरी पायदान पर खड़े व्यक्ति तक पहुँचे। पिछड़ा वर्ग कोई एकरूप सामाजिक इकाई नहीं, बल्कि ऐतिहासिक वंचनाओं से उपजे असमान समूहों का जटिल समुद्र है। ऐसे में बिना ताज़ा जाति जनगणना के रोहिणी आयोग या किसी भी राष्ट्रीय आयोग का विश्लेषण न तो विश्वसनीय हो सकता है, न न्यायपूर्ण। मंडल आयोग ने ऐतिहासिक जरूरतों के तहत वर्गीकरण से इनकार किया, मगर आबादी के अनुपात में 52 प्रतिशत आरक्षण की सिफ़ारिश कर दी थी– यह स्वीकारोक्ति थी कि पिछड़े वर्ग की वास्तविक हिस्सेदारी मौजूदा ढाँचे से कहीं अधिक है। ईडब्ल्यूएस के बाद 50 प्रतिशत की सीमा टूट चुकी है, पर क्या रोहिणी आयोग ने मंडल की तरह ओबीसी कोटा बढ़ाने की सिफ़ारिश की? या आबादी के अनुरूप हिस्सेदारी की बात की? ऐसे बुनियादी सवालों पर चुप्पी अपने आप में एक राजनीतिक वक्तव्य है।

सबसे ख़तरनाक पहलू यह है कि ओबीसी आरक्षण सरकारी शिक्षा और सरकारी नौकरियों तक ही सीमित है, और वहाँ भी न्यूनतम शैक्षणिक अर्हता के बाद ही उसका लाभ संभव है। वर्गीकरण की हिमायती सरकार इन्हीं दोनों को कमोबेश निजी हाथों में बेंच चुकी है। साथ ही कहीं यह साज़िश तो नहीं कि 'योग्य अभ्यर्थी नहीं मिले' कहकर पिछड़ों को भारी तादाद में NFS किया जा सके? यह आशंका इसलिए और गहरी होती है क्योंकि आज तक क्या केंद्र सरकार एक भी ऐसा विभाग या विश्वविद्यालय गिना सकती है जहाँ 27 प्रतिशत ओबीसी आरक्षण पूरा

हुआ हो? शॉर्टफ़ॉल और बैकलॉग के पद नदारद, रोस्टरों के चक्रव्यूह, रिक्त पदों और चयन की चालाकियों के बीच यह लगभग प्रतिनिधित्व का सवाल अर्थहीन बना दिया गया है। ऊपर से बेलगाम निजीकरण ने आरक्षण को औचित्यहीन बना दिया- जब जगहें ही नहीं होंगी, वहाँ हिस्सेदारी किस बात की?

इसी शून्य में बिना आँकड़ों के झूठ और धारणाओं की राजनीति ने पिछड़े वर्ग के भीतर सियासी फूट बोई। पहले पिछड़ों की उभरती चेतना को रोका गया, फिर विफल होने पर 'फूट डालो और राज करो' की रणनीति अपनाई गई- इस बार किसी बाहरी सत्ता ने नहीं, बल्कि कथित अपनी हुकूमतों ने। नतीजा यह हुआ कि जो समूह प्रतिरोध की सबसे प्रभावी क्षमता रखते हों, उन्हें आपस में ही दुश्मन बना दिया गया। आज विडंबना यह है कि बाँटने वाले ही बाँटने के ख़िलाफ़ नारे लगा रहे हैं, जबकि आरक्षण की वास्तविक ज़मीन निजीकरण और आँकड़ों के अभाव में लगातार खिसकती जा रही है। सामाजिक न्याय के नाम पर यह सिर्फ़ विभाजन नहीं, बल्कि एक सोची-समझी राजनीतिक बेदख़ली है।

समाधान मौजूद हैं, पर शर्त यह है कि वे टालमटोल के नहीं, तत्काल और एक साथ लिए गये निर्णयों के रूप में सामने आएँ। यह काम जितना नीतिगत है, उससे कहीं अधिक नैतिक साहस और ईमानदार मंशा की माँग करता है। इसलिए निम्नलिखित बिंदुओं को किसी अंतिम सत्य की तरह नहीं, बल्कि एक ठोस वैचारिक ढाँचे के प्रस्ताव के रूप में देखा जाना चाहिए– जिसमें सुधार, विस्तार और संशोधन की गुंजाइश हमेशा बनी हुई है-

पहला, तत्काल जाति जनगणना कराई जाए- बिना किसी बहाने, बिना किसी शर्त के। केवल संख्या नहीं, बल्कि सामाजिक, शैक्षणिक और आर्थिक स्थिति से जुड़े समग्र आँकड़े जुटाए जाएँ। इन्हीं तथ्यों के आधार पर प्रत्येक जाति-समूह की वास्तविक स्थिति का वैज्ञानिक और निष्पक्ष विश्लेषण हो, ताकि नीति अनुमान पर नहीं, यथार्थ पर खड़ी हो।

दूसरा, ओबीसी आरक्षण को आबादी के अनुपात में बढ़ाया जाए। यह प्रश्न अनिवार्य है कि जब सवर्ण आबादी के ठोस आँकड़ों के बिना 10% EWS आरक्षण लागू हो सकता है जबकि अंदाज़न उनकी आबादी भी लगभग उतनी ही हो, तो ओबीसी के मामले में यह न्यायसंगत तर्क अचानक क्यों ग़ायब हो जाता है? समानता का सिद्धांत चुनिंदा नहीं, सार्वभौमिक होना चाहिए।

तीसरा, जाति जनगणना से प्राप्त आँकड़ों के आधार पर बढ़े हुए ओबीसी कोटे के भीतर तार्किक और न्यायपूर्ण उपवर्गीकरण किया जाए। अति पिछड़ी जातियों को उनका वाजिब हिस्सा मिले; और यदि किसी वर्ग में न्यूनतम अर्हता प्राप्त उम्मीदवार उपलब्ध न हों, तो वह सीटें अन्य पिछड़ी जातियों से ही भरी जाएँ– ताकि आरक्षण का उद्देश्य बाधित न हो, बल्कि व्यापक हो।

चौथा, अंधाधुंध निजीकरण पर प्रभावी नियंत्रण स्थापित किया जाए। साथ ही निजी शैक्षणिक संस्थानों और निजी क्षेत्र की नौकरियों में ओबीसी, एससी और एसटी के लिए आरक्षण को क़ानूनी रूप से सुनिश्चित किया जाए। अन्यथा आरक्षण केवल सिकुड़ते सरकारी क्षेत्र तक सीमित रह जाएगा और सामाजिक न्याय एक खोखला नारा बनकर रह जाएगा।

पाँचवाँ, अति पिछड़ी जातियों के लिए आरक्षण के अतिरिक्त विशेष और ठोस प्रावधान किए जाएँ। सरकारी स्कूलों में उनकी भागीदारी बढ़ाने के लिए लक्षित कार्यक्रम हों, आर्थिक सहायता और शुल्क-छूट के विशेष उपाय हों, और उन्हें न्यूनतम अर्हता तक पहुँचाने के लिए त्वरित शैक्षणिक तैयारी कराई जाए– ताकि वे आरक्षण के लाभ लेने की स्थिति में वास्तव में पहुँच सकें।

छठा, भूमिहीन जातियों को पक्की सरकारी ज़मीन उपलब्ध कराई जाए, क्योंकि बिना आधार के समान अवसर का दावा अधूरा है। शिक्षा और रोज़गार के क्षेत्र में उनके लिए विशेष भर्ती, प्रशिक्षण और प्रोत्साहन

की परिस्थितियाँ बनाई जाएँ– ताकि सामाजिक न्याय काग़ज़ी वादे से निकलकर जीवन की ठोस सच्चाई बन सके।

ये प्रस्ताव किसी एक समुदाय के पक्ष में नहीं, बल्कि लोकतांत्रिक न्याय के पक्ष में हैं। सवाल यह नहीं कि इन्हें किया जा सकता है या नहीं- सवाल यह है कि क्या सत्ता में बैठे लोग इन्हें एक मुकम्मल परियोजना की तरह लागू करने का नैतिक साहस रखते हैं?

ये सब तभी संभव है जब तत्काल जाति जनगणना कराई जाए– क्योंकि तभी इन जातियों को उनकी स्वायत्त पहचान, उनकी वास्तविक संख्या और उनकी वाजिब हिस्सेदारी मिल सकेगी।

यहाँ ग़ौर कीजिए कि पहचान का प्रश्न आज भी जारी है: कौन पिछड़ा है, कौन अति पिछड़ा; कौन अनुसूचित जाति में आएगा और कौन अति पिछड़ा में– यह बहस आज भी थमी नहीं है। यह निरंतरता अपने-आप में इस बात का तार्किक प्रमाण है कि जनगणना महज़ संख्याओं का खेल नहीं, बल्कि पहचान की राजनीति का वास्तविक मैदान है; वही मैदान, जहाँ बिना तथ्यों के भ्रम फैलता है और तथ्यों के साथ न्याय की भाषा जन्म लेती है।

मगर जो लोग बँटवारे की बात करते हुए पिछड़ों के कुल कोटे को बढ़ाने से असहमत दिखते हैं, जो जाति जनगणना को सिरे से ख़ारिज करते हैं, जो आँकड़ों के अभाव में अफ़वाहों और आशंकाओं से चुनावी दरारें गढ़ते हैं, और जो आर्थिक, शैक्षणिक तथा भूमि-सुधार जैसे मूल प्रश्नों पर चुप्पी साध लेते हैं– उनकी मंशा समझना कठिन नहीं। इसका सीधा अर्थ यही है कि वे पिछड़ी जातियों की राजनीतिक गोलबंदी और आपसी एका को तोड़ना चाहते हैं, ताकि सामाजिक न्याय की सामूहिक शक्ति बिखर जाए और सत्ता-संतुलन जस का तस बना रहे।

वर्गीकरण ज़रूरी भी है और अनिवार्य भी। यह भीतर से टूटने की प्रक्रिया है, मगर एक सीमा तक ही। क्योंकि बड़े सामूहिक हितों के

लिए अंततः नई और व्यापक राजनीतिक गोलबंदी की ज़रूरत पड़ेगी। सामाजिक न्याय के कुछ सवाल इतने बड़े हैं कि वे केवल बड़ी राजनीतिक एकजुटता से ही हल हो सकते हैं। यदि ये समूह भीतर-ही-भीतर टूटे रहेंगे, तो उनका हासिल लगातार दूर खिसकता जाएगा। निजीकरण को ही उदाहरण के तौर पर देखिए- जब सरकारी शिक्षा और सरकारी नौकरियाँ लगभग समाप्त हो जाएँगी, तब मात्र वर्गीकरण से अंततः क्या बचेगा? इसका अर्थ यह नहीं कि वर्गीकरण न हो; बल्कि यह कि उसके साथ पूरक और संरचनात्मक प्रश्नों को भी जोड़ा जाए। ताकि यही प्रक्रिया समय के साथ एक नई, अधिक सशक्त गोलबंदी की दिशा में आगे बढ़ सके। और इस पूरी यात्रा की सबसे ठोस, सबसे तार्किक ज़मीन- जाति जनगणना ही है।

■

21

मंडल 2.0 और 2011 की संसद में साज़िश

नब्बे के दशक में मंडल आंदोलन के बाद भारतीय राजनीति और समाज की संरचना में निर्णायक परिवर्तन आ चुका था। कमंडल और भूमंडल के उभरते गठजोड़ ने मंडल की सामाजिक-राजनीतिक चेतना को या तो अप्रासंगिक सिद्ध करने या उसे विफल ठहराने की रणनीति अपनाई। कमंडल और भूमंडल का उभरता गठजोड़ दरअसल मंडल की चुनौती से निपटने की एक संयुक्त रणनीति था। कमंडल ने धार्मिक–सांस्कृतिक राष्ट्रवाद के ज़रिये जाति आधारित सवालों को पृष्ठभूमि में धकेलने की कोशिश की, जबकि भूमंडल ने उदारीकरण और बाज़ारवादी नीतियों के माध्यम से सामाजिक न्याय को 'विकास' और 'मेरिट' की भाषा में अप्रासंगिक ठहराने की कोशिश की। इन दोनों के मेल ने जनता का ध्यान पहचान और उपभोक्तावाद की ओर मोड़ते हुए राज्य की सामाजिक ज़िम्मेदारियों को कमज़ोर किया, ताकि मंडल को विभाजनकारी या बाधक बताकर हाशिये पर डाला जा सके– हालांकि मंडल की सामाजिक और राजनीतिक जड़ें इतनी गहरी थीं कि उसे पूरी तरह निष्प्रभावी नहीं किया जा सका।

मंडल केवल एक नीतिगत हस्तक्षेप नहीं रह गया, बल्कि उसने सत्ता, प्रतिनिधित्व और सामाजिक न्याय की बहस को स्थायी रूप से पुनर्परिभाषित कर दिया। सामाजिक संरचना से लेकर चुनावी राजनीति तक, मंडल ने अपनी गहरी और अपरिवर्तनीय मौजूदगी दर्ज करा दी थी, जिसे अब नकारना संभव नहीं रहा। मंडल आंदोलन का असर सबसे गहरा ये हुआ कि जाति जनगणना को लेकर बहस अब केंद्र में आ चुकी थी।

साल 1996 के आम चुनाव में किसी दल को स्पष्ट बहुमत नहीं मिला था। 13 दिन की अटल बिहारी वाजपेयी की सरकार गिर चुकी थी। समाजवादियों के पास मौक़ा आया। सबसे पहले मंडल मसीहा बनकर उभरे वीपी सिंह को न्यौता दिया गया।

वीपी सिंह को दोबारा प्रधानमंत्री बनने का न्यौता मिला। उन्होंने उसे ठुकरा दिया। कहते हैं, जनता दल के कुछ वरिष्ठ नेता प्रस्ताव लेकर उनके घर पहुँचे तो वीपी सिंह उन्हें बैठाकर किसी बहाने बाहर निकले, गाड़ी में बैठे और दिल्ली घूमते रहे। कुर्सी बचाने के लिए मंडल लागू करने की दलील देने वालों के लिए यह वाक़या एक करारा तमाचा है। वी. पी. सिंह समाजवादी प्रशिक्षण से निकले ऐसे नेता थे, जिन्होंने जीवन भर मंडल के अपने फ़ैसले से रत्ती भर भी समझौता नहीं किया।

उनके इंकार के बाद ज्योति बसु का नाम आया। सीपीएम ने बैठकर करके प्रस्ताव नकार दिया, 'बाहर से समर्थन' देने को सहमत हुए। फिर हरकिशन सिंह सुरजीत की निर्णायक भूमिका में प्रधानमंत्री बनने की बात मुलायम सिंह यादव तक पहुँच गई। पीएम के पद और नेताजी के बीच बस एक रात का ही फ़ासला बचा था। रात आई और खेल पलट गया। संयुक्त मोर्चा की ओर से नाटकीय अंदाज़ में एच. डी. देवगौड़ा प्रधानमंत्री बन गये।

एचडी देवगौड़ा की ये सरकार समाजवादियों के ख़ासे प्रभाव वाली सरकार थी। जिसके चलते जाति जनगणना को लेकर हलचल तेज़ हो गई। एच.डी. देवेगौड़ा की अगुआई में संयुक्त मोर्चा सरकार ने 8 जनवरी, 1998 को सामाजिक कल्याण मंत्रालय ने एक कैबिनेट नोट जारी किया कि साल 2001 में जनगणना में जाति जनगणना शामिल होगी।

कुछ ही महीनों बाद, अटल बिहारी वाजपेयी के नेतृत्व में भाजपा की अगुआई वाली एनडीए सरकार सत्ता में आई। सत्ता संभालते ही इस सरकार ने अपने शुरुआती कैबिनेट फ़ैसलों में एक बेहद अहम प्रस्ताव को दफ़न कर दिया - साल 2001 में जाति जनगणना करवाने का संयुक्त मोर्चा सरकार का निर्णय। लालकृष्ण आडवाणी के स्पष्ट निर्देश पर केंद्रीय गृह मंत्रालय ने 26 मई 1998 को देवगौड़ा कैबिनेट के उस प्रस्ताव को औपचारिक रूप से ख़ारिज कर दिया। इसके बाद 26 जून 1998 को भारत के रजिस्ट्रार जनरल ने कल्याण मंत्रालय को एक पत्र भेजा, जिसमें उस कैबिनेट नोट पर गृह मंत्रालय की आपत्तियाँ संलग्न थीं। यानी यह कोई प्रशासनिक चूक नहीं, बल्कि सुनियोजित राजनीतिक फ़ैसला था। इस फ़ैसले के पीछे दिया गया तर्क वही पुराना और कपटपूर्ण था- कि भारत में जातिवाद अंग्रेज़ों की देन है, कि जाति जनगणना से जातिवाद बढ़ेगा, और कि 'हम जातियाँ नहीं गिनेंगे।' मगर असल मंशा इससे बिल्कुल अलग थी।

हक़ीक़त यह थी कि जाति जनगणना सत्ता से सवाल करती है। यह बताती है कि किसकी कितनी हिस्सेदारी है, किसे कितना हक़ मिला और किसे वंचित रखा गया। यह मंडल की राजनीति को मज़बूत करती है और यही भाजपा-संघ परिवार को स्वीकार नहीं था। भाजपा उस समय पिछड़ी, दलित और वंचित जातियों की बढ़ती सामाजिक–राजनीतिक चेतना को मंडल से हटाकर मंदिर और कमंडल की राजनीति में समेटना चाहती थी। जाति जनगणना हो जाने के बाद न तो "बाहरी दुश्मन" गढ़ा

जा सकता था और न ही सामाजिक अन्याय पर पर्दा डाला जा सकता था। इसीलिए एक सोची-समझी साज़िश के तहत जाति जनगणना को रोका गया।

मंडल आयोग की एक सिफ़ारिश लागू होने के बाद पिछड़ों को 52% तो नहीं, 27% ही आरक्षण मिल गया था। ये आरक्षण जाति के आधार पर मिला। मंडल आयोग की सिफ़ारिश भी थी कि जाति जनगणना करके ताज़ा आँकड़े जुटाए जाएँ, ताकि आरक्षण की नीति ज़्यादा व्यावहारिक और कारगर हो। फिर भी जाति जनगणना नहीं होना अतार्किक और नीतिगत तौर पर गहरे सवाल खड़ा कर रहा था। इसलिए उसी दौर में जाति जनगणना की माँग और तेज़ हो गई।

साल 1998 में कांग्रेस के राज्यसभा सदस्य एसएम कृष्णा ने केंद्रीय गृह मंत्रालय से सवाल किया कि 'क्या केंद्र सरकार 2001 में जाति जनगणना कराने का इरादा रखती है?' और दूसरा कि 'इसके पीछे के तर्क के बारे में बताएँ'। तत्कालीन केंद्रीय गृहमंत्री और भाजपा नेता लालकृष्ण आडवाणी ने पहले सवाल के जवाब में कहा- 'नहीं' और दूसरे सवाल के जवाब में उन्होंने कहा- 'सवाल ही नहीं उठता।' इसके पहले साल 1993-94 और 1994-95 में राष्ट्रीय पिछड़ा वर्ग आयोग ने अपनी सालाना रिपोर्ट में केंद्र सरकार से ओबीसी आबादी की जाति आधारित जनगणना कराने की सिफ़ारिश की थी। साल 2000 में अटल बिहारी वाजपेयी सरकार के सामाजिक न्याय एवं अधिकारितां मंत्रालय ने रजिस्ट्रार जनरल को सूचना भेजी, कि 'यह तय किया गया है कि इस आधार पर (जाति के आधार पर) जनगणना कराने की कोई आवश्यकता नहीं है।'

लालकृष्ण आडवाणी के नेतृत्व वाले गृह मंत्रालय ने जाति जनगणना के विरोध में निम्नलिखित तर्क दिए थे-

1. जाति हमारे समाज को बाँटने वाली सबसे बड़ी ताकत है। किसी व्यक्ति की सामाजिक हैसियत तय करने, उसके सामाजिक दायरे का निर्धारण करने और उसके राजनीतिक जुड़ाव का फैसला करने में इसकी भूमिका के बावजूद इसे वैधानिक दर्जा देना समझदारी नहीं है।

2. संविधान में ख़ास समुदायों को संरक्षण देने की बात करते हुए शैक्षणिक और सामाजिक रूप से पिछड़े वर्गों और कमज़ोर तबकों की बात है। जाति का जिक्र सिर्फ़ भेदभावकारी पहलू के रूप में आया है, जिससे बचा जाना चाहिए। जातिवार जनगणना से लोग जाति के आधार पर ओबीसी के दायरे में रख दिए जाएँगे और सामाजिक, शैक्षणिक और आर्थिक पिछड़ेपन की अनदेखी कर दी जाएगी। यह भारतीय संविधान की धर्मनिरपेक्ष भावना के विरुद्ध होगा।

3. अगली जनगणना में जाति को शामिल करके लोगों को जाति के आधार पर गिनने की कोशिश की जा रही है। इसके लिए जाति की एक ऐसी परिभाषा होने की कल्पना की जा रही है जिसे लोग और जनगणनाकर्मी दोनों समझ पाएँगे। यह हो पाना काफ़ी मुश्किल है क्योंकि जाति के अंदर उपजातियाँ और उपजातियों के अंदर उप-उपजातियाँ हैं। जातियों की संख्या इतनी ज़्यादा है कि जनगणना का काम मुश्किल हो जाएगा। सच तो यह है कि ऐसा कोई आधिकारिक दस्तावेज नहीं है जिसके बारे में यह दावा किया जा सके कि उसमें सभी जातियों-उप जातियों का उल्लेख है।

ये वही सवाल हैं, जिनका जवाब इस पूरी किताब में दिया जा चुका है। बाद में हुई कई जाति जनगणना ने ऐसी तमाम दिक़्क़तों को बेहद आसान तरीक़े से सुलझाया जा चुका है। जिसका एक उदाहरण है कोडीकरण।

साल 2004 में बनी यूपीए सरकार के दौरान संसद में बार-बार जाति जनगणना का सवाल उठा, लेकिन सरकार का रुख़ साफ़ तौर पर टालने वाला रहा। कांग्रेस के वरिष्ठ नेता जनार्दन पुजारी के सवाल पर तत्कालीन गृह राज्य मंत्री ने स्पष्ट कहा कि आज़ादी के बाद जाति आधारित जनगणना नहीं हुई है और सरकार के पास ऐसा कोई प्रस्ताव भी नहीं है। यानी मांग के बावजूद सरकार ने न तो पहल की, न भविष्य का कोई रोडमैप रखा।

लोकसभा में हंसराज गंगाराम अहीर ने जब पूछा कि बिना ओबीसी की वास्तविक संख्या जाने उनकी योजनाओं के लिए धन कैसे तय किया जाता है, तो सरकार ने जवाब दिया कि राज्यों से केवल अनुमान मांगे गए हैं और फंड ज़रूरत व बजट के आधार पर दिए जाते हैं। यह स्वीकारोक्ति अपने आप में गंभीर है- कल्याण योजनाएँ अनुमान और अंदाज़े के सहारे चलाई जा रही थीं, ठोस सामाजिक आँकड़ों के आधार पर नहीं।

साल 2006 में राज्यसभा में सरकार ने यह भी माना कि ओबीसी के सामाजिक-आर्थिक उत्थान के लिए उनके आँकड़े ज़रूरी हैं और उनसे योजनाएँ बेहतर बन सकती हैं। बावजूद इसके, वर्षों तक सरकार जाति जनगणना से बचती रही और सर्वेक्षण का बहाना बनाती रही। जबकि सच्चाई यह है कि कोई भी सर्वेक्षण जनगणना का विकल्प नहीं हो सकता– विश्वसनीय, समग्र और जवाबदेह आँकड़े सिर्फ़ जनगणना से ही मिलते हैं, और इसी सच्चाई से सरकार लगातार कतराती रही।

चौदहवीं लोकसभा में राष्ट्रीय पिछड़ा वर्ग वित्त और विकास निगम के बारे में रिपोर्ट देने के दौरान स्थायी समिति ने ओबीसी की संख्या के बारे में पड़ताल की और अपनी सिफ़ारिश भी दी। समिति ने पूछा कि जब पिछड़े वर्गों की कुल आबादी और ग़रीबी रेखा से दोगुनी आय के नीचे रहने वाले ओबीसी की संख्या का कोई आँकड़ा ही नहीं है, तो कल्याण योजनाओं के लक्ष्य कैसे तय किए जाते हैं। सामाजिक न्याय मंत्रालय ने

साफ़ स्वीकार किया कि ओबीसी की आबादी से जुड़ा कोई डाटा उपलब्ध नहीं है, इसलिए योजनाओं के लक्ष्य जनसंख्या के आधार पर तय ही नहीं किए जा सकते।

स्थिति और भी विडंबनापूर्ण थी क्योंकि राष्ट्रीय पिछड़ा वर्ग वित्त और विकास निगम उन्हीं ओबीसी को कर्ज देता है जिनकी आय ग़रीबी रेखा से दोगुनी से कम है, लेकिन मंत्रालय के पास न तो ओबीसी की कुल संख्या का आँकड़ा था और न ही यह जानकारी कि उनमें कितने इस आय वर्ग में आते हैं। संसदीय समिति ने स्पष्ट कहा कि सटीक आँकड़ों के बिना न योजनाएँ प्रभावी हो सकती हैं, न ही निगम अपने लक्ष्य हासिल कर सकता है। इसी कारण समिति ने सरकार से ओबीसी से संबंधित आँकड़े इकट्ठा करने पर ज़ोर दिया।

इस दबाव में 24 मई 2005 को मंत्रालय ने रजिस्ट्रार जनरल ऑफ इंडिया को पत्र लिखकर अगली जनगणना में ओबीसी की गिनती पर विचार करने को कहा। लेकिन जवाब में वही पुराना तर्क दोहराया गया- आज़ादी के बाद से एससी-एसटी के अलावा किसी जाति की गणना नहीं की जाती। यह जवाब न तो मंडल आयोग के बाद बदली सामाजिक-राजनीतिक हक़ीक़त को स्वीकार करता था, न ही उन योजनाओं की ज़रूरत को, जो बिना आँकड़ों के सिर्फ़ अंधेरे में चलाई जा रही थीं।

रजिस्ट्रार जनरल के पत्राचार के बावजूद जाति आधारित जनगणना का मुद्दा मंत्रालयों के बीच भटकता रहा। जुलाई 2006 में सामाजिक न्याय एवं अधिकारिता मंत्रालय के संयुक्त सचिव अरविंद प्रसाद ने पत्र लिखकर रजिस्ट्रार जनरल से ओबीसी सहित जाति आधारित जनगणना पर पुनर्विचार का आग्रह किया। इसके जवाब में रजिस्ट्रार जनरल ने 27 जुलाई 2006 को नोट भेजकर ओबीसी की गणना में आने वाली "दिक़्क़तों" का हवाला दिया। नोट में कहा गया कि 1951 से एससी-एसटी की गणना तो होती रही है, लेकिन ओबीसी की गणना को हमेशा

जटिल माना गया है, क्योंकि आज़ादी से पहले जाति गणना में कथित रूप से संपूर्णता और परिशुद्धता की कमी रही है। यह तर्क दरअसल ओबीसी की वास्तविक संख्या सामने आने से बचने की प्रशासनिक टालमटोल को उजागर करता है।

हालांकि केंद्रीय योजना और कार्यान्वयन मंत्रालय 28 जुलाई, 2000 को ही यह कह चुका है कि ओबीसी की संख्या जानने का काम सर्वे नहीं, बल्कि जनगणना के जरिए किया जाना चाहिए।

इन्हीं दिनों में मंडल पार्ट–2 का दौर शुरू होता है। साल 2006 में यूपीए सरकार ने 93वाँ संविधान संशोधन करते हुए संविधान के अनुच्छेद 15 में खंड (5) जोड़ा, जिसके ज़रिए पहली बार सरकारी ही नहीं, बल्कि निजी शैक्षणिक संस्थानों में भी OBC, SC और ST वर्गों के लिए आरक्षण का संवैधानिक रास्ता खोला गया। तत्कालीन मानव संसाधन विकास मंत्री अर्जुन सिंह की अगुआई में मंडल आयोग की अधूरी पड़ी दूसरी सिफ़ारिश को ज़मीन पर उतारा गया। इसके बाद वही दृश्य दोहराया गया– सड़कों पर समर्थन और उससे ज़्यादा विरोध, अदालतों में मुक़दमे, मीडिया में उन्माद, और सत्ता के गलियारों में साज़िशें व चुप्पियाँ। लेकिन इस तूफ़ान के बीच इतिहास चुपचाप करवट ले रहा था। लाखों पिछड़ी जातियों के नौजवानों ने पहली बार IIT, IIM, AIIMS और केंद्रीय विश्वविद्यालयों के दरवाज़े देखे- वे संस्थान, जो अब तक सामाजिक विशेषाधिकारों के क़िलों की तरह खड़े थे। इसी कारण यह दौर सिर्फ़ एक नीति नहीं, बल्कि उच्च शिक्षा के सामाजिक लोकतंत्रीकरण की दूसरी निर्णायक लड़ाई के रूप में 'मंडल पार्ट–2' कहलाया। नई पीढ़ी इसे अपनी शब्दावली में मंडल 2.0 कहती है।

वी.पी. सिंह के बाद अर्जुन सिंह का नाम सामाजिक न्याय से जुड़े इतने बड़े ऐतिहासिक फ़ैसलों में साथ-साथ लिया जाना इस सच्चाई की गवाही देता है कि इतिहास जातियों से नहीं, विचारों से बनता है। बराबरी,

मानव गरिमा और न्याय की वैचारिकी ने हर दौर में जाति की दीवारों को तोड़कर संघर्ष की एक साझा जमात खड़ी की है। कभी इसी वैचारिक मोर्चे पर डॉ. राममनोहर लोहिया और लोकनायक जयप्रकाश नारायण खड़े थे– जिन्होंने सत्ता से पहले समाज को बदलने का सपना देखा। उसी परंपरा में वी.पी. सिंह और अर्जुन सिंह ने भी एक निर्णायक कड़ी जोड़ी।

आज सामाजिक न्याय की राजनीति और विचारधारा से जुड़े लोग इन दोनों राजपूत नेताओं को इसलिए याद करते हैं, क्योंकि उन्होंने अपनी जाति की सियासी सुविधा नहीं, बल्कि संविधान और बराबरी के पक्ष को चुना। विडंबना यह है कि जिन फ़ैसलों ने करोड़ों वंचितों के लिए दरवाज़े खोले, वही फ़ैसले उनकी अपनी जाति और उस जाति-आधारित राजनीति को कभी रास नहीं आए। यही सामाजिक न्याय की असली कसौटी है– जहाँ नेता अपनी पहचान से ऊपर उठकर इतिहास के पक्ष में खड़ा होता है, और वही उसे विवादों से नहीं, सम्मान से अमर कर देता है।

साल 2006–07 में यूपीए सरकार द्वारा उच्च शिक्षण संस्थानों में ओबीसी को 27 प्रतिशत आरक्षण देने का फ़ैसला होते ही यह साफ़ हो गया कि टकराव नीतियों से नहीं, बल्कि सदियों पुराने सवर्ण वर्चस्व से है। सरकार ने स्पष्ट किया था कि एससी, एसटी और ओबीसी के लिए सीटें बढ़ाने के बावजूद सामान्य श्रेणी की सीटों में कोई कटौती नहीं होगी, फिर भी देश के बड़े कैंपसों, अस्पतालों और अदालतों में आरक्षण-विरोध उबालकर फूट पड़ा। यूथ फ़ॉर इक्वालिटी, रेज़िडेंट डॉक्टर्स एसोसिएशन और ऑल इंडिया इक्विटी फ़ोरम जैसे संगठनों के साथ अशोक कुमार, शिव खेड़ा और पी.वी. इंद्रसेन जैसे चेहरे सामने आए। प्रताप भानु मेहता का राष्ट्रीय ज्ञान आयोग से इस्तीफ़ा और शहरी कुलीन प्रोफ़ेसरों का लिखना-बोलना इस बात का प्रमाण था कि 'मेरिट' और 'क़ाबिलियत' के शब्द दरअसल जातिगत विशेषाधिकारों को बचाने की वैचारिक ढाल थे। जो लोग कक्षाओं में समानता और आधुनिकता पढ़ाते थे, वही

समानता जब बहुजनों के लिए ठोस नीति बनकर आई, तो वे उसके सबसे मुखर विरोधी बन गए।

यही कारण है कि एकलव्य और शंबूक की कथाएँ भारतीय लोकतंत्र में आज भी प्रासंगिक हैं– क्योंकि द्रोणाचार्य हर दौर में नए नाम और नए तर्कों के साथ उपस्थित रहते हैं। साल 2006 तक देश के कैंपसों का चरित्र बदल चुका था; हर विश्वविद्यालय में मंडल समर्थक और मंडल विरोधी खेमे स्पष्ट रूप से उभर आए थे। सबसे बड़ा विरोधाभास यह था कि जातिगत वर्चस्व बचाने के लिए खड़े सवर्ण छात्रों ने अपने संगठन का नाम 'यूथ फ़ॉर इक्वालिटी' रखा, जबकि दिल्ली विश्वविद्यालय में बहुजन छात्रों ने 'यूथ फ़ॉर सोशल जस्टिस' बनाकर बराबरी और सामाजिक न्याय के वास्तविक अर्थ को सामने रखा। वामपंथी और बहुजन संगठनों की साझी भूमिका ने आरक्षण-समर्थक आंदोलनों को वैचारिक रीढ़ दी, जिसका सबसे स्पष्ट और परिपक्व रूप 2018 के ऐतिहासिक रोस्टर आंदोलन में दिखाई दिया। यह आंदोलन केवल नियुक्तियों या सीटों का सवाल नहीं था, बल्कि उच्च शिक्षा में छिपी जातिवादी संरचना को चुनौती देने की एक निर्णायक पहल था।

जवाहरलाल नेहरु विश्वविद्यालय में साल 2000 के पहले ही 'यूनाइटेड दलित स्टूडेंट्स फ़ोरम' जैसे कई संगठन बन चुके थे। उसी कैंपस में कुछ वामपंथी संगठन भी जाति जनगणना के समर्थन में थे। जेएनयू में ही आल इण्डिया बैकवर्ड स्टूडेंट्स फोरम (AIBSF) की स्थापना 7 अगस्त 2010 को हुई, पिछड़े वर्ग से आने वाले छात्रों ने उसी डीयू-जेएनयू में मंडल पार्ट 2 के दौरान प्रगतिशीलता के लिबास में कट्टर जातिवाद देखा था। एक रिपोर्ट के मुताबिक़ इन दिनों हैदराबाद यूनिवर्सिटी में 59%, जेएनयू में 52% तथा इलाहबाद यूनिवर्सिटी में 54% तक पिछड़े दलित तबको के स्टूडेंट्स पहुँच गये हैं। नतीजतन समानता और न्याय के स्वर दबे नहीं।

भारत के सर्वोच्च न्यायालय ने 10 अप्रैल 2008 को 'अशोक कुमार ठाकुर बनाम भारत संघ' मामले में ऐतिहासिक फैसला देते हुए इस आरक्षण को बरकरार रखा। सर्वोच्च न्यायालय ने अखिल भारतीय आयुर्वेद संस्थान (AIIMS), भारतीय प्रौद्योगिकी संस्थान (IIT), राष्ट्रीय प्रौद्योगिकी संस्थान (NIT), भारतीय प्रबंधन संस्थान (IIM), भारतीय विज्ञान संस्थान (IISC) अन्य केंद्रीय शैक्षणिक संस्थानों में अन्य पिछड़ा वर्ग के उम्मीदवारों के लिए 27% कोटा के प्रावधान के लिए 93वाँ संवैधानिक संशोधन और केंद्रीय शैक्षणिक संस्थान (सीईआई) (प्रवेश में आरक्षण) अधिनियम, 2006 को बरकरार रखा। इंदिरा साहनी मामले की तरह यह भी ऐतिहासिक फ़ैसला था, जिसकी नींव एम. नागराज मामले में रची जा चुकी थी। सनद रहे कि नागराज मामले में सुप्रीम कोर्ट ने प्रमोशन में आरक्षण को भी वैध माना था।

मंडल पार्ट–1 की तरह ही मंडल पार्ट–2 ने भी सत्ता, संसाधन और संस्थानों पर क़ाबिज़ तबके के असली चरित्र को निर्वस्त्र कर दिया। यह भ्रम टूट चुका था कि देश में "मेरिट" के नाम पर चल रही व्यवस्था तटस्थ है; अब साफ़ हो गया था कि बहुसंख्यक आबादी कौन है और अल्पसंख्यक विशेषाधिकार किसके पास केंद्रित हैं। लेकिन यह सामाजिक सच्चाई तब तक आधिकारिक नहीं मानी जाती, जब तक उसके पक्ष में ठोस आँकड़े न हों– और आँकड़ों के लिए जाति जनगणना अपरिहार्य थी। मंडल पार्ट–2 के बाद बदले हुए कैंपसों, आंदोलनों और वैचारिक टकरावों ने जाति जनगणना की माँग को केवल राजनीतिक नारा नहीं, बल्कि लोकतांत्रिक ज़रूरत में तब्दील कर दिया। यह सवाल अब पहचान का नहीं, संसाधनों में हिस्सेदारी और नीति-निर्माण की वैधता का बन चुका था।

इसी पृष्ठभूमि में 2010–11 के आसपास देश भर में एक व्यापक सामाजिक-राजनीतिक हलचल दिखाई दी। छोटे-बड़े अनगिनत संगठनों, सामाजिक कार्यकर्ताओं, बुद्धिजीवियों और नेताओं ने सेमिनारों,

गोष्ठियों, बैठकों, पर्चों, पोस्टरों और आंदोलनों के ज़रिये एक स्वर में माँग उठाई कि 2011 की जनगणना में जाति आधारित गणना अनिवार्य रूप से शामिल की जाए। संसद में संख्या बल कांग्रेस के पास था, लेकिन ज़मीनी दबाव समाजवादी पार्टी, राष्ट्रीय जनता दल, बहुजन समाज पार्टी, जनता दल (यू), लोक जनशक्ति पार्टी, डीएमके और अन्य क्षेत्रीय दलों के नेतृत्व में लगातार गहराता जा रहा था। यह दबाव केवल राजनीतिक सौदेबाज़ी नहीं था, बल्कि मंडल के बाद उभरी उस सामाजिक चेतना की अभिव्यक्ति था, जो अब अपने अस्तित्व को आँकड़ों में दर्ज करवाए बिना पीछे हटने को तैयार नहीं थी।

साल 2010 में लोकसभा के एक प्रश्न के उत्तर में केंद्र सरकार ने पहली बार आधिकारिक तौर पर बताया कि 1951 के बाद से जाति आधारित जनगणना क्यों नहीं की जा रही है। तत्कालीन केंद्रीय गृह राज्य मंत्री ने स्पष्ट किया कि हर जनगणना में अनुसूचित जाति (SC) और अनुसूचित जनजाति (ST) के आँकड़े तो जुटाए जाते हैं, लेकिन इनके अलावा अन्य जातियों के आँकड़े नहीं लिए जाते। इसके पीछे सरकार ने संविधान की प्रस्तावना में निहित धर्मनिरपेक्षता (सेकुलर स्टेट) की भावना को आधार बताया।

यह तर्क अपने आप में विरोधाभासी और विचित्र है। भारत एक धर्मनिरपेक्ष राष्ट्र होते हुए भी आज़ादी के बाद से हर दस साल में जनगणना के दौरान धर्म पूछता है, सरकारी फ़ॉर्मों और दस्तावेज़ों में भी धर्म दर्ज किया जाता है, लेकिन जाति पूछना सेकुलरिज़्म के ख़िलाफ़ बताया जाता है। यही विरोधाभास यह उजागर करता है कि जाति जनगणना को रोकने के पीछे कोई ठोस या तार्किक वजह नहीं, बल्कि एक राजनीतिक–प्रशासनिक हठधर्मिता रही है।

ग़ौरतलब है कि जाति जनगणना के ख़िलाफ़ दिए गए सरकारी तर्क न सिर्फ़ कमजोर और विरोधाभासी हैं, बल्कि यह भी संकेत देते हैं कि

बिना ठोस वजह के जाति जनगणना को रोककर सामाजिक न्याय और समावेशी लोकतंत्र की सबसे बड़ी परियोजना को दशकों तक बाधित किया गया।

ग्यारहवीं पंचवर्षीय योजना (2007–2012) के दस्तावेज में स्पष्ट रूप से कहा गया था कि अनुसूचित जाति, जनजाति, अल्पसंख्यक और दिव्यांगों की तरह ओबीसी की जनगणना भी अनिवार्य है और यदि तत्काल संभव न हो तो 2011 की जनगणना में इसे शामिल किया जाना चाहिए। दस्तावेज यह रेखांकित करता है कि ओबीसी की आबादी, साक्षरता, सरकारी–निजी–असंगठित क्षेत्र में भागीदारी, स्वास्थ्य, ग़रीबी और मानव विकास से जुड़े आँकड़ों के बिना उनके लिए प्रभावी नीतियाँ बनाना असंभव है। ख़ास बात यह है कि योजना आयोग का अध्यक्ष स्वयं प्रधानमंत्री होता है, इसके बावजूद गृह मंत्रालय और उसके अधीन रजिस्ट्रार जनरल ऑफ़ इंडिया द्वारा इस मुद्दे पर लगातार टालमटोल किया जाना यह दर्शाता है कि राज्य स्तर पर सामाजिक न्याय की ज़रूरतों को जानबूझकर नज़रअंदाज़ किया गया।

इन्हीं दिनों देश के विश्वविद्यालयों से लेकर सड़क–चौराहों तक मंडल समर्थन की एक स्पष्ट और सशक्त सामाजिक धारा उभर चुकी थी। यह केवल किसी नीति या आरक्षण की माँग भर नहीं थी, बल्कि भारतीय समाज की सदियों पुरानी सत्ता-संरचना को दी गई एक निर्णायक चुनौती थी। पिछले लगभग सौ वर्षों के सामाजिक संघर्ष- फुले-पेरियार-आंबेडकर से लेकर लोहिया और मंडल आयोग तक का यह प्रतिफल था कि बहुजन समाज पहली बार अपने संख्या-बल, श्रम-योगदान और ऐतिहासिक वंचना को राजनीतिक भाषा में बदलने लगा। इतिहास शायद इस विडंबना को दर्ज करेगा कि जिन वर्गों ने हज़ारों वर्षों तक 'जाति' के नाम पर सत्ता, संसाधन और सम्मान पर एकाधिकार बनाए रखा, वही वर्ग अब 'जाति' के नाम पर समानता और न्याय की लोकतांत्रिक माँगों का सबसे मुखर विरोधी बन गया।

इसी दौर में जनहित अभियान और उसके संयोजक राजनारायण जैसे लोग एक मिसाल के रूप में सामने आए, जिन्होंने 2011 की जनगणना में जाति-आधारित आँकड़ों की माँग को एक सीमित बौद्धिक बहस से निकालकर जन-आंदोलन का रूप दिया। उनका तर्क सीधा और तथ्यपरक था– जब तक समाज की वास्तविक संरचना का वैज्ञानिक डेटा उपलब्ध नहीं होगा, तब तक न तो सामाजिक न्याय की नीतियाँ ईमानदारी से बन सकती हैं और न ही संसाधनों का न्यायपूर्ण बँटवारा संभव है। यह माँग संविधान के अनुच्छेद 15 और 16 की उस मूल भावना से जुड़ती थी, जो समानता को केवल नैतिक आदर्श नहीं बल्कि राज्य की ठोस ज़िम्मेदारी मानती है।

नतीजतन देश भर के कैंपस, नुक्कड़ और चौराहे उन किसान, कामगार और शिल्पकार जातियों की आवाज़ों से गूँजने लगे, जिन्हें लंबे समय तक न तो आत्मसम्मान की सामाजिक भाषा मिली थी और न ही संगठित राजनीतिक शक्ति। अब ये वर्ग अपनी पहचान को हीनता नहीं, बल्कि अधिकार और हिस्सेदारी के आधार के रूप में देखने लगे थे। यह बदलाव सिर्फ़ सत्ता के समीकरण नहीं बदल रहा था, बल्कि भारतीय लोकतंत्र के चरित्र को भी पुनर्परिभाषित कर रहा था- जहाँ बहुसंख्य मेहनतकश समाज पहली बार अपने इतिहास, अपने वर्तमान और अपने भविष्य पर दावा कर रहा था।

साल 2010 के मई महीने की 6 और 7 तारीख़ भारतीय लोकतंत्र के इतिहास में दर्ज एक ऐसे क्षण की गवाह हैं, जब संसद ने दुर्लभ एकमत से जाति जनगणना के पक्ष में अपनी सहमति दर्ज की थी।

सपा से मुलायम सिंह यादव, राजद से लालू प्रसाद, जदयू से शरद यादव, कांग्रेस से बेनीप्रसाद वर्मा व राजाराम पाल, नेशनल कॉन्फ्रेंस से शरीफुद्दीन शारिक, बसपा से दारा सिंह चौहान, भाजपा से गोपीनाथ मुंडे और हुकुमदेव नारायण यादव, सीपीआई से गुरुदास दास गुप्ता,

जनतादल सेकुलर से एचडी देवगौड़ा, सीपीएम से डॉ. रामचंद्र डोम समेत दर्जनों सांसदों ने 6-7 मई 2010 को हुई जाति जनगणना की इस ऐतिहासिक बहस में भाग लिया।

समाजवादी पार्टी के मुखिया, इंसाफ़ और इंसानियत के पैरोकार मरहूम नेताजी मुलायम सिंह यादव ने जाति जनगणना साल 2011 में किसी भी कीमत पर करवाए जाने के लिए ज़ोर देते हुए कहा कि जाति एक ऐसी गंदगी है, जिसे कपड़ों से नहीं ढँका जा सकता है। इससे बचने के लिए इसे साफ़ करना होगा। लेकिन बिना आँकड़ों के कौन-सी नीति और कौन-सा विकास?

भाजपा नेता, गोपीनाथ मुंडे ने इसी बहस में शामिल होते हुए कहा था, कि अगर इस बार भी जनगणना में हम ओबीसी की जनगणना नहीं करेंगे, तो ओबीसी को सामाजिक न्याय देने के लिए और 10 साल लग जाएँगे। हम उन पर अन्याय करेंगे।

लालू प्रसाद यादव ने कहा कि बिना जाति की सही गिनती के न तो सामाजिक न्याय संभव है और न ही संसाधनों की न्यायपूर्ण हिस्सेदारी। उन्होंने ज़ोर दिया कि जाति जनगणना जातिवाद नहीं, बल्कि लोकतंत्र में 'जिसकी जितनी संख्या, उसकी उतनी हिस्सेदारी' सुनिश्चित करने का औज़ार है।

शरद यादव ने साफ़ कहा कि OBC की पहचान व्यवहार में 'जाति' के आधार पर ही होती रही है, इसलिए जाति को जनगणना से बाहर रखना तर्कसंगत नहीं। आँख बंद करने से सामाजिक सच्चाई ख़त्म नहीं होती।

जेडीएस नेता और पूर्व प्रधानमंत्री एचडी देवगौड़ा ने कहा कि जाति जनगणना का उद्देश्य किसी समुदाय के ख़िलाफ़ अन्याय करना नहीं है, बल्कि सभी समुदायों के लिए समान अवसर और न्याय सुनिश्चित करना है। कोई भी समुदाय अन्याय का शिकार नहीं होगा।

संसद के भीतर एक आम सहमति बन चुकी थी। यह सिर्फ़ एक तकनीकी प्रस्ताव नहीं था, बल्कि आज़ाद भारत में पहली बार राज्य द्वारा समाज को उसकी वास्तविक जातिगत संरचना में पहचानने का साहसिक निर्णय था। सत्ता और विपक्ष की रेखाएँ उस बहस में धुँधली पड़ गई थीं– लगभग सभी दलों के सांसदों ने स्वीकार किया था कि बिना जाति की गिनती के सामाजिक न्याय केवल नारा बनकर रह जाएगा।

यह सहमति अचानक नहीं बनी थी। मंडल राजनीति, सामाजिक आंदोलनों और दशकों से उठती पिछड़े-दलित समाज की माँगें इस निर्णय की पृष्ठभूमि में थीं। विचारधाराओं की विविधता एक साझा निष्कर्ष पर पहुँची थी कि 2011 की जनगणना में जाति को दर्ज किया जाना चाहिए। यह लोकतंत्र का वह क्षण था जब प्रतिनिधि सभा ने समाज के हाशिये को केंद्र में रखने का दावा किया।

अगस्त 2010 में भी संसद में कई दिनों तक समाजवादियों ने हंगामा किया कि साल 2011 में होने वाली जाति जनगणना के ख़िलाफ़ क्यों साज़िशें हो रही हैं। कोडिंग, बायोमेट्रिक और तकनीक से लेकर नियत तक पर विपक्षी दल सरकार के सामने हंगामा करते रहे।

1 मार्च, 2011 को, लोकसभा में चर्चा के दौरान तत्कालीन गृहमंत्री पी चिदंबरम ने कहा था कि जनगणना का उद्देश्य लोगों की गणना करना है और इसमें जाति का प्रावधान करने से जनगणना की प्रक्रिया जटिल हो जाएगी। चिदंबरम ने यह भी बताया कि ओबीसी की एक केंद्रीय सूची और ओबीसी की राज्य-विशिष्ट सूची है। कुछ राज्यों में ओबीसी की सूची नहीं है; कुछ राज्यों में ओबीसी की एक सूची है और एक उप-समूह है जिसे सबसे पिछड़ा वर्ग कहा जाता है।

तत्कालीन रजिस्ट्रार जनरल ने भी कहा कि इस सूची में कुछ नई और कुछ ख़त्म हो गई श्रेणियाँ भी हैं, जैसे अनाथ और निराश्रित बच्चे। अनुसूचित जाति की सूची और ओबीसी की सूची दोनों में कुछ जातियों

के नाम मिलते हैं। ईसाई या इस्लाम में परिवर्तित अनुसूचित जातियों के साथ भी अलग-अलग राज्यों में अलग-अलग व्यवहार किया जाता है। एक राज्य से दूसरे राज्य में स्थिति और अंतरजातीय विवाह के बच्चों की स्थिति, जाति वर्गीकरण के संदर्भ में, भी विवादास्पद प्रश्न हैं। इन बातों को लेकर जाति जनगणना का मुद्दा पशोपेश में पड़ता जा रहा था। मगर समर्थन की आवाज़ें मुखर थीं। संसद में भारी हंगामे के बीच तत्कालीन प्रधानमंत्री ने कहा था कि 'मैं आपको विश्वास दिलाता हूँ कि मंत्रिमंडल शीघ्र ही निर्णय लेगा।' बाद में, तत्कालीन वित्तमंत्री प्रणब मुखर्जी के नेतृत्व में मंत्रियों के एक समूह का गठन किया गया। कई दौर के विचार-विमर्श के बाद, यूपीए सरकार ने जनगणना अधिनियम 1948 के तहत जाति जनगणना कराने की बजाय 'सामाजिक आर्थिक जातिगत जनगणना' (एसईसीसी) कराने का फैसला कर लिया।

यानी संसद की ऐतिहासिक सहमति जल्द ही एक चुपचाप रची गई साज़िश का शिकार हो गई। 2011 में स्पष्ट जाति जनगणना की जगह सामाजिक-आर्थिक-जाति जनगणना कराई गई, जिसके जातिगत आँकड़े न तो सार्वजनिक हुए और न ही नीति का आधार बने। मई 2010 की संसद की सर्वसम्मति काग़ज़ों में दब गई। ये दो तारीख़ें बार-बार याद दिलाती हैं कि भारत में सामाजिक न्याय का सबसे बड़ा संघर्ष सहमति के अभाव से नहीं, बल्कि सहमति के बाद की राजनीतिक बेईमानी से टकराता है।

साल 2011 में तक़रीबन 4,893.60 करोड़ रुपये के बजट के साथ ग्रामीण विकास मंत्रालय और आवास और शहरी ग़रीबी उन्मूलन मंत्रालय द्वारा सामाजिक-आर्थिक जातिगत जनगणना शुरू की गई। मगर इससे जातिगत आँकड़ों को अलग ही रखा गया। इन आँकड़ों को सामाजिक न्याय और अधिकारिता मंत्रालय को सौंप दिया गया। एसईसीसी के आर्थिक आँकड़े तो अरुण जेटली ने पेश किए, मगर

जातिगत आँकड़े ये कहते हुए जारी नहीं किए गये कि इसमें जाति, उपजाति, पर्यायवाची, विभिन्न उपनाम, जाति में गोत्र और गोत्र नामों की 4,673,034 श्रेणियाँ पाई गईं। 28 जुलाई 2015 को भारत सरकार ने कहा कि जाति विवरणों में कुल 81,958,314 त्रुटियाँ पाई गईं, 14,577,195 त्रुटियों को अभी सुधारा जाना बाकी है। कुल मिलाकर आँकड़ों के जाल में फँसकर एक मौक़ा गँवा दिया गया। जातियों से जुड़े आँकड़ों के वर्गीकरण और अध्ययन के लिए नीति आयोग के उपाध्यक्ष अरविंद पनगढ़िया की अध्यक्षता में एक विशेषज्ञ समूह का गठन किया गया, मगर न तो समिति के बाक़ी दो सदस्यों की नियुक्ति की गई और न इसकी रिपोर्ट सामने आई। यह भी नीति नियंताओं की मंशा पर गहरा सवाल खड़ा करने के लिए पर्याप्त है।

हालांकि साल 2015 तक आते-आते सभी समाजवादी दलों और सामाजिक न्याय के नेताओं ने जाति आधारित सर्वे के ही आँकड़े सार्वजनिक करने का दबाव बनाना शुरू कर दिया। राष्ट्रीय जनता दल (राजद) के सुप्रीमो लालू प्रसाद यादव ने पूरे दल-बल के साथ जातीय जनगणना के आँकड़े जारी करने की मांग के साथ जुलाई 2015 को पटना में राजभवन की तरफ़ मार्च किया। समाजवादी पार्टी के मुखिया मुलायमसिंह यादव ने भी कई बार इस मुद्दे को सड़क से सदन तक उठाया। जदयू नेता और बिहार के मुख्यमंत्री नीतीश कुमार ने कहा कि जब सर्वेक्षण कराया गया, गणना कराई गई तो उसकी रिपोर्ट आनी चाहिए और लोगों को संख्या के बारे में मालूम होना चाहिए और समाज के जो विभिन्न समूह हैं, उनकी आर्थिक स्थिति के बारे में, सामाजिक स्थिति के बारे में जानकारी मिलनी चाहिए। दक्षिण के कई दलों के नेताओं ने भी दबाव डालना शुरू कर दिया। मगर केंद्र की भाजपा सरकार इन सवालों को त्रुटियों में उलझाकर टालती रही।

इसके बाद का समय प्रत्यक्ष टकराव का नहीं, बल्कि अदृश्य साज़िशों, बौद्धिक छल और संस्थागत कुटिलताओं के साथ जाति

जनगणना आंदोलन का इंतज़ार कर रहा था। जाति उन्मूलन की लड़ाई को जातिवादी घोषित कर बाँटने का आधार साबित करने की कोशिशें तेज़ हो गईं। भाजपा-आरएसएस के बौद्धिक अब जाति उन्मूलन आंदोलन को जातिवाद बढ़ाने के लिए विभाजनकारी साबित करने का बौद्धिक घपलेबाजी पर उतर आए। जाति जनगणना के सवाल को ही अमान्य ठहराने की कोशिशें तेज़ हुईं। अभिजन वर्ग के द्वारा और धूर्तता के साथ कहा जाने लगा गया कि जाति की गिनती जाति को मज़बूत करती है, मानो सदियों से जमी असमानता किसी नैतिक धार्मिक उपदेश से पिघल जाएगी। यह वह दौर था जब वर्चस्ववादी सत्ता ने आँकड़ों से डरकर दर्शन का मुखौटा ओढ़ लिया- जहाँ तथ्य के बजाय भावुक विमर्श, और सामाजिक यथार्थ के बजाय अमूर्त आदर्श पर ज़ोर दिया गया। यही वह क्षण था जब समाज की सजगता, स्मृति और राजनीतिक चेतना की असली परीक्षा शुरू हुई।

मगर इतिहास ने यह भी देखा कि देखते-देखते समाजवादियों और अंबेडकरवादियों की यह आवाज़ किसी एक धारा या संगठन तक सीमित नहीं रही। जो आंदोलन कल तक हाशिये की चेतना माना जाता था, वही देश भर के विपक्षी दलों की राजनीति का केंद्रीय सवाल बन गया। संसद से सड़क तक, घोषणापत्रों से जनसभाओं तक- जाति जनगणना अब केवल माँग नहीं, बल्कि लोकतंत्र की विश्वसनीयता का पैमाना बन चुकी थी। यह परिवर्तन इस बात का संकेत था कि बहुजन समाज की पीड़ा अब अनसुनी नहीं रह सकती, और सत्ता की चालाक चुप्पियाँ भी अंततः संगठित सवालों के सामने टिक नहीं पातीं।

साल 2011 में बारीक साज़िश का शिकार हो चुकी माँग अब जाति जनगणना आंदोलन में तब्दील होने जा रही थी।

■

22

धर्म पूछा जाति नहीं

'धर्म पूछा, जाति नहीं'

यह कोई मासूम वाक्य नहीं है। यह एक नारे की तरह उछाला गया वह निष्कर्ष है, जिसे एक राष्ट्रीय त्रासदी के ठीक बीच गढ़ा गया था। इसका रिश्ता सीधे 22 अप्रैल 2025 से है– उस दिन से, जब पहलगाम में हुआ आतंकी हमला केवल कुछ भारतीयों की हत्या नहीं था, बल्कि भारतीयता पर किया गया निर्मम अमानवीय हमला था। दो दर्जन से ज़्यादा लोग मारे गए, देश सन्न रह गया और शोक के साथ-साथ गुस्सा पूरे देश में फैल गया।

इस हमले की सबसे भयावह परत लाशों में नहीं, उस बयान में थी जो एक मृतक के परिजन ने दिया– कि आतंकियों ने पहले धर्म पूछा और फिर मार दिया। यह वाक्य देखते ही देखते एक तथ्य से ज़्यादा, एक राजनीतिक औज़ार बन गया। टीवी स्टूडियो, सोशल मीडिया और सार्वजनिक बहसों में इसे इस तरह दोहराया गया मानो इस एक वाक्य ने भारत की हर सामाजिक बहस को निरर्थक कर दिया हो। धीरे-धीरे इसका एक भावार्थ गढ़ा गया– धर्म ही निर्णायक पहचान है, जाति नहीं। सत्तारूढ़ भाजपा के सोशल मीडिया नैरेटिव का यह नया स्लोगन बन गया।

यहीं से एक खतरनाक वैचारिक मोड़ आता है। इस कथन के ज़रिये यह स्थापित करने की कोशिश हुई कि जाति पर बात करना अब न सिर्फ़ अप्रासंगिक है, बल्कि राष्ट्रीय एकता के ख़िलाफ़ है। मानो जाति पर सवाल उठाना उन निर्मम हत्याओं का अपमान हो, जो पहलगाम में हुई थीं। यह संयोग नहीं था, बल्कि एक सोची-समझी कोशिश थी– जाति से जुड़े हर विमर्श को नैतिक रूप से संदिग्ध घोषित करने की।

मगर समाज घोषणाओं से नहीं, यथार्थ से चलता है। कुछ ही हफ़्तों के भीतर देश के अलग-अलग हिस्सों से ख़बरें आने लगी थीं, जो इस पूरे नैरेटिव को झुठला रही थीं– कहीं जाति पूछकर दूल्हे पर हमला हो रहा था, कहीं डीजे बजाने पर विरोध के बाद बारातें लौटाई जा रही थीं, कहीं जाति देखकर हत्या और अत्याचार हो रहे थे। इटावा में कथावाचक पिछड़ी जाति के होने पर अपमानित किए गये, तो वहीं मथुरा में डीजे बजाने पर बग्गी से उतारा जा रहा था। ऐसी घटनाओं का विवरण देने लग जाएँ, तो एक अलग किताब बन जाएगी। देश के एक कोने में जाति को न पूछे जाने और धर्म पूछने का साज़िश वाला विमर्श चलाया जा रहा था, और ठीक उसी वक़्त बाक़ी देश भर में जाति पूछकर ही ख़ून बहाया जा रहा था। यह विरोधाभास चीख़-चीख़कर बता रहा था कि जाति कोई काल्पनिक समस्या नहीं, बल्कि सामाजिक संरचना की जीवित सच्चाई है।

इसी बीच, जिस धार्मिक पहचान को आतंकी हमले में निशाना बनाया गया था, उसी पहचान के भारतीयों ने पूरे देश में संयम और राष्ट्रीयता का परिचय देकर इस साज़िश को विफल कर दिया। उन्होंने यह स्पष्ट कर दिया कि पहलगाम का हमला किसी एक धर्म पर नहीं, बल्कि भारतीयता पर हमला था। देश एकजुट था, हर जाति, हर समुदाय के लोग सरकार से आतंकियों के ख़िलाफ़ निर्णायक कार्रवाई की उम्मीद लगाए बैठे थे।

प्रधानमंत्री ने विदेश यात्रा बीच में छोड़ी, आपात बैठकें शुरू हुईं, सुरक्षा और कूटनीति के स्तर पर गतिविधियाँ तेज़ हो गईं। देश की निगाहें

आने वाले फ़ैसले पर टिकी थीं। हर कोई जानना चाहता था कि भारत इस हमले का जवाब कैसे देगा। यही वह क्षण था, जब राष्ट्रीय एकता सबसे बड़ा नैतिक और राजनीतिक बल बन चुकी थी।

लेकिन ठीक एक सप्ताह बाद, यानी 30 अप्रैल 2025 को, इतिहास ने एक अजीब मोड़ लिया। देश अब भी पहलगाम के सदमे से उबर नहीं पाया था, ऑपरेशन सिंदूर अभी शुरू भी नहीं हुआ था, और उसी समय सरकार ने घोषणा की कि आगामी जनगणना में जाति जनगणना कराई जाएगी। प्रधानमंत्री की अध्यक्षता में राजनीतिक मामलों की कैबिनेट समिति इस फ़ैसले को मंज़ूरी दे चुकी थी।

क्या विडंबना है कि कल तक जिस जाति जनगणना को राष्ट्रीय एकता का विरोधी बताया जा रहा था, उसी जाति जनगणना को राष्ट्रीय आपातकाल जैसे हालात में करवाने का फ़ैसला ले लिया गया।

यहीं से संदेह जन्म लेता है। जब देश आतंकवाद के ख़िलाफ़ निर्णायक जवाब की प्रतीक्षा कर रहा था, जब राष्ट्रीय एकता अपने शिखर पर थी, तब जाति को अचानक राज्य की सबसे बड़ी सांख्यिकीय प्रक्रिया का केंद्र बना देना एक प्रशासनिक निर्णय नहीं लगता, बल्कि एक राजनीतिक साज़िश की तरह दिखाई देता है।

यह संदेह इसलिए और गहरा होता है क्योंकि ऑपरेशन सिंदूर की शुरुआत 6–7 मई की रात को हुई- यानी सैन्य कार्रवाई से पहले ही जाति जनगणना का एलान कर दिया गया। मानो राष्ट्रीय एकता और आक्रोश की धारा को किसी और दिशा में मोड़ देना ज़रूरी हो गया हो। मानो 'धर्म पूछा, जाति नहीं' के नैरेटिव के तुरंत बाद सरकार द्वारा देश भर की जाति पूछना ज़रूरी बना दिया गया।

इतिहास ऐसे क्षणों में केवल घटनाएँ दर्ज नहीं करता, बल्कि उनके समय और संदर्भ को भी पढ़ता है। जब राष्ट्र शोक, आक्रोश और एकता की अवस्था में हो, तब अचानक जाति को निर्णायक राजनीतिक प्रश्न बना

देना स्वाभाविक नहीं होता। यह वही जगह है, जहाँ नीति और राजनीति के बीच की रेखा धुँधली हो जाती है और साज़िश का संदेह जन्म लेता है।

इसलिए यह बहस केवल जाति जनगणना की वैधता की नहीं है। यह बहस उसके समय, उसकी पृष्ठभूमि और उसके उद्देश्य की है। इतिहास में अक्सर 'क्या' से ज़्यादा अहम 'कब' और 'क्यों' होते हैं। और पहलगाम के बाद लिया गया यह फ़ैसला उसी सवाल के घेरे में खड़ा दिखाई देता है।

दरअसल 2011 की जनगणना तक आज़ादी के बाद पहली बार संसद में सर्वदलीय सहमति थी कि जाति आधारित आँकड़े सामाजिक नीति निर्माण के लिए ज़रूरी हैं। मगर सहमति के बावजूद एक अजीब चुप्पी पैदा हुई। एसईसीसी के तहत आँकड़े जुटा लिए गए, मगर उन्हें सार्वजनिक नहीं किया गया। रिपोर्ट तैयार हुई, मगर उसे जारी नहीं किया गया। इस चुप्पी का एक कारण साफ़ था। जाति जनगणना केवल संख्या नहीं बताती, वह सत्ता के दावों को भी चुनौती देती है। वह यह उजागर कर सकती है कि किन जातियों की वास्तविक हिस्सेदारी सत्ता, नौकरियों और संसाधनों में कितनी कम या ज़्यादा है। वह उन मिथकों को तोड़ सकती है, जिनके सहारे दशकों से नीतियाँ चलाई जा रही थीं। शायद यही वजह थी कि जाति जनगणना को वर्षों तक 'ज़रूरी लेकिन असुविधाजनक' प्रश्न बनाकर टाल दिया गया।

सत्ता पक्ष जाति के सवाल को खुलकर स्वीकार करने के बजाय, उसे या तो सांस्कृतिक पहचान के शोर में दबा रहा था, या फिर उसे अतीत की समस्या बताकर किनारे करने की कोशिश में जुटा था। कभी 'सबका साथ, सबका विकास' का नारा आया, कभी 'नया भारत' की कल्पना पेश की गई; मगर इन नारों में जाति आधारित विभाजन, ग़ैर बराबरी, हक़मारी, सम्मान और संसाधन की हिस्सेदारी जैसी ठोस सामाजिक सच्चाई को जानबूझकर धुंधला किया जाता रहा।

'धर्म बनाम जाति' की बहस वैसे तो पुरानी थी, यह मंडल बनाम कमंडल से एक साज़िश बनकर उभरी थी, मगर 2014 के बाद इसे राजनीतिक ऊर्जा मिलने लगी। धीरे-धीरे यह स्थापित करने की कोशिश हुई कि जाति पर बात करना समाज को बाँटता है, जबकि धार्मिक पहचान एकजुट करती है। यह तर्क सुविधाजनक भी था और प्रभावी भी, क्योंकि इससे जातिगत असमानताओं पर सवाल पूछने वालों को नैतिक रूप से कटघरे में खड़ा किया जा सकता था। मगर सत्ता ने अचानक जाति जनगणना को स्वीकार कर लिया। यहीं पर संदेह और गहराता है।

अगर जाति जनगणना इतनी ही ज़रूरी थी, तो इसे पहलगाम से पहले क्यों नहीं स्वीकार किया गया? अगर यह सामाजिक न्याय का प्रश्न था, तो इसे वर्षों तक क्यों दबाए रखा गया? और अगर यह अब अचानक ज़रूरी हो गई थी, तो ठीक उसी समय क्यों, जब देश आतंकवाद के ख़िलाफ़ निर्णायक कार्रवाई की प्रतीक्षा में था?

जिस क्षण जाति जनगणना कराए जाने का यह फ़ैसला लिया गया, इसमें किसी गहरी साज़िश की बू ज़रूर आती है। मगर इस निर्णय के पीछे एक व्यापक ऐतिहासिक जन-दबाव भी मौजूद था।

दरअसल उस दौर में कुछ नारे गूँज रहे थे- 'एक हैं तो सेफ़ है, बंटेंगे तो ...', 'अगर हम बंटेंगे, तो बाँटने वाले महफ़िल सजाएँगे', 'मेरे लिए ग़रीब ही एकमात्र जाति है', 'मेरे लिए चार ही जाति है, ग़रीब, युवा, महिला, किसान', 'जो करेगा जाति की बात, उसको मारूँगा कस के लात', 'जाति जनगणना समाज को तोड़ने का काम करेगी' जैसे बयानों के ज़रिये बीते कुछ समय में जाति जनगणना का विरोध करने वाले ख़ेमे के नेताओं और उनकी विचारधारा की अगुआई वाली केंद्र सरकार ने आपात हालात में जाति जनगणना का फ़ैसला कर दिया था।

गृह मंत्रालय के एक प्रवक्ता ने 31 अगस्त 2018 को पीटीआई को बताया कि 'जनगणना 2021 में ओबीसी के आँकड़े पहली बार

एकत्र करने की भी परिकल्पना की गई है।' केंद्रीय गृह मंत्री राजनाथ सिंह द्वारा जनगणना 2021 की तैयारियों की समीक्षा के बाद यह घोषणा की गई। कुछ ही समय बाद केंद्रीय गृह राज्यमंत्री नित्यानंद राय ने 20 जुलाई 2021 को लोकसभा में दिए जवाब में कहा था कि फ़िलहाल केंद्र सरकार ने अनुसूचित जाति और जनजाति के अलावा किसी और जाति की गिनती का कोई आदेश नहीं दिया है। पिछली बार की तरह ही इस बार भी एससी और एसटी को ही जनगणना में शामिल किया गया है।

उन्हीं दिनों देश के कई राज्यों में जाति जनगणना की माँग करते हुए आंदोलन के साथ साथ विधानसभाओं में प्रस्ताव पारित करके केंद्र को भेजे जाने लगे गये। बिहार विधानमंडल में इसके पक्ष में फ़रवरी 2019 और 27 फ़रवरी 2020 में भी एक प्रस्ताव पारित हुआ था। 26 जून 2024 तमिलनाडु प्रस्ताव पास करके केंद्र को भेज दिया। 17 फ़रवरी 2024 को तेलंगाना सरकार ने कहा कि राज्य में कराएँगे, केंद्र भी कराए। 23 नवम्बर 2021 को आंध्र प्रदेश ने भी केंद्र से जाति जनगणना करवाने का प्रस्ताव पास किया। जनवरी 2020 में उड़ीसा के विधान मंडल ने भी प्रस्ताव पास किया। 8 जनवरी 2020 को महाराष्ट्र विधानसभ में प्रस्ताव पास कि केंद्र करवाए जाति जनगणना तब राज्य में बीजेपी नीतीश कुमार के साथ सरकार में शामिल थी। कर्नाटक की राज्य सरकार ने भी अपने विधानसभा में ऐसे प्रस्ताव पास किए थी। बिहार, तेलंगाना और ख़ासकर कर्नाटक जैसे राज्यों ने तो अपने राज्यों में जाति जनगणना करवा भी ली थी।

उन्हीं दिनों बिहार ने सामाजिक न्याय का एक और इतिहास रच दिया। बिहार में नीतीश कुमार और तेजस्वी यादव की महागठबंधन सरकार ने आज़ाद भारत में पहली बार जाति आधारित जनगणना कराकर उसके आँकड़े जारी करने जैसे नीतिगत फ़ैसले लेकर भारतीय राजनीति में एक निर्णायक हस्तक्षेप किया।

यह सर्वे 2023 में दो चरणों में पूरा हुआ और अक्टूबर 2023 में इसकी रिपोर्ट सार्वजनिक की गई। रिपोर्ट के अनुसार बिहार की कुल आबादी में अन्य पिछड़ा वर्ग 27.12%, अत्यंत पिछड़ा वर्ग 36.01%, अनुसूचित जाति 19.65% और अनुसूचित जनजाति 1.68% है– यानी कुल मिलाकर लगभग 84% आबादी सामाजिक रूप से वंचित वर्गों की है। इसके बरअक्स सामान्य वर्ग की हिस्सेदारी केवल 15.52% पाई गई। यही नहीं, रिपोर्ट ने यह भी दिखाया कि राज्य में ग़रीबी का अनुपात EBC में 33.6% और SC में 42.9% है, जबकि सामान्य वर्ग में यह लगभग 25% के आसपास है। शिक्षा, आय और सरकारी नौकरियों में प्रतिनिधित्व के आँकड़ों ने साफ़ किया कि जनसंख्या के अनुपात में अवसरों का वितरण नहीं हुआ है। इस तथ्यात्मक असमानता ने आरक्षण नीति पर पुनर्विचार की ठोस आधारभूमि तैयार की।

इन्हीं आँकड़ों के आधार पर बिहार सरकार ने नवंबर 2023 में आरक्षण की सीमा को 50% से बढ़ाकर 65% करने का फैसला लिया– जिसमें OBC का कोटा 12% से बढ़ाकर 18%, EBC का 18% से 25%, SC का 16% से 20% और ST का 1% से 2% किया गया। सरकार का तर्क था कि जब 84% आबादी वंचित वर्गों की है, तो केवल 50% आरक्षण सामाजिक न्याय के सिद्धांतों के विपरीत है। यह कदम इंदिरा साहनी फैसले (1992) की 50% सीमा को सामाजिक परिस्थितियों के आधार पर चुनौती देने वाला था, जैसा कि तमिलनाडु जैसे राज्यों में पहले से लागू है। हालांकि बाद में यह संशोधन न्यायिक समीक्षा के दायरे में आया, लेकिन राजनीतिक और वैचारिक स्तर पर इसने देशव्यापी बहस छेड़ दी– कि आरक्षण कोई "दान" नहीं, बल्कि जनसंख्या, पिछड़ेपन और प्रतिनिधित्व के आँकड़ों पर आधारित संवैधानिक उपकरण है। बिहार का यह प्रयोग न सिर्फ़ सामाजिक न्याय की राजनीति को नई धार देता है, बल्कि राष्ट्रीय स्तर पर जाति जनगणना और आरक्षण की सीमा पर पुनर्संरचना की माँग को भी मजबूती देता है।

बाद में तेलंगाना की कांग्रेस सरकार ने भी अपने यहाँ जातिगत जनगणना करवाकर एक अलग अध्याय जोड़ा। तेलंगाना सरकार ने जाति-आधारित सामाजिक-आर्थिक सर्वेक्षण (जिसे व्यावहारिक रूप से जाति जनगणना कहा गया) कराकर भारतीय राजनीति में एक बड़ा और ठोस कदम उठाया। यह सर्वेक्षण पहले बीआरएस शासन में शुरू हुआ था, लेकिन सत्ता परिवर्तन के बाद रेवंत रेड्डी की कांग्रेस सरकार ने न सिर्फ़ इसकी रिपोर्ट सार्वजनिक की बल्कि उसे नीति-निर्माण का आधार भी बनाया। सरकार के अनुसार सर्वे में सामने आया कि राज्य की कुल आबादी में पिछड़ा वर्ग लगभग 56–57% है, जबकि लंबे समय से उन्हें केवल 29% आरक्षण मिल रहा था। एससी आबादी लगभग 17% और एसटी क़रीब 10% पाई गई, यानी कुल मिलाकर लगभग 84% आबादी सामाजिक रूप से वंचित वर्गों की है। सरकार ने तर्क दिया कि जब जनसंख्या संरचना इतनी स्पष्ट है तो आरक्षण नीति का उससे मेल न ख़ाना "संवैधानिक समानता" के सिद्धांत के ख़िलाफ़ है। इसी आधार पर विधानसभा में एक विधेयक पारित कर पिछड़ा वर्ग आरक्षण 29% से बढ़ाकर 42% कर दिया गया, जिससे राज्य में कुल आरक्षण 62% हो गया।

सरकार का तर्क यह है कि यह क़दम मनमाना नहीं बल्कि डेटा-ड्रिवन जस्टिस (आँकड़ों पर आधारित सामाजिक न्याय) का उदाहरण है। तेलंगाना ने कहा कि जब तक जाति की वास्तविक सामाजिक-आर्थिक स्थिति सामने नहीं लाई जाएगी, तब तक "मेरिट बनाम आरक्षण" की बहस अधूरी रहेगी। हालांकि यह बढ़ी हुई सीमा सीधे लागू नहीं हो सकती, क्योंकि सुप्रीम कोर्ट के 50% आरक्षण सीमा से जुड़े फैसले (इंदिरा साहनी केस) के कारण इसे केंद्र सरकार और नौवीं अनुसूची के संरक्षण की ज़रूरत है। इसके बावजूद, राजनीतिक रूप से यह कदम एक बड़ा संदेश देता है– कि जाति जनगणना सिर्फ़ सामाजिक आंदोलन का नारा नहीं, बल्कि शासन का औजार बन सकती है। तेलंगाना ने यह

स्थापित किया कि अगर सरकार के पास ठोस आँकड़े हों तो वह न सिर्फ़ आरक्षण की बहस को नया आधार दे सकती है, बल्कि राष्ट्रीय स्तर पर जाति जनगणना की माँग को भी निर्णायक मोड़ पर ले जा सकती है। यह कहानी दरअसल इस बात की है कि आँकड़े जब सत्ता से जुड़ते हैं, तो सामाजिक न्याय नारा नहीं, नीति बन जाता है।

मगर केंद्र की मोदी सरकार का रुख़ अब जाति जनगणना के विरोध का बनता जा रहा था। इधर समूचे विपक्ष ने जाति जनगणना को अखिल भारतीय मुद्दा बना दिया। समाजवादियों, आंबेडकरवादियों और सामाजिक न्याय में यक़ीन रखने वाले लोगों की तरफ़ से जाति जनगणना की माँग बहुत पहले से की जा रही थी। नब्बे के दशक में इसी का नतीजा था कि मंडल आंदोलन के ज़रिये जाति जनगणना की माँग को और ताक़त मिली। पिछले एक दशक में यह माँग और बलवती हुई है।

एक बेहद दिलचस्प तथ्य यह है कि जाति जनगणना के विरोध में सारे लेख केवल और केवल सवर्ण बुद्धिजीवियों ने लिखे, जबकि समर्थन में लिखने वाले सभी तबके के लोग थे। यह अपने आप में एक समाजशास्त्रीय शोध का विषय है। बहरहाल बौद्धिक तबके और सामाजिक कार्यकर्ताओं ने बहस के ज़रिये जाति जनगणना को देश के केंद्रीय विमर्श के रूप में स्थापित कर दिया। इसे आगे गति देने का काम राजनीतिक दलों ने किया।

समाजवादी पार्टी के मुखिया अखिलेश यादव ने साल 2022 के चुनावी घोषणा पत्र में जाति जनगणना को सबसे अहम मुद्दा बनाकर शामिल किया। साथ ही लगातार PDA की बात करते हुए डॉ. आंबेडकर और डॉ. लोहिया के सपनों को पूरा करने के लिए जाति जनगणना को एक बेहद ज़रूरी ज़रिया बताते रहे। जाति जनगणना का सवाल सत्ता के दरवाज़े तक अगर पहुँचा, तो उसकी यात्रा सड़क से शुरू हुई थी। साल 2023–24 में अखिलेश यादव ने 'PDA' यानी पिछड़े, दलित और

अल्पसंख्यक को केवल चुनावी समीकरण नहीं, बल्कि सामाजिक न्याय की वैचारिक धुरी के रूप में गढ़ा। जनवरी 2024 में शुरू हुई 'सामाजिक न्याय रथयात्रा' के ज़रिये उन्होंने जाति जनगणना को एक प्रशासनिक माँग नहीं, बल्कि जनता के अधिकार का प्रश्न बना दिया। उनकी सभाओं में बार-बार दोहराया गया यह कथन– "जिसकी गिनती नहीं होती, उसकी हिस्सेदारी भी तय नहीं होती"– दरअसल उस पूरे नैरेटिव पर सीधा हमला था, जो जाति की चर्चा को विभाजनकारी बताकर ख़ारिज कर रहा था।

यह सवाल रथयात्रा तक सीमित नहीं रहा। 2024 के लोकसभा चुनावों के लिए समाजवादी पार्टी के घोषणापत्र में जाति जनगणना को स्पष्ट वादे के रूप में शामिल किया गया। अखिलेश यादव ने चुनावी मंचों से लगातार पूछा– "अगर सरकार के पास उद्योगपतियों का पूरा डेटा हो सकता है, तो पिछड़ों और दलितों का क्यों नहीं?" इस सवाल ने जाति जनगणना को सामाजिक न्याय से आगे बढ़ाकर राजनीतिक नैतिकता का मुद्दा बना दिया। यह वही समय था जब सत्ता पक्ष इस सवाल पर या तो चुप था या उसे टालने की रणनीति पर चल रहा था।

संसद के भीतर भी यह दबाव लगातार बढ़ता गया। 2024 और 2025 के सत्रों में समाजवादी पार्टी के सांसदों ने बार-बार जाति जनगणना की माँग उठाई और कहा कि "सरकार जाति न पूछने की बात करती है, लेकिन नीति बनाते वक़्त वही जाति सबसे ज़्यादा काम करती है।"

बिहार में नीतीश कुमार के साथ सरकार में रहते हुए जाति जनगणना करवाकर ऐतिहासिक आरक्षण वृद्धि में शामिल तेजस्वी यादव ने भी सड़क से लेकर सदन तक इस समाजवादी माँग पर दबाव क़ायम रखा। नीतीश कुमार और तेजस्वी यादव अलग होने पर भी एक साथ दिल्ली आकर केंद्र सरकार पर दबाव डालने के लिए प्रतिनिधिमंडल बनाकर मिलते रहे। यह जाति जनगणना को एक वैचारिक मुद्दा साबित करने के सबूत हैं।

बसपा प्रमुख मायावती जी ने भी लगातार जाति जनगणना का समर्थन किया। बसपा के पास मान्यवर कांशीराम के मिशन की विरासत भी जुड़ी थी।

दक्षिण में सामाजिक न्याय की सबसे मुखर आवाज़ तमिलनाडु के मुख्यमंत्री एमके स्टालिन की रही, तो वहीं कर्नाटक और आंध्र में भी इस मुद्दे पर केंद्र सरकार पर दबाव के लिए काम होते रहे।

झारखंड के मुख्यमंत्री हेमंत सोरेन ने 26 सितंबर 2021 को अपने मंत्रिमंडल के साथ गृहमंत्री अमित शाह से मिले और जाति जनगणना की माँग की।

कांग्रेस की राजनीति में जाति जनगणना का सवाल लंबे समय तक असहजता और टालमटोल से घिरा रहा, लेकिन राहुल गांधी के उभार के साथ यह स्थिति बदली। 2011 की जाति आधारित सामाजिक–आर्थिक जनगणना के आँकड़े सार्वजनिक न कर पाने की ऐतिहासिक ज़िम्मेदारी कांग्रेस के सिर रही, और यही कारण था कि पार्टी इस प्रश्न पर खुलकर आगे आने से हिचकती रही। लेकिन भारत जोड़ो यात्रा के बाद राहुल गांधी ने इस हिचक को तोड़ दिया। उन्होंने साफ़ शब्दों में यह कहा कि बिना जाति जनगणना के न तो सामाजिक न्याय संभव है और न ही विकास की वास्तविक तस्वीर सामने आ सकती है। हमसे अतीत में ग़लतियाँ हुईं। यह कांग्रेस की उस पुरानी राजनीति का पैराडाइम शिफ्ट था।

साल 2024 के बाद यह बदलाव आक्रामक राजनीतिक रुख़ में बदल गया। राहुल गांधी ने जाति जनगणना को कांग्रेस का सबसे बड़ा मुद्दा बनाते हुए सीधे सत्ता से सवाल पूछा– जब सरकार के पास कॉरपोरेट, टैक्स और संपत्ति का पूरा डेटा है, तो वह समाज की संरचना जानने से क्यों डरती है? इस एक प्रश्न ने जाति जनगणना को नैतिक अपील से निकालकर सत्ता की नीयत को कटघरे में खड़ा कर दिया। संसद के भीतर और बाहर भारतीय राष्ट्रीय कांग्रेस ने इसे बेरोज़गारी, शिक्षा, आरक्षण और प्रतिनिधित्व से जोड़कर पेश किया।

साल 2024-25 में एकाधिक बार संसद में अखिलेश यादव ने कहा था कि आप जाति जनगणना करवा दो, वरना हम आएँगे तो जाति जनगणना ज़रूर करवाएँगे। उसी सदन में नेता प्रतिपक्ष राहुल गांधी ने अक्सर कहा कि हम जाति जनगणना भी करवाएँगे और साथ ही आरक्षण की सीमा तोड़कर 50% से ज़्यादा आरक्षण लागू करेंगे।

दरअसल जाति जनगणना ने पॉपुलर डिस्कोर्स में अपनी मज़बूत मौजूदगी जिन सवालों से बनाई, वे आज भी अनुत्तरित हैं। मसलन कैबिनेट सचिव में केवल तीन OBC क्यों? ऑक्सफैम की रिपोर्ट के मुताबिक़ मीडिया चलाने वालों में पिछड़े दलित आदिवासी नगण्य क्यों? देश भर के केंद्रीय विश्वविद्यालयों में कुलपति से लेकर प्रोफ़ेसर के पदों पर बहुजन समाज के लोगों की आबादी दस फ़ीसदी भी क्यों नहीं? वहीं दूसरी तरफ़ अरबपतियों और उद्योगपतियों की सूची से लेकर 80 करोड़ राशन लाभार्थियों में बहुजन कितने हैं? अशिक्षित से लेकर बीमारों, बेरोज़गारों में ये बहुजन कितने हैं? ज़मीन के मालिकाना हक़ में किसकी कितनी भागीदारी है? बिना आँकड़ों के बजट आवंटन और नीति निर्धारण कैसे किया जा रहा है? ये इतने सीधे सवाल थे, जो जाति जनगणना विरोधियों की तमाम साज़िशों के बावजूद जवाब के लिए बहस में सुनाई देने लगे थे।

इन सवालों ने जाति जनगणना की माँग को व्यावहारिक और ज़रूरी बना दिया था। सामाजिक न्याय के इस सबसे अहम मुद्दे को वह भाजपा सरकार नकारने की कोशिश में लगी थी, जिसने अपने पिछले कार्यकाल में कैबिनेट मंत्रियों से लेकर प्रधानमंत्री, राष्ट्रपति और मुख्यमंत्रियों की जातियाँ बताना शुरू कर दिया था। फिर भी जाति जनगणना को लेकर सियासी नफ़ा-नुक़सान जोड़ने घटाने में जुटे थे। तभी पहलगाम में हमला हो गया।

यानी 30 अप्रैल 2025 को सरकार द्वारा लिया गया फ़ैसला किसी बड़ी साज़िश का प्रतिफल तो लगता ही है, मगर इसे जब पूर्व के राजन्तिक

संदर्भों में देखते हैं तो यह एक अनिवार्य मजबूरी की तरह दिखाई पड़ती है। जनदबाव इतना गहरा और व्यापक हो चुका था कि जाति जनगणना का ये फ़ैसला आज नहीं, तो कल लिया ही जाना था। बावजूद इसके यह फ़ैसला जिस क्षण लिया गया, हमेशा सत्ता की नीयत को लेकर संदेह के ही घेरे में रहेगा।

यहाँ से साज़िशों और संभावनाओं का एक नया दौर शुरू होता है।

■

23

जात से जमात का सफ़र: साज़िशें और संभावनाएँ

केंद्र सरकार द्वारा जाति जनगणना को कैबिनेट की मंज़ूरी मिलना केवल एक प्रशासनिक फ़ैसला नहीं, बल्कि दशकों से दबे हुए सामाजिक प्रश्नों का फिर से सतह पर आ जाना है। सवाल यह है कि क्या यह जनगणना सचमुच सामाजिक यथार्थ को उजागर करने का माध्यम बनेगी, या फिर मजबूरी में सत्ता द्वारा उठाया गया एक ऐसा क़दम साबित होगी, जिसे आगे चलकर निष्प्रभावी कर दिया जाएगा। अगर यह प्रक्रिया ईमानदारी से पूरी होती है, आँकड़े सार्वजनिक होते हैं और वे नीतिगत निर्णयों का आधार बनते हैं, तो भारत पहली बार समानता, प्रतिनिधित्व और सामाजिक न्याय की ठोस ज़मीन पर राष्ट्र-निर्माण की ओर बढ़ सकता है।

मगर सामाजिक संघर्ष से भरा हमारा इतिहास हमें सिखाता है कि हर समावेशी प्रगतिशील संभावना के समानांतर साज़िशों का एक पूरा ढाँचा खड़ा रहता है। अब जाति जनगणना का सवाल भी इसी संदेह से घिरा है– सरकार क्या सच में जातियों को गिनना चाहती है, या केवल उन्हें नियंत्रित और प्रबंधित करने की नई भाषा गढ़ रही है? क्या आँकड़ों के ज़रिये नब्बे फ़ीसदी समाज के जीवन में वास्तविक बदलाव लाने की

राजनीतिक इच्छाशक्ति मौजूद है, या यह पूरी कवायद एक असहज दबाव से निकलने का रास्ता भर है? अगर आँकड़े आए भी, तो क्या वे आरक्षण, संसाधनों के बँटवारे और सत्ता-संरचना में पुनर्संतुलन तक पहुँचेंगे, या किसी तकनीकी, क़ानूनी या वैचारिक बहाने से रोक दिए जाएँगे?

इसीलिए इस पुस्तक का यह अंतिम अध्याय केवल एक निष्कर्ष नहीं, बल्कि भविष्य की रणनीति की भूमिका है। अब ज़रूरत जाति उन्मूलन और जाति जनगणना के वैचारिक इतिहास को दोहराने भर की नहीं, बल्कि जात से जमात की एक नई, स्पष्ट और संगठित राजनीतिक-सामाजिक चेतना गढ़ने की है। समाज को यह समझना होगा कि जनगणना अंतिम लक्ष्य नहीं, बल्कि संघर्ष का एक औजार है- ऐसा औजार, जो तभी सार्थक होगा जब वह सजग सामूहिक हस्तक्षेप में बदले। अगर ऐसा हुआ, तो यह समय संभावनाओं का द्वार बनेगा; अगर नहीं, तो यही क्षण आने वाले वर्षों के लिए एक और अधूरा वादा बनकर रह जाएगा। यह भरोसा कर लेना कि जाति जनगणना की लड़ाई पूरी हो चुकी है, सामाजिक न्याय के हज़ारों साल के संघर्ष की अज्ञानता ही साबित करेगा। दरअसल, यह समय चुप्पी का नहीं, बल्कि संगठित निगरानी, वैचारिक दबाव और सामूहिक हस्तक्षेप का है। ताकि सदियों से चला आ रहा सामाजिक न्याय का संघर्ष, इस अंतिम मुहाने पर आकर, किसी अंतहीन और सुनियोजित साज़िश की भेंट न चढ़ जाए।

सवाल अब महज़ इस बात तक सीमित नहीं रह गया है कि घोषणा के बाद भी जाति जनगणना होगी या नहीं; असली सवाल अब यह है कि यह किस नीयत से और किस मंज़िल तक ले जाई जाएगी। जिस आपात हालात में, राजनीतिक दबाव के बीच चतुराई से, सामाजिक उभार और वैचारिक घेराबंदी के बीच केंद्र सरकार ने यह फ़ैसला लिया है, वह अपने आप में मौजूदा सत्ता की ईमानदारी पर गहरे संदेह पैदा करता है। जब कोई हुकूमत अपने लंबे वैचारिक स्टैंड को नकारकर अचानक किसी ऐतिहासिक माँग को स्वीकार करती है, तो सजग समाज के लिए

उत्साह से कहीं ज़्यादा गंभीर सावधानी ज़रूरी हो जाती है। उस समाज के बौद्धिक तबके की यह नैतिक ज़िम्मेदारी है कि वह साज़िशों और संभावनाओं को आसान लहजे में आमजन तक पहुँचाए- उन्हें चौकन्ना और चेतनशील बनाए। इस किताब को ऐसी ही एक कोशिश के तौर पर देखा जाना चाहिए। क्योंकि इस मोड़ पर ज़रा-सी चूक आने वाले वर्षों को एक संगठित धोखे के हवाले कर सकती है। असल में यह वह क्षण है जब संघर्ष और ज़्यादा जटिल, निर्णायक और लंबा होने जा रहा है। सत्ता की नीयत को परखने के लिए कुछ सीधे, कठोर और टाले न जा सकने वाले सवालों को सार्वजनिक बहस के केंद्र में लाना अनिवार्य है।

क्या इस सत्ता ने वास्तव में उस वैचारिक अतीत से नाता तोड़ लिया है, जिसमें जाति विभाजन को कभी धर्मशास्त्रीय वैधता दी जाती थी और कभी राष्ट्र की एकता के नाम पर सिरे से नकारा जाता था? क्या जाति आधारित आरक्षण का विरोधी खेमा अब जाति को भारत के सामाजिक–आर्थिक बँटवारे की निर्णायक इकाई मानने को सचमुच तैयार है, या यह राजनीतिक दबाव की मजबूरी भर है? और अगर जाति को इकाई मान भी लिया गया है, तो क्या जाति जनगणना के आँकड़े हाशिये के समाज के लिए न्यायपूर्ण नीतियाँ गढ़ने में लगेंगे, या इन्हीं आँकड़ों को 'फूट डालो और राज करो' वाली रणनीति के तहत बहुजन समाज के भीतर ही दुश्मन तलाशने और संघर्ष को आपस में उलझाए रखने के हथियार में बदल दिया जाएगा?

जाति जनगणना को लेकर यह भ्रम फैलाया जा रहा है कि इसकी घोषणा के साथ ही संघर्ष अपने अंतिम मुक़ाम पर पहुँच गया है, जबकि सच्चाई यह है कि असली लड़ाई अब शुरू हो रही है। अगर कुछ बुनियादी शर्तों के बिना जाति जनगणना कराई गई, तो वह सामाजिक न्याय का औजार कम, एक नई और परिष्कृत साज़िश बनकर रह जाएगी। इसलिए बहुजन समाज को सचेत और सक्रिय बनाए रखने के लिए कुछ ठोस बातों को सामूहिक सहमति की तरह सामने रखना अनिवार्य है। जो मौजूदा सरकारों के साथ ही ये आने वाली किसी भी सरकार के सामने

एक जन-माँगपत्र की शक्ल में याद रहे। जाति जनगणना को सामाजिक न्याय की दिशा में ले जाने के लिए न्यूनतम शर्तें इस प्रकार हों–

1. जाति जनगणना केंद्र सरकार द्वारा जनगणना अधिनियम, 1948 के तहत ही कराई जाए, ताकि उसके आँकड़े क़ानूनी रूप से बाध्यकारी हों और किसी सरकार के लिए उन्हें नज़रअंदाज़ करना संभव न हो।
2. जाति जनगणना को केवल ओबीसी जातियों तक सीमित न रखा जाए; देश की हर एक जाति और समुदाय की गिनती की जाए, क्योंकि अधूरी गिनती अधूरे न्याय को जन्म देगी।
3. जनगणना में संसाधनों की मुकम्मल गिनती होती ही है, मगर जाति जनगणना में यह काम और व्यवस्थित रूप से हो– जैसे ज़मीन, शिक्षा, रोज़गार, पूँजी और अवसरों पर किसका कितना नियंत्रण है।
4. जाति जनगणना का दायरा घरों तक सीमित न रहे, बल्कि संस्थानों तक पहुँचे– जैसे विश्वविद्यालयों के कुलपति, न्यायपालिका, नौकरशाही, पुलिस, कॉरपोरेट, मीडिया और नीति-निर्माण से जुड़े सभी संस्थानों में जातिवार हिस्सेदारी के आँकड़े जारी किए जाएँ। आज के ज़माने में आँकड़ों को इस तरह वर्गीकृत करना कोई मुश्किल काम नहीं होगा।
5. निजी क्षेत्र और अर्ध- सरकारी निकायों को भी इस पारदर्शिता से बाहर न रखा जाए; उनके जातिवार आँकड़े भी सार्वजनिक हों।
6. उपजातियों और उप-उपजातियों के आंतरिक विभाजन को आपस में लड़ाने का हथियार न बनाया जाए; इसके बजाय आधुनिक कोडीकरण और सामाजिक समूहों के क्लस्टरिंग जैसे वैज्ञानिक तरीक़े अपनाए जाएँ।
7. प्राप्त आँकड़ों को एक निश्चित समय-सीमा में व्यवस्थित कर, गणना-योग्य सूची के रूप में सार्वजनिक किया जाए।

8. आँकड़ों को इस तरह प्रस्तुत किया जाए कि कोई भी सामान्य नागरिक उस सामाजिक एक्स-रे को आसानी से समझ सके; डेटा विशेषज्ञों तक सीमित न रहे।

9. जाति जनगणना के बाद नीति-निर्माण की मौजूदा व्यवस्था में आमूलचूल बदलाव किए जाएँ, न कि पुराने ढाँचे में नई संख्याएँ भर दी जाएँ।

10. आबादी के अनुपात में संवैधानिक आरक्षण को राष्ट्रीय नीति का आधार बनाया जाए। जिसे निजी क्षेत्र और अर्ध-सरकारी निकायों में भी लागू किया जाए।

11. शिक्षा जगत में हाशिये पर पड़े समुदायों के लिए विशेष संरचनात्मक प्रावधान किए जाएँ, ताकि वे आरक्षण के लाभ तक वास्तविक रूप से पहुँच सकें।

12. ज़मीन के सवाल पर जाति जनगणना के आँकड़ों के आधार पर कड़े और निर्णायक भूमि सुधार किए जाएँ। जातिवार आर्थिक असमानता को कम करने के लिए ठोस आर्थिक सुधार लागू किए जाएँ।

किसी भी सामान्य समझदारी रखने वाले इंसान के लिए यह साफ़ है कि ये माँगें न तो किसी समुदाय के ख़िलाफ़ हैं और न ही राष्ट्र के विरुद्ध। ये माँगें इंसाफ़, इंसानियत और लोकतांत्रिक समावेशन की न्यूनतम शर्तें हैं, जिन्हें किसी भी समावेशी लोकतंत्र को बहुत पहले स्वीकार कर लेना चाहिए था। अगर आगे भी इन बुनियादी शर्तों के बिना जाति जनगणना कराई गई, तो न उससे सामाजिक न्याय का रास्ता खुलेगा और न ही राष्ट्र-निर्माण की प्रक्रिया में कोई सकारात्मक बदलाव संभव हो पाएगा।

यह आशंका अक्सर जताई जाती है कि जाति जनगणना कहीं अधिक संख्या वाली पिछड़ी किसान जातियों के लिए मुश्किलें न खड़ी कर दे। मगर इसका सीधा और साफ़ जवाब है- बिल्कुल नहीं। असल समस्या जाति जनगणना में नहीं, बल्कि उसे समझने के तरीक़े में है।

दरअसल, पिछड़ों में कुछ भूस्वामी किसान जातियों की सामाजिक मौजूदगी ज़्यादा ही दृश्य है। यह सामंती ताक़तों को अखरता है। इतिहास गवाह है कि इन जातियों की भूमिका वैचारिक रूप से प्रभावी और निर्णायक रही है। ये समूह हमेशा संघर्षशील रहे हैं और सामाजिक बदलाव की अगुआई करते आए हैं। इस किताब के पिछले अध्याय जैसे जनेऊ आंदोलन, त्रिवेणी संघ, अर्जक संघ और पिछड़ा वर्ग संघ, समाजवादी आंदोलन, बहुजन आंदोलन और ख़ासकर मंडल आंदोलन के दौर इसके ठोस प्रमाण हैं। हालांकि उतना ही सच यह भी है कि इन सभी आंदोलनों को कई अन्य जातियों का साथ मिला। ये जातियाँ, अपनी जाति की सीमाओं से निकलकर "जमात" बनीं और बड़े बदलावों की वाहक बनीं।

यही वजह है कि वर्चस्वशाली शक्तियाँ हमेशा उन्हीं अगुआ जाति समूहों को सबसे बड़ा ख़तरा मानती हैं- जो जातियों को जोड़कर जमात बनाने की गुंजाइश रखते हैं। इसलिए उनके ख़िलाफ़ झूठ, फूट और संदेह का सहारा लिया जाता है, ताकि उन्हें उनके ही समाज में अलग-थलग किया जा सके। हालांकि एक सच यह भी है कि भूस्वामी पिछड़ी किसान जातियों ने संघर्षों की अगुआई की, लेकिन उत्पादन संबंधों की असमानता के कारण उनसे कुछ ज़मीनी और व्यवहारिक चूकें भी जुड़ी रहीं। कई बार इन पर सामंती और जातिवादी प्रवृत्तियों का असर भी दिखाई दिया। इसी किताब के एक अध्याय में दर्ज जनेऊ आंदोलन से लेकर मौजूदा दौर का शूद्र प्रकरण ऐसे कई ऐतिहासिक भ्रम को तोड़ने के लिए पर्याप्त हैं।

अब, जब जाति जनगणना आंदोलन एक निर्णायक मोड़ पर है, तो इन भूस्वामी पिछड़ी जातियों को भी जमात की संभावना को मजबूत करने के लिए कुछ समझौते करने होंगे। अगर जनगणना के आँकड़े इसकी ज़रूरत पैदा करते हैं, तो उन्हें अपने कुछ विशेष हित छोड़ने के लिए तैयार रहना होगा। इसका सीधा लाभ भूमिहीन और शिल्पकार

अति पिछड़ी जातियों को मिलेगा। ऐसे समझौते दूरदर्शी होंगे और उनके प्रभाव दूरगामी होंगे। सबसे बड़ा लाभ यह होगा कि जाति जनगणना के बाद लड़ी जाने वाली बड़ी लड़ाइयों में अति पिछड़ी जातियों का साथ एक मज़बूत जमात बनाने में निर्णायक साबित होगा– चाहे वह निजीकरण के ख़िलाफ़ समाजवादी लड़ाई हो, सांप्रदायिकता के ख़िलाफ़ सेकुलर संघर्ष हो, निजी क्षेत्र में हिस्सेदारी की माँग हो, या शिक्षा और रोज़गार की व्यापक लड़ाइयाँ। बिना "नाक छोटी और दिल बड़ा" किए, यानी बिना आपसी समझौते और जमात में तब्दील हुए, ये बड़ी लड़ाइयाँ जीती नहीं जा सकतीं।

दूसरी तरफ़, शिल्पकार और कर्मकार अति पिछड़ी जातियों के सामने भी दोहरी रणनीति की ज़रूरत है। जाति जनगणना के असर से जो जगह अधिक संख्या वाली पिछड़ी किसान जातियों के समझौतों से बनेगी, उसका सीधा लाभ इन्हें मिलेगा। इसलिए उन्हें अपने वैचारिक परिवार के साथ एकता बनाए रखनी होगी, क्योंकि बड़े संघर्ष हमेशा बड़ी जमात से ही जीते जाते हैं। साथ ही, यह बात भी साफ़ समझनी होगी कि सिर्फ़ आरक्षण से इन समुदायों का व्यापक कायाकल्प संभव नहीं है। निजीकरण का अनियंत्रित हमला आरक्षण को कमज़ोर कर रहा है, और सांप्रदायिक राजनीति पिछड़ी और दलित जातियों को अपने राजनीतिक खेल में झोंक रही है। मौजूदा शिक्षा और रोज़गार का मॉडल बहुजन समाज के बड़े हिस्से के ख़िलाफ़ है। इन बुनियादी सवालों पर संघर्ष के बिना स्थायी और दीर्घकालिक बदलाव असंभव है। इसके लिए भी एक बड़ी और संगठित जमात ज़रूरी है।

यही प्रक्रिया अनुसूचित जाति और अनुसूचित जनजाति के दलित और आदिवासी समूहों पर भी लागू होती है। सबको मिलकर एक वृहत्तर जमात में बदलना होगा।

सवाल उठता है- जमात को जोड़ने के सूत्र क्या होंगे?

पहला, जाति जनगणना। यह आँकड़ों के ज़रिये वर्चस्वशाली शक्तियों के झूठे नैरेटिव को तोड़ेगी और एकता की बुनियाद रखेगी।

दूसरा, विचारधारा। बिना विचार के जमात संभव नहीं है। समाजवादी, संविधानवादी और सामाजिक न्याय का विचार ही इस जमात का केंद्र हो सकता है। जब-जब तात्कालिक फ़ायदों के लिए विचार से समझौता किया गया, तब-तब उसी का इस्तेमाल जमात की एकता तोड़ने के लिए हुआ। काँटे से काँटा निकालने वालों ने इतिहास में कई बार ऐसे हालात पैदा भी किए और उनका फ़ायदा भी उठाया। कुछ हद तक आज भी उठा रहे हैं। ध्यान रहे कि सबसे मज़बूत जुड़ाव विचार से ही बनता है। विचारहीन जातिगत एकता, जंगल की लकड़ियों को कुल्हाड़ी की बेंट बनाने जैसी आत्मघाती साबित होती है। कुल्हाड़ियों को हर दौर में वे लकड़ियाँ मिल ही जाती हैं, जो कुल्हाड़ी की बेंत बनकर जंगल काटने में इस्तेमाल की जा सकें।

तीसरा, भरोसेमंद नेतृत्व, जो एक बड़े सपने को संगठित संघर्ष में बदलने की क्षमता रखता हो।

अगर जाति जनगणना के इस निर्णायक दौर में यह जमात वैचारिक और ज़मीनी हक़ीक़त में बदल पाई, तो आने वाले समय में बड़े और निर्णायक आंदोलनों की ज़मीन तैयार होगी। वरना, आँकड़ों में सत्ता का ज़रा-सा हेरफेर भी बिखराव का कारण बन सकता है।

इस किताब के शुरुआती पन्नों में जिन ऐतिहासिक जमातों का ज़िक्र है, वे आने वाली पीढ़ियों के लिए सबूत हैं कि हमारे पुरखों ने जाति से ऊपर उठकर, जमात बनाकर ही बड़ी लड़ाइयाँ लड़ीं और जीतीं। नई पीढ़ी के लिए ज़रूरी है कि वह इस इतिहास को बार-बार पढ़े और समझे, ताकि आने वाले निर्णायक दौर में वह भी एक मज़बूत जमात बना सके।

■

कुछ सवालों के जवाब

क्या जनगणना भारत के लिए अपरिचित चीज़ थी?

भारत में गिनती, वर्गीकरण और आबादी का आकलन कोई नई या औपनिवेशिक देन नहीं थी। मौर्य काल से लेकर मुग़ल प्रशासन तक भूमि, कर, पेशा, गाँव और समुदायों से जुड़ी विस्तृत गणनाओं के स्पष्ट प्रमाण मिलते हैं। आइन-ए-अकबरी और मुंहता नैणसी की ख्यात जैसी रचनाएँ अपने इतने व्यवस्थित और विस्तृत रूप में तभी संभव हो पाईं, जब उनके पीछे गिनती और अभिलेखन की एक सुदीर्घ प्रशासनिक परंपरा मौजूद थी। हालांकि, इस पूरी प्रक्रिया में ख़ानाशुमारी, यानी गृह-गणना, ही प्रमुख पद्धति थी। उस समय की प्रशासनिक ज़रूरतों के लिहाज़ से यही संभव और पर्याप्त था– इसी से कर निर्धारण, सैन्य व्यवस्था और संसाधन प्रबंधन का काम सध जाता था। अंग्रेज़ों ने भी भारत में अपनी शुरुआती जनगणनाओं में इसी पद्धति को अपनाया। बाद में उन्होंने मर्दमशुमारी, अर्थात् व्यक्ति-गणना की ओर रुख़ किया और यही निर्णायक मोड़ था। यह गणना केवल स्थानीय या प्रांतीय स्तर पर नहीं, बल्कि पूरे भारत में एक साथ, राष्ट्रीय स्तर पर की गई। इस तरह परंपरा भले ही पुरानी थी, लेकिन अंग्रेज़ों की जनगणना अपने राष्ट्रीय विस्तार, मानकीकरण और व्यक्ति को इकाई बनाने के कारण मूलतः भिन्न थी।

क्या अंग्रेज़ भारत में न आते तो भी जातियों का स्वरूप यही होता?

सचाई यह है कि यदि औपनिवेशिक हस्तक्षेप न होता, तो जातीय संरचना शायद कहीं अधिक स्थिर और जड़ बनी रहती। अंग्रेज़ों ने जहाँ, एक ओर शिक्षा के माध्यम से अवसर और चेतना के नए द्वार खोले, वहीं जनगणना के ज़रिए लोगों को अपनी स्थिति, संख्या और सामूहिक शक्ति का बोध कराया। इसी बोध से न्याय का एक नया तर्क विकसित हुआ– ऐसा तर्क जिसका उत्तर धर्मशास्त्रों के पास नहीं था। फिर अंग्रेज़ी शासन के दौरान जब विधान परिषदों, नगर परिषदों और प्रतिनिधिक संस्थाओं का विकास हुआ, तो उसने पिछड़ी और कर्मकार जातियों के सामने यह प्रश्न रखा कि वे केवल अपनी जाति तक सीमित रहें या अपने जैसे अन्य समुदायों को जोड़कर एक व्यापक राजनीतिक मंच बनाएँ। यहीं से जातीय पहचान, धीरे-धीरे राजनीतिक साझेदारी में बदलने लगी। आज सामाजिक न्याय की राजनीति जिस रूप में दिखाई देती है, उसका बड़ा हिस्सा अंग्रेज़ों और सामंती ताकतों से एक साथ लड़ते और उससे सीखते हुए गढ़ा गया।

क्या अंग्रेज़ों ने जातियों को गिनकर उन्हें और स्थायी बना दिया?

यह एक झूठी कहानी है, जो हमारे देश के अभिजन बुद्धिजीवियों द्वारा सुनाई जाती है। असल में यह जाति जनगणना वंचित जातियों के लिए आत्म-बोध का औजार बनी। पहली बार उन्होंने यह समझा कि वे केवल अलग-अलग बिखरी हुई जातियाँ नहीं हैं, बल्कि संख्या, श्रम और सामाजिक योगदान के लिहाज़ से एक बड़ा समुदाय हैं।

औपनिवेशिक शिक्षा और प्रतिनिधिक संस्थाओं– जैसे विधान परिषदों और नगर परिषदों– के विस्तार के साथ यह संख्यात्मक बोध न्याय के नए तर्क में बदलने लगा। अब प्रश्न केवल धर्मशास्त्रों में मान्यता का नहीं था, बल्कि प्रतिनिधित्व, अवसर और हिस्सेदारी का था। इस तरह जनगणना ने उस समय उपलब्ध संरचना और सीमा के भीतर से सामूहिक राजनीतिक चेतना के जन्म की परिस्थितियाँ भी पैदा कीं।

अंग्रेज़ों ने जाति को भारत की एकता तोड़ने के लिए गिना?

अंग्रेज़ों का असल उद्देश्य शासन को अधिक सुचारु और प्रभावी बनाना था। उनका यह विश्वास था कि समाज को जितना अधिक वर्गीकृत और पहचाना जा सकेगा, उस पर शासन उतना ही आसान होगा। यह वो ब्रिटेन में भी करते थे। बल्कि हिंदुस्तान में यह प्रयोग वे पहली बार नहीं कर रहे थे। बल्कि यह भारत के ऐतिहासिक अनुभव से अधिक प्रेरित थी।

अंग्रेज़ अधिकारियों ने कौटिल्य के अर्थशास्त्र, आइन-ए-अकबरी और मुंहता नैणसी से यह सीखा कि भारतीय समाज की जातीय संरचना की उपेक्षा करके कोई भी प्रशासनिक वर्गीकरण संभव नहीं है। यहाँ की न्याय व्यवस्था, कर-प्रणाली और सामाजिक संगठन– तीनों गहराई से जाति-आधारित रहे हैं। इसलिए अंग्रेज़ों ने शासन चलाने के लिए किसी बाहरी मॉडल को थोपने के बजाय, काफी हद तक देशी प्रशासनिक पद्धतियों को अपनाया और उन्हें आधुनिक राज्य-ढाँचे में ढाल दिया।

लेकिन इस प्रक्रिया के अनचाहे परिणाम भी सामने आए। जब जातियाँ प्रशासनिक पहचान बन गईं, तो वे धीरे-धीरे राजनीतिक प्रतिस्पर्धा की इकाइयों में बदलने लगीं। प्रतिनिधित्व, संसाधन और अधिकारों की लड़ाई जातीय आधार पर लड़ी जाने लगी। यह परिवर्तन अंततः दलित और वंचित समाज के हित में साबित हुआ, क्योंकि इसी रास्ते से उन्होंने पहली बार संगठित होकर सत्ता और न्याय की माँग करना सीखा।

जाति जनगणना के बाद OBC जातियों में और फूट पड़ेगी?

जनगणना स्वयं फूट पैदा नहीं करती। वह केवल समाज में पहले से मौजूद असमानताओं को उजागर करती है। यही स्थिति अंग्रेज़ों द्वारा कराई गई जाति-जनगणना में देखने को मिली थी और यही प्रक्रिया आज होने जा रही जाति-जनगणना में भी सामने आएगी। OBC समाज के

भीतर जो अंतर्विरोध– प्रभावशाली और हाशिये पर स्थित जातियों के बीच– मौजूद हैं, वे पहले से ही सामाजिक और राजनीतिक यथार्थ का हिस्सा रहे हैं। इसलिए प्रश्न यह है कि इन आँकड़ों का राजनीतिक उपयोग किस दिशा में किया जाएगा। यदि राजनीति केवल हिस्सेदारी के सीमित संघर्ष तक सिमट गई, तो टकराव और विखंडन की संभावना बढ़ेगी। इसके विपरीत, यदि यह साझा वर्गीय हितों– शिक्षा, रोज़गार, संसाधन और प्रतिनिधित्व– की ओर उन्मुख हुई, तो यही आँकड़े व्यापक एकता का आधार बन सकते हैं। अगर आने वाले आँकड़ों से मंडल आयोग की समस्त सिफ़ारिशों को लागू करवाने की दिशा में राजनीति आगे बढ़ी, तो उसका लाभ पूरे OBC समाज को मिलेगा। लेकिन यदि उच्च जातीय शक्तियाँ मंडल आयोग की शेष सिफ़ारिशों से ध्यान भटकाने में सफल हो जाती हैं, तो फूट पड़ेगी, सामूहिक नुकसान होगा और उसके दूरगामी प्रभाव आने वाली पीढ़ियों के भविष्य तक को प्रभावित करेंगे। यह हमारी सामूहिक ज़िम्मेदारी है कि हम इस प्रक्रिया को समाज के सामने किस तरह समझाते हैं और किस दिशा में मोड़ते हैं।

क्या सरकार ने OBC समाज में फूट डालने के उद्देश्य से जाति जनगणना को स्वीकार किया?

इसे साज़िश समझना वास्तविक स्थितियों का सरलीकरण होगा। क्योंकि राजनीतिक निर्णय कभी एकरेखीय नहीं होते। यदि समग्र परिदृश्य पर नज़र डालें, तो यह स्पष्ट होता है कि सरकार राजनीतिक दबाव, बढ़ती सामाजिक माँग और संवैधानिक जटिलताओं– तीनों के बीच घिरी हुई थी। इन तात्कालिक परिस्थितियों ने जाति जनगणना के प्रश्न को टालना लगभग असंभव बना दिया था। इसके साथ ही एक दीर्घकालिक राजनीतिक आकलन भी काम कर रहा होगा। ऐसा लगता है कि राष्ट्रीय स्वयं सेवक संघ जैसे संगठनों ने यह अनुमान लगाया होगा कि मौजूदा आर्थिक और नीतिगत परिस्थितियों में जाति जनगणना से उच्च वर्णों

के हितों पर कोई निर्णायक आघात पड़ने वाला नहीं है। देश की पूरी व्यवस्था तेज़ी से निजीकरण की ओर बढ़ रही है, और वे क्षेत्र लगातार सिमटते जा रहे हैं, जहाँ आरक्षण जैसे प्रावधानों का वास्तविक लाभ मिलता है। ऐसे में सामाजिक असंतोष को खुलकर मोल लेने के बजाय जाति जनगणना की घोषणा करना राजनीतिक रूप से अधिक सुरक्षित विकल्प लगा होगा। संभव है यह रणनीति इसके आगे तक बढ़ती हो। घोषणा के बाद उसके क्रियान्वयन के तरीक़ों में जटिलताएँ पैदा करना, प्रक्रिया को लंबा खींचना और आँकड़ों के सार्वजनिक होने में देरी करना- ये सभी ऐसे क़दम हो सकते हैं, जिनसे तत्काल राजनीतिक दबाव भी कम हो जाए और संरचनात्मक बदलाव भी टलते रहें। इस दृष्टि से देखें तो सरकार की सहमति को 'समर्पण' नहीं, बल्कि प्रबंधन की राजनीति के रूप में समझा जाना चाहिए।

फिलहाल वास्तविक संघर्ष OBC समाज के भीतर आपसी फूट का नहीं, बल्कि जाति जनगणना को सही, पारदर्शी और प्रभावी ढंग से करवाने का है। यह लक्ष्य स्वतः नहीं सधेगा। इसके लिए वृहत्तर OBC समाज के संगठित जनदबाव की ज़रूरत होगी। बिना निरंतर सामाजिक दबाव के, यह प्रक्रिया या तो आधी-अधूरी रह जाएगी या अर्थहीन बना दी जाएगी– और यही वह बिंदु है जहाँ राजनीति का असली इम्तिहान शुरू होता है।

इसके बाद OBC राजनीति के लिए बचेगा ही क्या?

यदि OBC राजनीति केवल संख्या तक सीमित रही, तो उसका क्षरण तय है। लेकिन यदि वह भूमि, शिक्षा, रोज़गार, श्रम और संसाधन के प्रश्नों को केंद्र में लाती है, तो उसकी नई शुरुआत यहीं से होगी। यह वह क्षण है जब जाति को साधन बनाकर वर्गीय राजनीति की ओर बढ़ा जा सकता है– जैसा त्रिवेणी संघ ने अपने समय में किया था।

क्या मंडल आंदोलन की ऊर्जा इस जनगणना से ख़त्म हो जाएगी?

ऐसा मानना मंडल आयोग की सिफ़ारिशों को ग़लत समझना होगा। जातिवार जनगणना मंडल आयोग की अनेक सिफ़ारिशों में से एक है– हालांकि महत्त्वपूर्ण सिफ़ारिश है। क्योंकि मंडल की शेष सिफ़ारिशें हर जाति की वास्तविक संख्या जाने बिना ठीक से लागू नहीं की जा सकती थीं, इसलिए जाति जनगणना एक प्राथमिक आवश्यकता थी। लेकिन इसका यह अर्थ नहीं कि जनगणना होते ही मंडल आयोग की सारी सिफ़ारिशें स्वतः लागू हो जाएँगी। इसके उलट, यदि जाति जनगणना सही, पारदर्शी और विश्वसनीय ढंग से कराई गयी तो यह मंडल आंदोलन को नेक्स्ट लेवल पर ले जाएगी। यह आंदोलन को शिक्षा, रोज़गार, प्रतिनिधित्व, संसाधन-वितरण और प्रशासनिक भागीदारी जैसे व्यापक प्रश्नों से जोड़ने में सहायक होगी। जनगणना से प्राप्त आँकड़े इन माँगों की वैधता को ठोस आधार देंगे और सामाजिक न्याय को भावनात्मक अपील से निकालकर तथ्यात्मक बहस में बदल देंगे। साथ ही, यह OBC और वंचित वर्गों से आने वाले राजनीतिक नेतृत्व पर निरंतर दबाव बनाएगी कि वे इन प्रश्नों पर स्पष्ट और जवाबदेह रुख़ अपनाएँ– चाहे वे किसी भी राजनीतिक दल से क्यों न आते हों।

भाजपा इतनी जल्दी जाति जनगणना के लिए कैसे तैयार हो गई?

इसकी कई परतें हैं। सबसे पहली, दशकों से चली आ रही सामाजिक माँग, जिसे अब लगातार नज़रअंदाज़ करना संभव नहीं रह गया था। विभिन्न राज्यों में जातिवार जनगणना की पहल पहले ही शुरू हो चुकी थी, जिससे केंद्र सरकार पर नैतिक और राजनीतिक दबाव बढ़ा। इसके साथ ही, संवैधानिक बाध्यताएँ भी थीं, जो सामाजिक न्याय से जुड़े सवालों को अनिश्चित काल तक टालने की अनुमति नहीं देतीं। दूसरी ओर, समाजवादी धड़े के दलों और कांग्रेस ने इस मुद्दे पर सरकार के ख़िलाफ़ अपना दबाव लगातार तेज़ किया। जाति जनगणना अब केवल एक माँग नहीं रही, बल्कि एक व्यापक राजनीतिक प्रश्न बन चुकी थी, जिस पर

चुप्पी बनाए रखना राजनीतिक रूप से महँगा साबित हो सकता था। ऐसे में इसे स्वीकार करना सरकार के लिए टकराव से बचने का एक व्यावहारिक रास्ता भी था। इसके साथ ही समय-निर्धारण और क्रियान्वयन की रणनीति भी कम महत्त्वपूर्ण नहीं थी। ऐसे समय पर घोषणा करना कि उच्च जातीय समूह इसे अपने विरुद्ध सीधा हमला मानने का पर्याप्त समय न पाएँ, और उसके बाद प्रक्रिया को धीमा करना– चाहे वह गणना की पद्धति हो, आँकड़ों का वर्गीकरण हो या उन्हें सार्वजनिक करने में देरी– राजनीतिक रूप से एक जाना-पहचाना विकल्प रहा है। इससे यह समझना चाहिए कि यह लड़ाई अभी जीती नहीं गई है।

क्या जाति जनगणना से जातियाँ आपस में लड़ेंगी?

भारत का उच्च वर्ण यही आशा लगाए हुए है। लेकिन इतिहास बताता है कि OBC जातियाँ जमात बनती हैं– जैसा त्रिवेणी संघ या मंडल के समय हुआ– तब सत्ता-संतुलन बदलता है। असली सवाल यह है कि क्या OBC राजनीति इस बार जातीय जोड़-घटाव से आगे जाकर साझा वर्गीय चेतना गढ़ पाएँगी या नहीं? इसके बुद्धिजीवी बड़े और साझा हित का स्वप्न खड़ा कर पाएँगे या नहीं। और इसके नेता सीमित हितों से ऊपर उठकर सोच पाएँगे या नहीं।

क्या जाति जनगणना जातियों को मज़बूत करते हुए जाति-विनाश की संकल्पना के ख़िलाफ़ चली जाती है।

इसका जवाब बिल्कुल साफ़ है– बिल्कुल नहीं। जाति कोई प्राकृतिक या स्वाभाविक व्यवस्था नहीं रही है, बल्कि भारतीय उपमहाद्वीप में यह सामाजिक, आर्थिक और सांस्कृतिक बँटवारे की एक स्थिर और थोप दी गई संरचना बनी। मुट्ठी भर ताक़तवर समूहों ने अपने वर्चस्व को बनाए रखने के लिए इसे गढ़ा और कायम किया। समय के साथ इसे धार्मिक ग्रंथों की आड़ में पवित्रता का जामा पहनाया गया, ताकि इसके ख़िलाफ़

उठने वाले हर सवाल को ख़ारिज किया जा सके और असमानता को स्थायी बना दिया जाए।

इस व्यवस्था का नतीजा यह हुआ कि आज भी देश की लगभग नब्बे सैकड़ा आबादी सत्ता, संसाधन और सम्मान से वंचित है। ऐसे में यह सवाल अपने आप खड़ा होता है कि जब तक इन वंचित समूहों को सत्ता, संसाधन और सम्मान में वास्तविक हिस्सेदारी नहीं मिलती, तब तक क्या जाति-विनाश की बात व्यावहारिक या तार्किक हो सकती है। इसका जवाब साफ़ तौर पर नकारात्मक है। बिना असमानता को पहचाने और दूर किए, जाति-विनाश केवल एक भावनात्मक नारा बनकर रह जाता है।

जाति जनगणना इसी सच्चाई को सामने लाने का पहला और ज़रूरी क़दम है। यह समाज में मौजूद असमानताओं की पूरी तस्वीर सामने रख देती है– कौन कितना वंचित है, किसके पास कितनी सत्ता और संसाधन हैं, और विषमता की जड़ें कहाँ तक फैली हुई हैं। यह बीमारी को उजागर करने की प्रक्रिया है। इसके बाद अगला चरण इलाज का होता है, यानी सत्ता, संसाधन और सम्मान का न्यायपूर्ण तथा समान वितरण।

जैसे-जैसे इस आधार पर ठोस और कारगर नीतियाँ बनेंगी और ज़मीन पर लागू होंगी, वैसे-वैसे जाति के आधार पर बनी विषमता अपना औचित्य खोने लगेगी। जब अवसर, अधिकार और गरिमा सबके लिए बराबर होंगे, तो जाति अपने आप एक खोखली और अप्रासंगिक पहचान में बदलने लगेगी। इस अर्थ में जाति जनगणना जाति को मज़बूत नहीं करती, बल्कि उसे अप्रासंगिक बनाने की दिशा में रास्ता खोलती है। इसलिए कहा जा सकता है कि जाति जनगणना ही जाति-विनाश की ओर बढ़ने का सबसे ठोस, व्यावहारिक और तार्किक आधार तैयार करती है।